Kay Peter Jankrift
Europa und der Orient im Mittelalter

Kay Peter Jankrift

Europa und der Orient im Mittelalter

In memoriam Alisa „Lisel" Kaufmann ז״ל
(Mainz – Ramat Hasharon)

Das Werk ist in allen seinen Teilen urheberrechtlich geschützt.
Jede Verwertung ist ohne Zustimmung des Verlags unzulässig.
Das gilt insbesondere für Vervielfältigungen,
Übersetzungen, Mikroverfilmungen und die Einspeicherung in
und Verarbeitung durch elektronische Systeme.

© 2007 by WBG (Wissenschaftliche Buchgesellschaft), Darmstadt
Die Herausgabe des Werkes wurde durch die Vereinsmitglieder
der WBG ermöglicht.
Layout & Prepress: schreiberVIS, Seeheim,
in Zusammenarbeit mit Elke Göpfert, Mörlenbach-Weiher
Gedruckt auf säurefreiem und alterungsbeständigem Papier
Printed in Germany

Besuchen Sie uns im Internet: www.wbg-darmstadt.de

ISBN 978-3-534-18821-5

Inhaltsverzeichnis

Vorwort 9

I. Einführung: Abendländer im Morgenland und Orientalen im Okzident 11
   „Europa" und der „Orient"–
   Räume mit fließenden Grenzen 12
   Von Mekka nach Lepanto 14

II. Zeitenwende: Europa und der Orient im frühen Mittelalter (7.–10. Jahrhundert) 17
   Mohammed, die ersten Kalifen und die Ausbreitung
   des Islam bis zur Mitte des 8. Jahrhunderts 18
   Völker des Buches. Christen und Juden
   unter islamischer Herrschaft 25
   Zwischen Polemik und Pragmatismus. Christen, Juden
   und Muslime im frühen Mittelalter 31

III. Begegnungen im Zeitalter der Kreuzzüge (11.–13. Jahrhundert) 37
   Die Kreuzzüge in den Vorderen Orient 38
   Gegeneinander, untereinander, miteinander.
   Aspekte transkultureller Begegnungen am Mittelmeer 53
   Der Turmbau zu Babel und seine Folgen.
   Sprachliche Verständigung in Grenzgesellschaften 72
   Licht aus dem Orient.
   Aspekte interkulturellen Wissenstransfers 94

IV. Ausblick: Neue Ordnungen am Mittelmeer (14.–16. Jahrhundert) 123
   Der Fall von Akkon und die Folgen 124
   Die Geburt des Osmanischen Reiches 133

Zeittafel 138
Anmerkungen 140
Auswahlbibliographie... 149
Personen- und Ortsregister 157
   Personen 157
   Orte 159
Abbildungsnachweis 160

Die Mittelmeerwelt um 1100

Die Mittelmeerwelt um 1100

Pseudo-orientalisches Bad in der Villa Stahmer (Georgsmarienhütte/Landkreis Osnabrück).

Vorwort

„Zum Siege Allahs" steht in vergoldeten Lettern an den Wänden. Unter der Inschrift schmücken Fliesen mit einem für das türkische Iznik typischen Muster den Raum. Doch dieser befindet sich nicht im Orient. Dies ist das einstige Badezimmer der im Jahre 1900 erbauten Jugendstilvilla des Fabrikanten Robert Stahmer im niedersächsischen Georgsmarienhütte. Die Keramik wurde nach türkischen Vorlagen in Deutschland hergestellt. Für die Gipsabgüsse der Ornamente und arabischen Schriftzeichen fanden Gussformen aus Marokko Verwendung. Heute nicht mehr erhalten, zierte ursprünglich Sandro Botticellis *Geburt der Venus* das bleiverglaste Fenster. Das pseudo-orientalische Bad ist ein markantes Zeugnis für das romantische Orientbild des 19. Jahrhunderts, das sich in Kunst, Musik und Literatur niederschlug. Die Menschen des Orients traten dem Abendländer in so edlen Gestalten wie der des Hadschi Halef Omar und des Omar Ben Sadek in Karl Mays umfangreichem Werk entgegen. Die prächtigen Herrscher, tapferen Helden und schönen Prinzessinnen in den phantastischen Erzählungen aus *Tausendundeine Nacht*, die seit ihrer ersten Übersetzung ins Französische durch den Orientalisten Antoine Galland (1646–1715) immer wieder in popularisierter Fassung gedruckt wurden, beflügelten die Vorstellungswelt.

Die Gegensätze zwischen solch romantischer Verklärung und dem heutigen Orientbild im Westen könnten kaum größer sein. Besonders der Nahe Osten wird assoziiert mit Terror, Gewalt und Krieg. Die prächtigen Herrscher haben sich plötzlich in Despoten, die tapferen Helden in Selbstmordattentäter verwandelt. Die Märchen mit einem glücklichen Ende mussten der Diskussion um den „Kampf der Kulturen" weichen. Darin gelangt das Mittelalter zu unvermuteter Aktualität. Dem sinnentleerten Begriff vom „Kreuzzug" gegen den Terror und die „Achse des Bösen" wird das stark idealisierte Zusammenleben von Christen, Juden und Muslimen auf der Iberischen Halbinsel gegenübergestellt. Den vielgestaltigen Formen der mittelalterlichen Begegnung zwischen den Angehörigen verschiedener Kulturen, Religionen und Ethnien wird diese Reduktion keinesfalls gerecht. Sie verdienen es heute mehr denn je, in den Blick genommen zu werden. Wenn es diesem Buch deshalb gelingen kann, schiefe Bilder ein wenig gerader zu rücken, hat es seinen Zweck erfüllt. Es wäre vermessen, in diesem beschränkten Rahmen Vollständigkeit anzustreben. Dazu ist der betrachtete Raum zu groß und die Zeitspanne zu lang. Den Rahmen der

Dem Beduinen ist aber, wie überhaupt dem Orientalen, das amerikanische „time is money" unbekannt.

(Karl May, Bei den Trümmern von Babylon)

großen politischen Ereignisse aufzuzeigen, ist unverzichtbar. Doch im Mittelpunkt der Betrachtung stehen vor allem Menschen, die auf die ein oder andere Weise ihren Teil zu den verschiedenen Formen interkultureller Begegnung beigetragen haben – seien sie gnadenlose Schlächter, neugierige Gelehrte, Pragmatiker oder dialogbereite Zeitgenossen.

Auf ihren Spuren kehre ich nunmehr zurück an den Anfang meiner wissenschaftlichen Pfade, die ich vor vielen Jahren mit einer Arbeit zur Darstellung der Kreuzzüge im Spiegel syrischer Chroniken betrat. Prof. Dr. Ruth Altheim-Stiehl und Prof. Dr. Rudolf Hiestand haben mich dabei so sicher auf diesem Weg begleitet, dass ich ihnen stets in tiefer Dankbarkeit verbunden bleiben werde. Prof. Dr. Nikolas Jaspert und das engagierte Team an seinem Lehrstuhl der Ruhr-Universität in Bochum sind für mich zu einer liebenswerten wissenschaftlichen Heimat geworden, deren unverzichtbare Impulse das vorliegende Werk maßgeblich bereichert haben. Ebenso gebührt mein Dank Prof. Dr. Klaus Herbers und Wiebke Deimann M. A. von der Friedrich-Alexander-Universität Nürnberg-Erlangen, die sich im Rahmen des von der Deutschen Forschungsgemeinschaft geförderten Schwerpunktprogramms „Integration und Desintegration der Kulturen im europäischen Mittelalter" gemeinsam mit mir den multireligiösen und -ethnischen Kulturen der Iberischen Halbinsel widmet. Mein aufrichtiger Dank gilt zudem meiner israelischen Familie, Estelle Rozenthal, Ilana und Elchanan Dankner, Amir und Orit, Shelly und Morag, Roy und Romy, die mich bei meiner wissenschaftlichen Arbeit stets unterstützt und ermuntert haben, meiner hochgeschätzten „Adoptivgroßmutter" Alisa „Lisel" Kaufmann (ז״ל), ohne deren liebevolle Hilfe ich in der „wilden" Levante manches Mal verloren gewesen wäre, und meinen langjährigen Freunden Mirit und Ilanit Mitrani, Shimon und Nechama, Alon und Limor Ben-Chanoch. Zu Dank verpflichtet bin ich auch Daniel Zimmermann, der als Lektor der Wissenschaftlichen Buchgesellschaft diesen Band wieder mit unvergleichlicher Geduld für den Autor, viel Sorgfalt und einem außerordentlichen Gespür für die Abbildungen betreut hat. Inge Becher M. A., Museumsleiterin der „Villa Stahmer", hat uns dankenswerterweise das Bild des Bades zur Verfügung gestellt. Schließlich gebührt mein Dank wieder einmal meiner Frau Isabelle, unseren Kindern Neele und Raphael sowie meinem Schwiegervater Amand Chateau, ohne deren Zuspruch und Unterstützung dieser Band nie entstanden wäre.

Augsburg im November 2006

Omaijaden-Moschee in Damaskus

I.

Einführung: Abendländer im Morgenland und Orientalen im Okzident

„Europa" und der „Orient" – Räume mit fließenden Grenzen

„Wir, die wir Abendländer waren, sind nun zu Orientalen geworden. Die Länder unserer Geburt haben wir vergessen. Für die meisten von uns sind sie fremd geworden", notierte der Chronist Fulcher von Chartres um 1120.[1] Zwei Jahrzehnte nach der Eroberung Jerusalems hatten die in der Levante verbliebenen Kreuzfahrer und ihre im Land geborenen Nachfahren, die sich selbstbewusst als *pullani* oder *poulains*, „Jungtiere", bezeichneten, viele Gewohnheiten ihrer neuen Heimat übernommen und doch alte beibehalten.[2] Für sie wurde das Heilige Land zu einem *France d'Outremer*, einem Frankreich jenseits des Meeres.[3]

Mit dem Beginn der Kreuzzüge in den Vorderen Orient am Ende des 11. Jahrhunderts hatte sich das abendländische Weltbild erweitert, das seit der Antike nahezu unverändert geblieben war. Doch das Umfeld der meisten Zeitgenossen beschränkte sich auf viele kleine Räume. Ihre Identität wurde wesentlich durch die Zugehörigkeit zu einem Haushalt, einer Dorfgemeinschaft, einer Pfarrei und einer Grundherrschaft gestiftet. Entfernungen erschienen als unbestimmte Größen. Es gab keine Karten, die verzeichneten, wie weit es bis zu einem bestimmten Ort war, geschweige denn die genauen Wege dorthin verrieten. Im Alltag des hohen Mittelalters waren solche Fragen noch weitgehend belanglos. Sie waren es selbst für die gebildeten Kleriker, die sich bei der Erstellung ihrer schmuckvollen Weltkarten (*mappae mundi*) ohne Rücksicht auf reale geographische Gegebenheiten allein von biblischen, mythischen und antiken Traditionen leiten ließen.[4] Abstrakte, groß dimensionierte Räume wie „Europa" – welche Gestalt man diesen auch immer zubilligen mag – spielten in der mittelalterlichen Lebenswelt keine große Rolle.[5] Und wenngleich bereits ein Chronist aus dem spanischen Toledo im Zusammenhang mit dem Sieg Karl Martells über das muslimische Heer bei Tours und Poitiers im Oktober 732 von den *Europenses* schreibt, so dachte dieser Kleriker von der Iberischen „Halbinsel" dabei wohl doch nur an die Franken von jenseits der Pyrenäen, die aus seiner geographischen Sicht auf dem „Kontinent" lebten.[6] Mit heutigen Vorstellungen darüber – so unterschiedlich sie auch sein mögen –, was „Europäer" sind, hat diese mittelalterliche Variante nichts gemein.

Nicht zuletzt deswegen verlangen die im Titel des vorliegenden Bandes angeführten Begriffe „Europa" und „Orient" nach einer spezifischen Erläuterung. Gegenwärtig tun sich die politischen Kräfte innerhalb der bestehenden und wachsenden „Europäischen Union" schwer damit, die Grenzen ihres „Europa" zu definieren. Erbittert wird über die Aufnahme der Türkei gestritten. Vor dem Hintergrund dieser Debatte äußerte der türkische Ministerpräsident Tayyip Erdoğan unlängst die Meinung, die „Europäische Union" sei ein „christlicher Club". Wird die künftige Gestalt Europas schließlich von Glaubensgrenzen bestimmt? Die Antwort auf diese Frage bleibt angesichts der schwebenden Diskussion weiterhin offen. Das aktuelle Geschehen verdeutlicht, um wie viel schwieriger es ist, ein mittelalterliches „Europa" und zugleich gewissermaßen antithetisch den „Orient" zu bestimmen. Immerhin liegen die gemeinsamen Wurzeln der beide Räume nachhaltig prägenden monotheistischen Religionen, Judentum, Christentum und Islam, im Nahen Osten. Legt man einer Definition also tatsächlich Glaubensgrenzen zugrunde, so besteht „Europa" im frühen Mittelalter nur aus einem Bruchteil des geographischen Raumes, den die „Europäische Union" heute ausmacht. Im 8. Jahrhundert waren Teile des heutigen Deutschland noch ebensowenig christianisiert wie Skandinavien und das Baltikum. Auf der anderen Seite erstreckte sich der *dār al-islām,* die islamische Welt, bis auf die Iberische Halbinsel. Doch im Laufe der Jahrhunderte veränderte sich dieses Bild erheblich. Mit den zunehmenden Erfolgen der iberischen Reconquista richteten sich die begehrlichen Blicke der siegreichen Christen gar auf die andere Seite der Straße von Gibraltar, auf den Norden Afrikas. Versuche zu einer streng geographischen Definition erweisen sich zumindest für die mittelalterlichen Verhältnisse als ungeeignet. Denn was der gemei-

1 Die böhmische Buchmalerei in einer Abschrift von Augustinus' *De Civitate Dei* aus der Mitte des 12. Jahrhunderts zeigt das Himmlische Jerusalem. Die böhmischen Heiligen Adalbert, Prokop, Wenzel und Ludmilla haben rechts in der unteren Reihe ihren Platz gefunden.

2 Siegel König Richards I. „Löwenherz" (1189 – 1199). Der englische König zog als einer der Anführer des Dritten Kreuzzuges gegen die Heere Saladins ins Feld. Sir Walter Scott (1771 – 1832) spann in seinem 1825 erschienenen Werk *Der Talisman* eine romantische Version von der Begegnung des „heldenhaften" Kreuzfahrers mit dem „großmütigen" Sultan.

nen Vorstellung vom „Orient" entspricht, findet sich zu dieser Zeit nicht allein – wie die Wortbedeutung suggeriert – im Osten, sondern reicht bis in den äußersten Westen des Mittelmeerraums. Religion, Ethnie, Sprache und Kultur verbanden die Muslime, die weite Teile der Iberischen Halbinsel und den Süden Italiens beherrschten, mit dem Norden Afrikas und dem Nahen Osten. Gleich welches Kriterium man für eine Grenzziehung zwischen „Europa" und dem „Orient" zugrunde legt, bleibt die Feststellung, dass beide Räume über den behandelten Zeitraum von nahezu einem Jahrtausend niemals statische Gebilde waren. Zwischen beiden war und ist das Mittelmeer sowohl eine Brücke wie auch – im wahrsten Sinne des Wortes – eine fließende Grenze. Wenn im Rahmen des vorliegenden Werkes trotzdem der Einfachheit halber von „Europa" und dem „Orient" die Rede ist, geschieht dies stets im Bewusstsein dessen, dass deren Grenzen variabel sind. Zur behelfsmäßigen Unterscheidung zwischen beiden dient im Folgenden die Sprache. „Orient" meint in diesem Sinne jene Gebiete rund um das Mittelmeer, in denen die arabische Sprache auch den Alltag von Christen und Juden unter islamischer Herrschaft dominierte. „Europa" setzt sich davon durch die prägende Rolle des Lateinischen oder Griechischen jenseits der Religion in Politik, Recht und Wissenschaft ab. Die Beherrschung der Sprache des „Anderen" und darüber hinaus die Kenntnis seiner nonverbalen Kommunikationsstrukturen wiederum beeinflussen von jeher in entscheidendem Maß die Qualität interkultureller Beziehungen zwischen Krieg und Frieden. Konfrontation und Krieg ziehen sich wie ein roter Faden durch die lange Geschichte der Begegnungen zwischen Europa und dem Orient. Doch diese Geschichte kennt viele Gesichter.

Von Mekka nach Lepanto

Eines davon gehörte Mohammed, der sich als Prophet am Beginn des 7. Jahrhunderts von Allah zur Verkündigung eines neuen Glaubens berufen fühlte. Mit ihm, seinen Gefährten der ersten Stunde und der Ausbreitung des Islam beginnt unsere Betrachtung der facettenreichen Beziehungen zwischen Europa und dem Orient. Die muslimischen Eroberungen rund um das Mittelmeer hatten nachhaltige Auswirkungen für das Leben von Christen und Juden in diesen Gebieten. Wie die Zeitgenossen diese Veränderungen wahrnahmen und welche Reaktionen sie in der Folge hervorriefen, wird im ersten Teil des Bandes ebenso ins Visier genommen wie die weitere Entwicklung der christlich-jüdisch-muslimischen Begegnungen bis zu den Kreuzzügen. Die Darstellung führt in chronologischer Folge entlang der großen Ereignislinien. Sie stellt dabei aber immer wieder beispielhaft einzelne Akteure in den Mittelpunkt, um anhand von Details die feinen Nuancen sichtbar zu machen, die so häufig interkulturelle Begegnungen prägten. Karl der Große und der Kalif Harun ar-Raschid spielen darin ebenso eine Rolle wie die Wikinger, die im Orient – anders als in den Nordmeeren – weniger als die gefürchteten Krieger denn als Händler auftraten. Fließen die Quellen im frühen Mittelalter noch recht dünn, um den in diesen Begegnungen beteiligten Menschen nahe zu kommen, so sprudeln sie für das Zeitalter der Kreuzzüge in den Vorderen Orient umso reichlicher und erlauben vielsagende Einblicke in zeitgenössische Lebenswelten.

In herausragender Weise gilt dies etwa für die autobiographischen Schilderungen des syrischen Emirs Usama ibn Munqid, der 1095 in der Festung Shaizar am Oberlauf des Orontes geboren wurde und der am 16. November 1188 93-jährig in Damaskus starb.[7] Der Rabbiner Benjamin bar Yona, der um 1165 aus dem spanischen Tudela über Jerusalem bis weit hinein ins Zweistromland reiste, zeigt uns Bilder der Menschen auf seinem Weg. Und auch die christlichen Geschichtsschreiber, die von den Kreuzzügen und den Ereignissen in den Kreuzfahrerstaaten berichten, vermitteln zahlreiche plastische Eindrücke von der Begegnung zwischen Christen, Juden und Muslimen. Ebensolche bieten zudem die Geschichtswerke von Angehörigen der östlichen Kirchen, so des jakobitischen Patriarchen von Antiochia, Michael I. (1126 – 1199), die von der historischen Forschung noch allzu oft unberücksichtigt bleiben.[8] Ergänzung finden diese erzählenden Quellen in einer Vielzahl anderer Quellen. Zwischen dem Ende des 11. und des 13. Jahrhunderts, als die bewaffnete Begegnung zwischen Christentum und Islam in den Kreuzzügen, der normannischen Eroberung Süditaliens und der voranschreitenden Reconquista kulminierten, blühte zugleich der interkulturelle Wissens- und Warenaustausch. Das Abendland entdeckte das reiche Erbe der Antike. Darunter Aristoteles, der das Denken der abendländischen Gelehrten neu beflügelte. Der Koran erfuhr seine erste Übersetzung ins Lateinische. Die Polemik gegenüber den „Anderen" gewann schärfere Konturen. Die Liste dieser für die Begegnung zwischen Europa und dem Orient prägenden Erscheinungen ließe sich noch lange fortsetzen. Viele gute Gründe, um die Zeit des 11. bis 13. Jahrhunderts in den Mittelpunkt der Betrachtung zu stel-

3 Christus selbst trägt das Schwert wie die Heilige Schrift voran und führt die Kreuzritter auf dieser um 1310 entstandenen französischen Buchmalerei gen Jerusalem. Vom linken oberen Bildrand aus betrachtet der heilige Johannes die Szene.

len. Eingangs erscheint dabei eine knappe, ereignisgeschichtliche Darstellung als Rahmen für die Einordnung der weiteren Ausführungen unabdingbar. Anhand ausgewählter Beispiele werden anschließend von der Konversion über den Handel bis hin zu den Möglichkeiten interkonfessioneller Heirat verschiedene Aspekte des Zusammenlebens von Christen, Juden und Muslimen beleuchtet. Die Ausführungen widmen sich dann sprachlicher und nonverbaler Verständigung zwischen Orientalen und Okzidentalen, wobei sie der herausragenden Bedeutung der Kommunikation Rechnung tragen. Daran knüpft unmittelbar der Blick auf den interkulturellen Wissenstransfer an. Der Fokus liegt dabei auf dem Austausch heilkundlichen Wissens, da sich die Auswirkungen desselben zum einen am detailliertesten verfolgen lassen und zum anderen nicht auf einen kleinen Kreis Gelehrter oder spezieller Nutzer – etwa Seefahrer mit Hilfen zur Navigation – beschränkt blieben.

Am Ende steht der Ausblick auf die neu geordnete Mittelmeerwelt, die mit dem Untergang der Kreuzfahrerstaaten in der Levante einsetzte und in der die Reconquista zum Abschluss gelangte. Mit der Geburt des Osmanischen Reiches im 14. Jahrhundert etablierte sich im Orient eine schlagkräftige Großmacht als Gegenpol zu einem Europa, das mit einer spanisch-päpstlich-venezianischen Flotte in der Seeschlacht bei Lepanto im Jahre 1571 seine Stellung gegen die Osmanen am Mittelmeer behaupten konnte. Doch die Grenzen zwischen „Europa" und dem „Orient" sollten sich auch in der Folgezeit immer wieder verschieben.

San Cataldo, Palermo. Byzantinisch-maurisch-normannischer Mischstil

II.

Zeitenwende: Europa und der Orient im frühen Mittelalter (7.–10. Jahrhundert)

Mohammed, die ersten Kalifen und die Ausbreitung des Islam bis zur Mitte des 8. Jahrhunderts

Im 7. Jahrhundert trat mit dem Islam ein neuer Glaube aus dem Inneren der Arabischen Halbinsel zu einem beispiellosen Triumphzug an. Sein Begründer war der um 570 geborene Mohammed, ein Angehöriger des in Mekka führenden Stammes der Quraisch.[1] Im Alter von 25 Jahren hatte er die begüterte Witwe Chadidscha geheiratet und führte das Leben eines Kaufmanns. Das an der alten Weihrauchstraße gelegene Mekka war zu dieser Zeit ein bedeutender Kult- und Handelsplatz.[2] Infolge visionärer Offenbarungserlebnisse, in denen ihm der Erzengel Gabriel erschienen war, sah sich Mohammed zum Propheten Allahs berufen. Im Jahre 613 begann er in seiner Heimatstadt mit der Verkündigung des Islam, der „Ergebung in den Willen Gottes". Doch Mohammed stieß in Mekka auf eine starke Opposition, die durch die neue Lehre althergebrachte religiöse und gesellschaftliche Strukturen gefährdet sah.[3] Die Spannungen führten im Jahre 622 zu seiner Übersiedlung nach Jathrib, dem späteren Medina. Diese sogenannte *Hiǧra* (Hedschra) markiert den Beginn der islamischen Zeitrechnung. Ihr liegt ein Mondkalender zugrunde, dem keine Schalttage hinzugefügt werden.

In Medina vergrößerte sich die Anhängerschaft Mohammeds rasch. Nur knapp zehn Jahre nach der *Hiǧra* war es diesen Muslimen gelungen, ihre Gegner gewaltsam auszuschalten, den Islam in Arabien durchzusetzen und einen Anschluss der arabischen Stämme zu erreichen. Dabei war viel Blut geflossen. Drei jüdische Stämme hatten in Medina gelebt, die Banu Nadir, die Banu Qaynuqa und die Banu Qurayza. Sie machten dort etwa die Hälfte der Bevölkerung aus. Und auch in den übrigen arabischen Oasenstädten lebten zahlreiche Juden, die mit der Landwirtschaft, im Handwerk oder als Kaufleute ihren Unterhalt verdienten. Mohammed war davon überzeugt gewesen, die jüdischen Stämme für seine Lehre gewinnen zu können. Immerhin betont auch der Islam den Glauben an einen einzigen Gott. Zudem beinhaltete die neue Religion auch Speise- und Fastengebote, ja selbst Gebete, denen jüdische Vorbilder zugrunde lagen.[4] Mehr noch, die Muslime sollten sich beim Gebet gen Jerusalem wenden. Als Überbringer göttlicher Botschaften sah sich Mohammed als Fortsetzer der Reihe von Abraham bis Moses. Dem Stammvater Abraham (Ibrahim) kam nach islamischer Auffassung auch eine besondere

4 Die im persischen Täbris um 1360 entstandene Buchmalerei zeigt am rechten Bildrand Mohammed in Begleitung des Erzengels Gabriel bei der Begegnung mit riesenhaften Engelsgestalten.

Der Islam bis zur Mitte des 8. Jahrhunderts

II. Zeitenwende
(7.–10. Jahrhundert)

5 Geleitet vom Erzengel Gabriel reist Mohammed auf seinem Pferd Buraq durch das irdische Paradies. Der islamischen Tradition zufolge gelangte er in einer nächtlichen Reise bis nach Jerusalem, wo in der Omar-Moschee (Felsendom) noch heute der Hufabdruck seines Reittiers gezeigt wird. Die Miniatur stammt aus der ersten Hälfte des 15. Jahrhunderts.

Rolle für die Errichtung des Heiligtums in Mekka zu.[5] Demzufolge hatte er die Ka'aba als Grabmal für Hagar gebaut, die Mutter Ismaels, von dem die Araber nach eigener Überzeugung abstammen. Die von Abraham geschwängerte und in die Wüste geflohene Hagar und ihr Sohn waren gemäß der islamischen Tradition von einem Engel gerettet worden, der ihnen den heiligen Brunnen Zamzam in Mekka gezeigt hatte.[6]

Doch Mohammed hatte sich getäuscht. Die meisten Juden auf der Arabischen Halbinsel hatten keinerlei Interesse an seinen Lehren. Nachdem die jüdischen Stämme Medinas in Verdacht gerieten, die mekkanische Opposition gegen Mohammed zu unterstützen, kam es zu blutigen Auseinandersetzungen. Diese endeten im Jahre 627 mit der völligen Ausrottung der Banu Qurayza und der Vertreibung von Überlebenden der übrigen jüdischen Stämme. Mohammed wertete diesen Sieg als göttliches Zeichen. Gleichzeitig änderte er seine Haltung gegenüber den Juden. Schon im Jahre 624 sollten sich die Muslime nicht mehr zum Gebet gen Jerusalem wenden. Künftig richteten sich die Betenden nach Mekka aus, der Stadt Ismaels.

Seine Erfolge festigten Mohammed als politisches und geistliches Oberhaupt der islamischen Glaubensgemeinschaft (arab.: *umma*). Triumphierend kehrte er 630 in seine Heimatstadt Mekka zurück. Dort machte er sich umgehend daran, jeglichen Götzendienst zu beseitigen und eine Wallfahrt (*ḥaǧǧ*) zum alten Heiligtum, der Ka'aba, in die Lehre einzubinden.[7] Am 8. Juni 632 starb Mohammed in Medina. Mit der Niederschrift seiner Offenbarungen, der 114 Suren des später durch den Omaijadenkalifen Othman († 656) geordneten Koran, hinterließ er ein umfangreiches religiöses Erbe. Doch er hatte keine Vorkehrungen für seine Nachfolge getroffen. So kam es nach dem Tod Mohammeds zum Konflikt zwischen der mekkanischen und der medinensischen Anhängerschaft. Mohammeds engsten Vertrauten Abu Bakr und Omar gelang es, den Zwist vorerst zu schlichten.

Abu Bakr, der Vater von Mohammeds Frau Aischa, wurde der erste Kalif, der „Stellvertreter des Gesandten Gottes" (*ḫalīfat ar-rasūl*). Und schon bald sollten die Kalifen diesem Titel den eines „Herrschers der Gläubigen" (*amīr al-mu'minīn*) hinzufügen. Das Nachsehen hatte Ali. Der Schwiegersohn und Vetter Mohammeds hatte gehofft, die Nachfolgefrage zu seinen Gunsten entscheiden zu können. Dadurch entstand ein verhängnisvoller Riss in der Einheit der Muslime, der sich in der Folgezeit weiter vergrößern sollte. Unter dem etwa zweijährigen Kalifat des Abu Bakr (632 – 634) festigte sich die Herrschaft des Islam auf der Ara-

II. Zeitenwende (7.–10. Jahrhundert)

6 Miniatur aus einer um 1410 verfassten Abhandlung über die Einhaltung der Gebote des Islam von Abu Hanifah aus dem Südiran. Pilger umrunden die Ka'aba in Mekka.

bischen Halbinsel. Unter seinem Nachfolger und Vater von Mohammeds Frau Hafsa, dem zweiten Kalifen Omar (634–644), breitete sich der Islam mit Feuer und Schwert in Windeseile aus. Die Muslime stießen unter der Führung Halid ibn al-Walids weit in das Herrschaftsgebiet von Byzanz vor. Im Jahre 634 siegten sie über ein byzantinisches Heer bei Adschnadain in Palästina. Wenige Monate später fiel Damaskus. Nachdem die Byzantiner eine weitere militärische Niederlage am Yarmuk-Fluss hinnehmen mussten, fiel ganz Syrien unter islamische Herrschaft. Siegreich zog Omar 638 in Jerusalem ein. Die Herrschaft des Christentums in der Heiligen Stadt war vorerst beendet. In rasanter Geschwindigkeit gingen die Eroberungen weiter. Nach der Schlacht bei al-Qadisiya 637 war auch das mächtige Sassanidenreich ins Wanken geraten und schließlich zusammengebrochen. Bis 642 hatten die muslimischen Heere auch den Westiran unter Kontrolle gebracht. Jazdagard III., der letzte Sassanidenkönig, wurde 651 in Merv ermordet. Ungefähr zur gleichen Zeit eroberte Amr ibn al-As Ägypten. Und selbst bei Vorstößen auf dem Meer trugen die Kämpfer für den Islam Siege davon. Im Jahre 648 eroberten sie Zypern und vernichteten einige Jahre darauf die byzantinische Flotte.

Schier unaufhaltsam setzten sich die Eroberungen unter dem dritten Kalifen Othman (644–656) aus der Familie der Omaijaden fort. Als Othman 656 ermordet wurde, kam endlich die Stunde Alis. Doch sowohl Aischa, die einflussreiche Witwe Mohammeds, wie auch Mu'awija, der omaijadische Statthalter von Syrien und ein Verwandter des ermordeten Kalifen, verweigerten Ali die Gefolgschaft. Es kam zu einem Bürgerkrieg, der einige Jahre später zur Spaltung des Islam in Sunniten und Schiiten, *Sunna* und *Schi'a,* führen sollte. Während die Sunniten die Nachfolgeschaft Mohammeds durch einen Kalifen anerkannten, der durch die Bestätigung der Gemeinschaft legitimiert war, betrachteten die Schiiten (*šī'at 'Alī*) lediglich direkte Blutsverwandte des Propheten als rechtmäßige Nachfolger. Im Jahre 661 wurde Ali vor der Moschee von Kufa mit einem vergifteten Schwert getötet. Mu'awija (661–680) begründete als fünfter Kalif die Dynastie der Omaijaden, die bis 750 die Geschicke der *Umma* bestimmen sollte.

Unter dem Kalifat Mu'awijas entrissen die Muslime den Byzantinern Stück um Stück den Maghreb. Mit dem Fall Karthagos am Ende des 7. Jahrhunderts hatte sich die islamische Herrschaft über ganz Nordafrika ausgebreitet. Der Sprung über die Meerenge von Gibraltar war nur noch eine Frage der Zeit. Während die Eroberungen im Osten inzwischen Buchara, Samarkand und Taschkent umfassten und sich bis an die chine-

II. Zeitenwende (7.–10. Jahrhundert)

sische Grenze fortsetzten, landete der muslimische Heerführer Tarik 711 mit einem vor allem aus Berbern bestehenden Heer auf der Iberischen Halbinsel. Über die Hintergründe dieser Invasion finden sich in den Quellen unterschiedliche Versionen.[8] Nachfolgestreitigkeiten unter den Westgoten, deren eine Fraktion die Muslime selbst ins Land gerufen habe, werden dabei ebenso ins Feld geführt wie ein Komplott der von den Christen unterdrückten Juden. Die westgotischen Herrscher vermochten dem Vorstoß jedenfalls nichts entgegenzusetzen. Toledo, die Hauptstadt des Westgotenreiches, fiel in die Hand der Muslime. In der Folgezeit begab sich Musa ibn Nusair, der omaijadische Statthalter in Nordafrika, selbst auf die Iberische Halbinsel und führte die Eroberung fort. Bis auf das nördlich gelegene Asturien geriet das ganze Land unter arabische Herrschaft. Erst 732 verhinderte das fränkische Heer Karl Martells in der berühmten Schlacht bei Tours und Poitiers ein weiteres Vordringen der Muslime auf dem europäischen Kontinent.[9] Bis die Araber jenseits der Pyrenäen auftauchten, scheinen die Abendländer kaum Notiz von dem neuen Glauben genommen zu haben, der sich in weniger als einem Jahrhundert explosionsartig im Mittelmeerraum ausgebreitet hatte, während in Europa die Christianisierung noch längst nicht abgeschlossen war.

7 Am 10. Oktober 680 besiegte der Omaijaden-Kalif Jazid I. in der Schlacht bei Kerbela im Irak das Heer von Hussein, Alis Sohn. Hussein wurde nach der Schlacht enthauptet. Kerbela wird damit zum Wallfahrtsort für die Schiiten, die am Jahrestag der Niederlage ihres Märtyrers Hussein gedenken. Zeitgenössische Miniatur aus einer *Geschichte der Märtyrer aus der Familie des Propheten Mohammed*.

Völker des Buches. Christen und Juden unter islamischer Herrschaft

Die Zeitgenossen im Okzident wussten wenig über Mohammed und seinen neuen Glauben. Auch die Hintergründe der arabischen Invasion kannten sie nicht. Dies zeigt exemplarisch der Bericht aus der sogenannten Chronik des Fredegar, entstanden vor der Mitte des 7. Jahrhunderts.[10] Der Schilderung zufolge war der byzantinische Basileios Herakleios († 641) in den Wissenschaften sehr bewandert und widmete sich auch der Astrologie. So habe er selbst gedeutet, sein Reich werde nach dem Willen Gottes von den „beschnittenen Völkern" verwüstet werden. Daraufhin, so die Fredegar-Chronik, wandte er sich hilfesuchend an den merowingischen König Dagobert I. († 638/39). Herakleios wähnte nach seinen Weissagungen die Juden als Quelle der Gefahr. Da er aber nicht wusste, aus welcher Himmelsrichtung die Bedrohung kam, wollte er sich der Unterstützung Dagoberts versichern. Mit seiner Erzählung stellt der Chronist den Merowingerkönig bewusst als wichtigsten Herrscher des

Abendlandes dar. Der Basileios ersuchte Dagobert, alle Juden seines Reiches taufen zu lassen. Er wolle in seinem Herrschaftsgebiet das Gleiche tun. Auf dem Höhepunkt der Schilderung treten nun die Araber ins Bild. Der Geschichtsschreiber setzt seine Ausführungen mit den Niederlagen der Byzantiner und der Eroberung Jerusalems durch die Araber fort. Angesichts der Stärke seiner Gegner habe der Basileios die Stadt geräumt. Der Chronist bezeichnet die Araber als „Sarazenen" und hatte keinerlei Vorstellung von ihrem tatsächlichen Herkunftsort. So glaubte er diesen „am Fuß des Berges Kaukasus, am Kaspischen Meer" auszumachen. Die Glaubensinhalte der neuen Religion, der die arabischen Eroberer anhingen, blieben im lateinischen Abendland zu dieser Zeit noch unbekannt. Erzählende Quellen des 8. bis 10. Jahrhunderts nehmen die *Saraceni* in gleicher Weise wie die Normannen lediglich als fremde Eindringlinge wahr[11] – allerdings bis in den Norden Englands hinauf. So ist der angelsächsische Mönch und Gelehrte Beda Venerabilis († 735) sehr wohl über die Schlacht bei Tours und Poitiers unterrichtet. „Zu dieser Zeit", so schreibt er, „verheerte das schreckliche Unheil der Sarazenen Gallien durch ein schreckliches Blutbad, und sie erlitten kurz darauf in diesem Land die ihrem Unglauben gebührende Strafe."[12] Doch selbst in solchen Regionen, in denen Christen und Muslime über lange Zeit in Konflikt standen – im Süden Italiens und auf der Iberischen Halbinsel –, finden sich in den erhaltenen Schriftzeugnissen noch keine Ausführungen über den Islam. Noch Liutprand von Cremona († um 972), der als Gesandter Kaiser Ottos I. nach Byzanz gereist war, macht keine Angaben zur islamischen Religion. Aus Byzanz, von der Grenze zu den schlagkräftigen Eroberern aus der arabischen Wüste, erreichte die erste Darstellung über Mohammeds Wirken den lateinischen Westen. Sie entstammte der Chronik des Byzantiners Theophanes Homologetes († 817/18), die der päpstliche Kanzler Anastasius Bibliothecarius († 879) aus dem Griechischen übersetzte. Sie steht am Beginn der Reihe polemischer Darstellungen über Mohammed, der unverhohlen als Pseudoprophet der Sarazenen bezeichnet wird.[13]

Mohammed war spätestens seit seiner Erfahrung mit den jüdischen Stämmen der Arabischen Halbinsel bewusst, dass nicht alle Bewohner der eroberten Gebiete den neuen Glauben annehmen würden. Zwangskonversionen schloss er dennoch explizit aus. In Sure 2, 256 des Koran heißt es: „In der Religion gibt es keinen Zwang." So wurde grundsätzlich die Vielfalt der Religionen hingenommen. Für Nicht-Muslime galten allerdings bestimmte Rechtsvorschriften, deren Basis noch durch Mohammed selber im Zuge der ersten Eroberungswelle ausgebildet worden war.

8 Die Darstellung aus dem frühen 14. Jahrhundert in der *Weltgeschichte* des Raschid Taliban zeigt den Propheten Mohammed bei der Belagerung einer Burg. Die Würdenträger vor dem Tor verhandeln über die Kapitulation.

Der Islam kennt im Gegensatz zum Christentum keine Unterscheidung in weltliches und geistliches Recht. Nach Auffassung des Propheten hatten Juden und Christen wie die Muslime eine göttlich offenbarte Heilige Schrift empfangen. Dieses machte sie zu „Völkern des Buches" (*ahl al-kitāb*), die allerdings auf niedrigeren Offenbarungsstufen standen. Die Angehörigen dieser Buchreligionen wurden als *ḏimmīs* bezeichnet.[14] Im weiteren Verlauf der Eroberungen, die die Muslime mit Angehörigen weiterer Religionen – so der Zoroastrier in Persien – in Berührung brachten, wurde der Kreis der zu den *ḏimmīs* zählenden Glaubensgemeinschaften ausgeweitet. Das Recht der *ḏimma* garantierte ihnen den Schutz von Leben, Eigentum und der bestehenden Gotteshäuser sowie die freie Religionsausübung. Das Zustandekommen dieses „Schutzvertrages" war geknüpft an die Zahlung einer jährlichen Kopfsteuer, der *ǧizya*. Die Zahlung der *ǧizya* fand bereits im Koran Erwähnung und bezog sich zu Lebzeiten Mohammeds noch auf einen kollektiv zu entrichtenden Tribut der besiegten Nicht-Muslime.[15] So heißt es in Sure 9, 29, der Kampf gegen diejenigen, denen die Schrift gegeben sei, solle bis zur Zahlung der *ǧizya* geführt werden. Mit der Entrichtung des Tributs als eines symbolischen Aktes der Unterwerfung wurde die Überlegenheit der Muslime formal anerkannt. Dies kam späterhin auch in der Form der Zahlung zum Ausdruck, in der den *ḏimmīs* ihre Minderwertigkeit mehr oder weniger drastisch vor Augen geführt wurde. Der Wortlaut der Sure, in der von der Tributzahlung „aus der Hand" (*'an yadin*) und von „Herabsetzung" (*ṣāġar*) die Rede ist, bedeutete im besten Fall eine Steuerentrichtung „nach Vermögen". Doch gab es bei der Interpretation reichlich Ermessensspielraum, der auch die Erniedrigung der nichtmuslimischen Steuerzahler keineswegs ausschloss. Eine Auslegung sah vor, dass der *ḏimmī* bei der Zahlung seine Hand symbolisch unter die des Steuereinnehmers legen sollte. Eine andere sah vor, dass der Steuereintreiber dem *ḏimmī* gar mit seiner Hand auf den Nacken schlug.

Seine in den eroberten Gebieten praktizierte Ausformung erhielt das Recht der *ḏimma* mit dem sogenannten *Pakt des Omar*.[16] Die ältesten Passagen dieses Schutzvertrages, dessen Urheberschaft dem zweiten Kalifen Omar zugeschrieben wird, stammen frühestens aus dem 10. Jahrhundert. Sie reflektieren jedoch die ältere Praxis, ihre Ursprünge und Entwicklungen. Die Versionen des Paktes beziehen ihre Rechtsvorschriften vor allem auf Christen, die in vielen der eroberten Gebiete die Bevölkerungsmehrheit bildeten. Doch wurden diese Regeln in der Praxis auch auf Juden angewendet. Der *Pakt des Omar* verbot den *ḏimmīs* den Bau neuer und die Instandsetzung verfallener Gotteshäuser. Kein Kirchturm sollte höher sein als das Minarett einer Moschee. Die Ausführung dieser Vorschriften in der Praxis verlief abhängig von Zeit und Ort unterschiedlich. Christen und Juden gelang es, entgegen dem geltenden Recht ihre Gotteshäuser in neuen islamischen Städten wie Kairo oder Kufa zu errichten. Doch kam es mitunter auch zur obrigkeitlichen Durchsetzung des Verbots und zu Zerstörungen von Synagogen und Kirchen. Darüber hinaus beschränkten die Vorschriften viele Aspekte des religiösen Lebens in der Öffentlichkeit. Bei religiösen Zeremonien unter freiem Himmel, wie sie etwa von den Angehörigen östlicher Kirchen durchgeführt werden, war zu lautes Beten und Singen untersagt. Kreuze und religiöse Schriften durften nicht öffentlich zur Schau gestellt werden. Auch das Glockengeläut war streng reglementiert. Daneben versteht sich von selbst, dass der *Pakt des Omar* jegliche Form des Missionierens verbot. Auch sollten Konversionswillige, die den Islam annehmen wollten, in keiner Weise durch ihre Glaubensgenossen bedrängt und daran gehindert werden.

Der *ḏimmī*-Status bedeutete auch im öffentlichen Leben jenseits des Kultes eine Ungleichbehandlung von Nicht-Muslimen. So mussten sich *ḏimmīs* in der Gegenwart von Muslimen erheben, durften keine Waffen tragen und nicht auf Pferden reiten. Ihre Häuser sollten niedriger sein als die der Muslime. Um sie von den Muslimen besser unterscheidbar zu machen, sollten sie sich ferner einer anderen Sprache bedienen. Ein Passus, dem es an Klarheit mangelte. Denn auch die Nicht-Muslime sprachen im muslimischen Herrschaftsbereich im Alltag Arabisch. So dürfte diese Verfügung bis auf das Verbot, mit dem Titel *Abū* beginnende Ehrennamen zu

9 Muslime beim Gebet in einer Moschee.

benutzen, kaum praktische Anwendung gefunden haben. Den *ḏimmīs* war es außerdem verboten, arabische Schriftzeichen auf ihren Siegeln zu verwenden. Unterscheidungen verlangte der *Pakt des Omar* neben dem Siegelwesen auch in der Kleidung.[17] Kennzeichnender Bestandteil der Bekleidung von Nicht-Muslimen war der sogenannte *zunnār*-Gürtel. Ein solcher war schon vor der muslimischen Eroberung Teil der traditionellen christlichen Bekleidung im Vorderen Orient gewesen und bezeichnete eine hohe gesellschaftliche Stellung. Die Kleidervorschriften zielten mithin darauf ab, dass Christen und Juden keine muslimischen Gewohnheiten übernehmen, sondern ihre althergebrachten fortführen sollten. Spätere Ausformungen fügten regional unterschiedlich weitere Bestimmungen zur Kleidung hinzu. So sollten etwa Juden ein gelbes, Christen ein blaues Zeichen auf ihrem Gewand tragen. De iure waren *ḏimmīs* auch vom Zutritt in öffentliche Ämter ausgeschlossen. In der Praxis aber oblag die Verwaltung trotzdem häufig Christen, Juden und auch Zoroastriern.

Mit dem *Pakt des Omar* stand im Islam eine normative Grundlage für den Umgang mit Angehörigen anderer Religionen zur Verfügung, die über die Jahrhunderte hinweg Wirksamkeit besaß. Die Ausführung in der Praxis wies dabei immer wieder Nuancen auf. Angesichts der deutlich diskriminierenden Facetten des *Paktes* kann von einem toleranten Umgang mit Angehörigen anderer Glaubensgemeinschaften im modernen Sinne gewiss keine Rede sein. Immerhin garantierte er Andersgläubigen aber den Schutz von Leben und Eigentum, was im Gegensatz dazu während der mittelalterlichen Jahrhunderte im christlichen Herrschaftsbereich nicht der Fall war. Kollektive Verfolgungen von Juden etwa, die sich unter lateinischer Herrschaft immer wieder ereigneten, blieben – wie in Granada 1066 – die Ausnahme. Dennoch verließen vor allem Christen den islamischen Herrschaftsbereich, in dem sie rechtliche Benachteiligung erfuhren. So begab sich am Beginn des 9. Jahrhunderts eine Gruppe von Flüchtlingen aus dem omaijadischen Emirat von Córdoba jenseits der Pyrenäen unter den Schutz Ludwigs des Frommen. In seinem auf den 1. Januar 815 datierten Kapitular gestattete ihnen der König, sich in der 795 eingerichteten Spanischen Mark anzusiedeln. Diese *hispani* waren, so heißt es in dem Zeugnis, „vor der Unterdrückung und dem grausamen Joch geflohen, das die Sarazenen den Christen auferlegten".[18]

Seit der Eroberung der Iberischen Halbinsel vor mehr als einem Jahrhundert hatte sich die politische Situation in der islamischen Welt stark verändert. Die Abbasiden hatten die Herrschaft der Omaijaden gewaltsam beendet.

Zwischen Polemik und Pragmatismus. Christen, Juden und Muslime im frühen Mittelalter

Im Jahre 747 hatte in der persischen Provinz Khorasan der Aufstand gegen die herrschende Dynastie der Omaijaden begonnen. Nach siegreichen Schlachten eroberten die Anhänger des Abu al-Abbas Merv und kurz darauf Nischapur. Siegreich zog Abu al-Abbas, Abkömmling eines Onkels des Propheten Mohammed, 749 in Kufa ein. Am 2. September wurde er von seiner Anhängerschaft zum Kalifen und *amīr al-muʾminīn* ausgerufen.[19]

Dem Omaijadenkalifen Merwan II. blieb nur die Flucht. Doch in Damaskus blieben ihm die Tore verschlossen. So führte ihn sein Weg weiter bis nach Ägypten, wo er im Jahre 750 in einem Hinterhalt ermordet wurde. Der neue Kalif Abu al-Abbas, der als Herrscher unter dem Namen as-Saffah bekannt wurde, richtete ein Blutbad unter den Mitgliedern der gestürzten Omaijaden-Familie an. Den Ausführungen des Chronisten at-Tabari zufolge ließ as-Saffah die letzten überlebenden Omaijaden töten und danach „über ihre Leichen eine lederne Decke ausbreiten […], auf der für jene ein Mahl aufgetragen wurde, die dieser Szene beiwohnten, und sie speisten, während die Opfer noch röchelten und ihr Leben aushauchten".[20] Auch vor den Toten machte der neue Kalif nicht halt. Die Leichen der einstigen Omaijadenkalifen wurden ausgegraben und verbrannt. Der einzige Omaijade, dem die Flucht gelungen war, Abd ar-Rahman, legte mit dem Emirat von Córdoba 756 die Grundlagen der fast dreihundertjährigen Omaijaden-Herrschaft in Spanien.

Als Nachfolger as-Saffahs trat 754 sein Bruder Dschaʾfar unter dem Namen al-Mansur an. Die Chronisten beschreiben ihn als klug und arbeitsam, aber ebenso als hart und grausam. Herausragend war offenbar auch sein Geiz. Nicht umsonst kam er zu dem Beinamen „Vater der Groschen". In die Zeit seines mehr als zwanzigjährigen Kalifats fällt vor allem der Bau der neuen, kreisförmigen Hauptstadt des Großreiches. Im Jahre 762 waren die Bauarbeiten an der *Stadt des Friedens*, dem späteren Bagdad am Tigris, beendet. Am 7. Oktober 775 starb al-Mansur auf der Pilgerfahrt nach Mekka.

Etwa zur gleichen Zeit machten sich weit entfernt im Frankenreich die Auswirkungen der Errichtung des omaijadischen Emirats von Córdoba bemerkbar, das dem Druck von zahlreichen Kräften ausgesetzt war. Nicht nur der ferne Abbasidenkalif und die Christen in Asturien bedrohten dessen Existenz. Die aufständischen muslimischen Provinzialstatthalter des Ebrotales und der nördlichen Regionen schreckten zur Vernichtung Abd ar-Rahmans nicht davor zurück, den fränkischen König um militärische Unterstützung zu ersuchen.[21] Die Quellen nennen unterschiedliche Gründe dafür, warum sich Karl der Große nach der Unterredung mit deren Gesandten zum Zug auf die Iberische Halbinsel entschloss. Neben dem Gewinn einiger Städte ist auch von der Hilfe für die unterdrückten Christen die Rede. Die Militäroperation fand auch den Zuspruch des Papstes. Doch die Unternehmung wurde für die Franken zu einer Enttäuschung, der schließlich eine verlustreiche Niederlage folgen sollte. Als das vereinigte Heer Karls 778 vor Saragossa eintraf, hatte sich das Bündnis der rebellierenden Statthalter bereits in nichts aufgelöst. Auf dem Rückweg über die Pyrenäen wurde Karls Nachhut bei Roncesvalles – neueren Forschungen zufolge nahe dem Kloster Siresa – aus dem Hinterhalt von Basken angegriffen und musste eine verlustreiche Niederlage hinnehmen. Im *Rolandslied* haben diese Ereignisse die Jahrhunderte überdauert.

Das Emirat von Córdoba sollte Karl noch beschäftigen und zum Anlass für den diplomatischen Austausch mit den Abbasiden werden.[22] Al-Mansurs Enkel Harun ar-Raschid übernahm 786 die Herrschaft über ein gefestigtes und geordnetes Reich, dessen Glanz bis in das Abendland ausstrahlte und das in den Erzählungen aus *Tausendundeine Nacht* Unvergänglichkeit erlangt hat.[23] Als ein herausragendes Problem des abbasidischen Großreiches erwies sich um diese Zeit die Zentralisierung der Verwaltung in Bagdad. Das Herrschaftsgebiet, das von Marokko bis zum Indus reichte, war auf Dauer unregierbar geworden. Die Provinz Ifriqiya in Ägypten bildete sich schließlich als weitgehend unabhängiger Verwaltungsbereich unter eigener Herrschaft aus, der sich in der Folge ganz abspaltete. Im Jahre 796 verlegte Harun seine Residenz von Bagdad in die neue Stadt ar-Rafiqa bei Raqqa, gelegen in der Ǧazira am linken Ufer des Euphrat. Während der letzten dreißig Jahre seines Lebens kehrte er nur noch selten nach Bagdad zurück.

Die Omaijaden in Córdoba waren für Harun außer Reichweite. Allerdings bestand die Gefahr, dass sich die omaijadischen mit den byzantinischen Gegnern des Abbasidenkalifats verständigten. Der Krieg zwischen den Abbasiden und Byzanz war am Ende des 8. Jahrhunderts wieder aufgeflammt. Für das Frankenreich hingegen bedeuteten die Omaijaden an seiner Westgrenze eine stetige Bedrohung. Angesichts gemeinsamer Gegner musste sowohl Karl dem Großen als auch Harun ar-

10 Die um 1375 entstandene Buchmalerei aus den *Grandes Chroniques de France* zeigt das Heer Karls des Großen bei einem Zusammentreffen mit den Arabern. Diese haben sich als Teufel verkleidet, um den christlichen Kämpfern Furcht einzuflößen.

Raschid an einem diplomatischen Gesandtenaustausch gelegen sein. Bereits vor dem Fehlschlag von Karls militärischer Expedition auf der Iberischen Halbinsel hatten Pippin III. und Haruns Großvater al-Mansur im Jahre 765 Gesandte ausgetauscht. Im Jahre 797 trat eine Gesandtschaft unter Führung von Lantfrid und Sigismund die lange Reise ins Zweistromland an, die allerdings nur in abendländischen Quellen Erwähnung findet. Zu der Gesandtschaft gehörte auch ein Mann namens Isaak, bei dem es sich wahrscheinlich um einen jüdischen Fernkaufmann handelte.[24] Möglicherweise sollte er sich als Dolmetscher betätigen. Die Überlieferung schweigt zum Verlauf der Reise, von der die Gesandten Lantfrid und Sigismund nicht mehr zurückkehrten. Nur Isaak überlebte die Strapazen und kam im Jahre 802 mit einem Elefanten namens Abu al-Abbas als Geschenk des Kalifen an Karl zurück.[25] Karl empfing seinerseits eine Gesandtschaft Harun ar-Raschids in Vercelli. Die diplomatischen Beziehungen zwischen dem Frankenreich und den Abbasiden setzten sich in der Folgezeit fort.

Im gleichen Jahr, als der Elefant gewiss unter staunenden Blicken in Aachen eintraf, unternahm Harun noch einmal eine Wallfahrt nach Mekka. Durch einen feierlichen Akt an der Ka´aba wollte er die strittige Nachfolgefrage regeln. Als der Kalif im Jahre 809 ein letztes Mal ins Feld zog, um einen Aufstand in Khorasan zu ersticken, war er bereits von seiner

Krankheit gezeichnet. Grausam war seine Rache an den Anstiftern der Revolte. Angeblich ließ er einen gefangenen Aufrührer von einem Metzger zerlegen, der alle Knochen aus dem geschundenen Körper herauslösen musste. Am 24. März 809 starb Harun ar-Raschid in Tus. Ein Triumph über das verhasste Emirat von Córdoba war ihm verwehrt geblieben.

Dort blühte derweil unter der Herrschaft von al-Hakam I. (796 – 822) das kulturelle Leben auf. Doch seine Regierungszeit blieb nicht ohne Spannungen und Aufstände. Nachdem al-Hakam vergeblich Karl den Großen um Unterstützung ersucht hatte, attackierten die berberischen Gefolgsleute des Aufrührers, der aus al-Hakams eigener Sippe stammte, 798 die Balearen, Korsika und einige Jahre später auch Sardinien.[26] Es gelang dem Emir, den Aufstand niederzuschlagen. Ein Teil der Anhängerschaft des Aufrührers und ihre Familien wurden gezwungen, nach Marokko ins Exil zu gehen. Andere, die sich ins östliche Mittelmeer abgesetzt hatten, eroberten 826 Kreta. Noch zu Lebzeiten Abd ar-Rahman ad-Dachils, 786, wurde der Grundstein für die Aljama-Moschee gelegt, die in ihrer neuen Bestimmung als christliche Kathedrale noch heute eindrucksvoll von den architektonischen Fähigkeiten ihrer Erbauer zeugt.[27] Der rege Handel zwischen Nordafrika und dem Vorderen Orient brachte neben Waren auch kulturelle Errungenschaften, die den Christen der Iberischen Halbinsel äußerst reizvoll erschienen. Die Konversion zum Islam war eine Möglichkeit, den diskriminierenden *ḏimmī*-Status gegen eine volle Teilhabe am gesellschaftlichen Leben einzutauschen.[28] Die Zahl dieser sogenannten *Muwalladun* stieg im 9. Jahrhundert stetig an. Christen, die nicht konvertierten, übernahmen im Laufe der Zeit dennoch mehrheitlich die Sprache und viele Lebensgewohnheiten von den islamischen Eroberern. Dies führte zu ihrer Bezeichnung als *Mozaraber*, die „Arabisierten".[29]

Doch das Verhältnis von Christen und Muslimen in Córdoba war keineswegs konfliktfrei. Nicht alle Christen waren zu einer Assimilierung bereit. Einige wandten sich öffentlich gegen die verstärkte Islamisierung von al-Andalus in der Regierungszeit Abd ar-Rahmans II. (822 – 852). Diese manifestierte sich äußerlich an der Beseitigung des Weinmarktes in Córdoba und der Verdrängung der zuvor christlichen Leibgarden. Um 850 hatte sich eine Gruppe von Christen um den Priester Elogius zusammengeschlossen, die den Propheten Mohammed und den Islam öffentlich verunglimpften und versuchten, *Muwalladun* wieder zum christlichen Glauben zu bewegen.[30] Sie waren sich bewusst, dass eine solche Blasphemie mit dem Tod bestraft würde. Mit ihrem freiwilligen Martyri-

11 Das Innere der einstigen Moschee und heutigen Kathedrale von Córdoba.

um wollten sie für die Christen in al-Andalus und Konvertiten ein Zeichen des Glaubens setzen. Nachdem sie sich weigerten, ihre Haltung aufzugeben und ihre Schmähungen zu widerrufen, wurden zunächst einige von ihnen hingerichtet. Im Jahre 853 wiederholte sich eine ähnliche Aktion. Schließlich wurde auch Elogius, das geistige Oberhaupt der Bewegung und inzwischen zum Bischof von Córdoba aufgestiegen, zum Tode verurteilt. Der Widerstand war gebrochen. Konflikte wie diese blieben auf der Iberischen Halbinsel aber die Ausnahme.

In den folgenden Jahrzehnten entwickelte das Emirat seine Blüte rasch weiter. Schließlich rief Abd ar-Rahman III. (912 – 961) das omaijadische Kalifat des Westens aus. Sein Nachfolger al-Hakam II. (961–967) machte Córdoba, das Schätzungen zufolge inzwischen 100 000 Einwohner zählte, zu einem Hort der Wissenschaften.[31] Unzählige Bücher ließ er in seiner Bibliothek zusammentragen, die Jahrhunderte später den Übersetzern in Toledo reichen Nutzen bringen sollten. Die Stadt verfügte über ein ausgezeichnetes Bewässerungssystem. Dieses ermöglichte den Anbau von Pflanzen, die bisher auf der Iberischen Halbinsel noch nicht gezogen wurden, darunter Dattelpalmen, Zuckerrohr, Feigen, Reis und das kostbare Safran – alles begehrte Waren für den Export.

12 Unter der Herrschaft Abd ar-Rahmans wurde 786 mit dem Bau der „Mezquita" begonnen, die nach der christlichen Eroberung Córdobas 1236 in eine Kathedrale umgewandelt wurde.

Am Ende des 10. Jahrhunderts flammte der Krieg mit den christlichen Königreichen der Iberischen Halbinsel vehement auf. Der Wesir Mohammed ibn Abi ʿAmir al-Mansur (span. Almanzor) eroberte innerhalb weniger Jahre Barcelona, León und schließlich 997 den bedeutenden Wallfahrtsort Santiago de Compostela. Nach al-Mansurs Tod im Jahre 1002 brachen lange Wirren um die Nachfolge aus. Sie endeten 1031 mit der Flucht Hischams III. ins Exil nach Lérida und mit dem Zerfall des Emirats in kleine Teilreiche, die sogenannten Taifenreiche. Weit am Horizont dämmerte bereits der Aufbruch christlicher Heere zum Kampf gegen die Muslime.

II. Zeitenwende (7.–10. Jahrhundert)

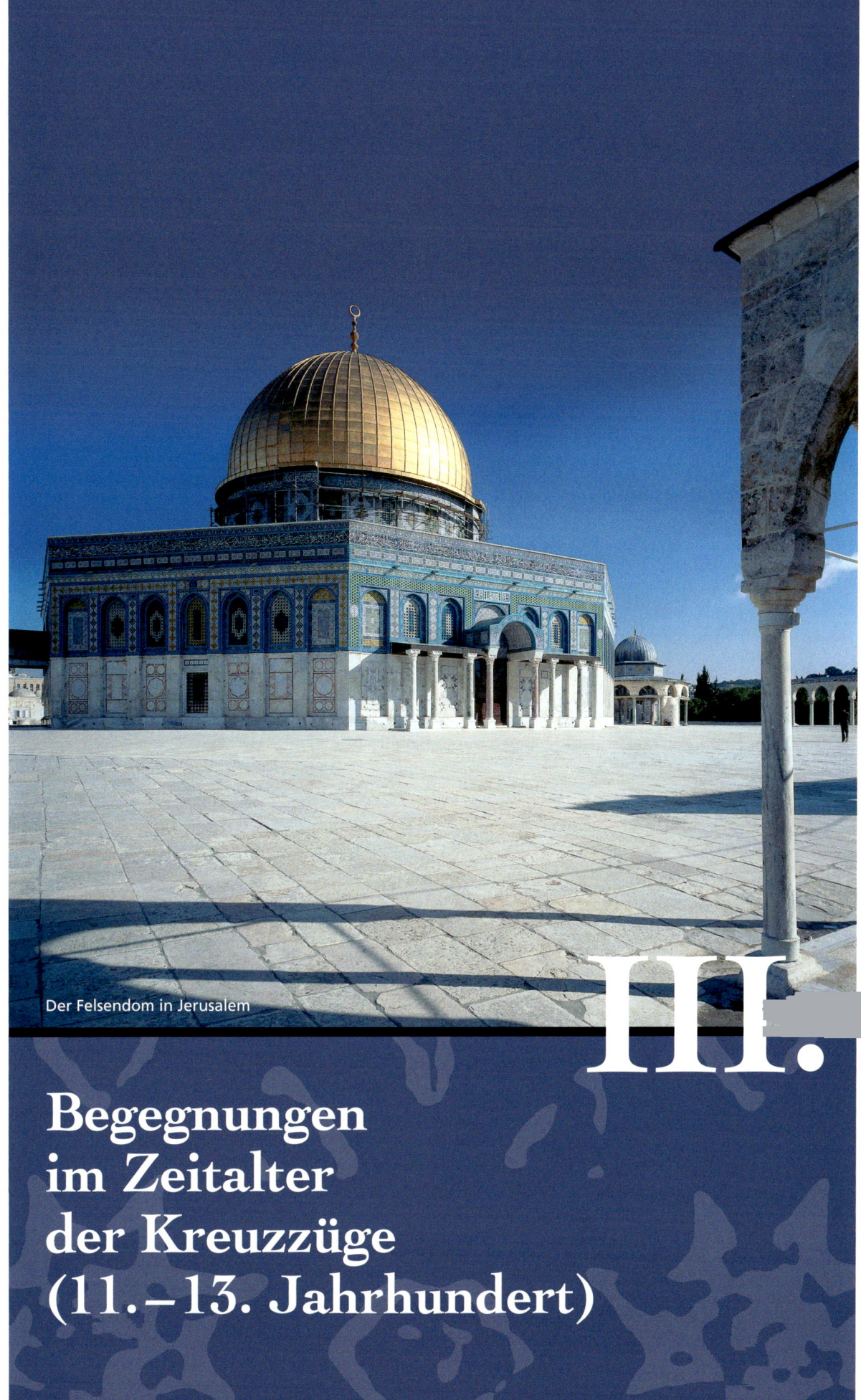

Der Felsendom in Jerusalem

III.

Begegnungen im Zeitalter der Kreuzzüge (11.–13. Jahrhundert)

13 Angeführt von zwei Bischöfen brechen Kreuzfahrer auf dieser Buchmalerei des frühen 14. Jahrhunderts zum Kampf gegen die „Ungläubigen" auf.

Im Vorangegangenen sind mit der Entstehung des Islam, seiner rasanten Ausbreitung im Mittelmeerraum sowie dem normativen Umgang mit Christen und Juden unter muslimischer Herrschaft bereits wesentliche Grundlagen vorgestellt worden. Nun gilt es, einzelne Facetten der interkulturellen und -religiösen Begegnung während ihrer vielleicht intensivsten Phase zwischen dem Ende des 11. und des 13. Jahrhunderts näher ins Blickfeld zu rücken. Zum Verständnis der Ausführungen erscheint es indes nötig, den äußeren Rahmen für eine leichtere Einordnung in den Gesamtkontext kurz zu skizzieren. Es ist dabei weder beabsichtigt noch in dieser Weise möglich, eine detaillierte „Geschichte der Kreuzzüge" zu präsentieren.[1] Eine solche haben unlängst gleich mehrere Historiker vorgelegt und die Lektüre ihrer Werke sei allen ans Herz gelegt, die sich eingehender mit diesem weiten Themenkreis befassen wollen. Unseren Zwecken mag hier ein grob vereinfachter Abriss der Ereignisse genügen.

Die Kreuzzüge in den Vorderen Orient

Im 11. Jahrhundert begann der riesige *dār al-islām* im westlichen Mittelmeer zu schrumpfen. Seinen Ausgang nahm dieser Prozess auf der Iberischen Halbinsel. Nur Asturien, im äußersten Norden, war im Zuge der muslimischen Eroberung zwischen 711 und 716 in christlicher Hand verblieben. Von dort setzte im 9. Jahrhundert allmählich die Rückeroberung ein. Bis zur zweiten Hälfte des 11. Jahrhunderts hatte sich der christliche Herrschaftsbereich – wenngleich nicht ohne zwischenzeitliche Rückschläge – bereits merklich nach Süden ausgedehnt. Nunmehr trieben vier christliche Herrschaften die Reconquista voran: das Königreich León, das aus der einstigen Grafschaft erwachsene Königreich Kastilien, das Königreich Aragón und schließlich die Grafschaft Barcelona.[2] Die kleinen Taifenreiche, die 1031 aus dem zerfallenen Kalifat von Córdoba

14 Die Darstellung aus einer spanischen Handschrift des 13. Jahrhunderts zeigt ein christliches Heer in der Schlacht gegen die Muslime.

hervorgegangen waren, vermochten sich dem Druck aus dem christlichen Norden nicht zu widersetzen. Gegen Tributzahlungen (*paría*) an die christlichen Herrscher versuchten die *taifas*, Angriffe abzuwenden und oftmals kam es gar zu Bündnissen. Am 6. Mai 1085 eroberte König Alfons VI. von Kastilien (1072 – 1109) die alte westgotische Hauptstadt Toledo zurück. Die Wiedereinnahme Toledos war die Krönung dieser ersten Phase der Reconquista vor dem Beginn der Kreuzzüge in den Nahen Osten, die nur wenige Jahre später einsetzten. Auf den Sieg folgte indes bald die Ernüchterung. Die Muslime auf der Iberischen Halbinsel holten die glaubensstrengen, berberischen Almoraviden (*al-murābiṭūn*) aus dem Maghreb ins Land. Der Triumph Alfons' VI. währte nur kurz. Am 23. Oktober 1086 wurde sein Heer von den Almoraviden bei Sagrajas vernichtend geschlagen. In den folgenden Jahren brachten sie die Taifenreiche wieder unter ihre Herrschaft. *Al-Andalus* war erneut in muslimischer Hand. Darunter auch Valencia, das Reich des legendären

Rodrigo Díaz de Vivar (1043 – 1099), genannt *El Cid*. Bald trat der Kampf um die Iberische Halbinsel zwischen Christen und Muslimen in eine neue Phase. Religiöse Motivation trat an die Stelle der weltlich-politischen.³

Ungefähr zur gleichen Zeit, als die christlichen Könige auf der Iberischen Halbinsel die Taifenreiche ihrem Herrschaftsgebiet einverleibten, brachten die Normannen Unteritalien Stück für Stück in ihren Besitz.⁴ Roger und Robert Guiskard († 1085), seit 1053 Herzog von Apulien, der auf der Synode von Melfi 1059 mit seinem Eid die päpstliche Lehenshoheit anerkannte, eroberten 1060 Tarent, Brindisi und Reggio von den Byzantinern. Im Jahre 1071 fiel Bari, der letzte byzantinische Stützpunkt in Unteritalien. Doch die Normannen beendeten nicht nur die byzantinische Herrschaft im Süden des Stiefels. Zeitgleich mit der Zurückdrängung der Byzantiner in Kalabrien und Apulien gelang es ihnen, den Muslimen Sizilien zu entreißen. Im Jahre 1061 nahmen sie Messina ein, 1072 schließlich Palermo.

Mit dem Beginn der Kreuzzüge in den Vorderen Orient erreichten die Expansion lateinischer Herrschaft im Mittelmeerraum und der Kampf gegen die Muslime am Ende des 11. Jahrhunderts schließlich ihren Höhepunkt. Darüber, was ein Kreuzzug eigentlich ist, gehen die Meinungen der historischen Forschung in einigen Punkten auseinander. Einigkeit besteht dennoch darin, dass es sich bei einem Kreuzzug erstens um einen vom Papst im Namen Christi ausgerufenen „heiligen" Krieg handelte, dass zweitens zumindest die meisten Kämpfer ein spezielles Gelübde ablegten und dass ihnen drittens für ihre Teilnahme an der Unternehmung weltliche wie geistliche Privilegien zuteil wurden.⁵ Das wichtigste darunter war der Sündenablass. Jenseits dieses allgemeinen Konsenses unterscheiden sich die Auffassungen erheblich voneinander. Manche Historiker schränken ihre Definition eines Kreuzzugs auf die Unternehmungen im Vorderen Orient ein. Dagegen steht eine weiter gefasste Auslegung. Sie bezieht andere geographische Räume wie die Iberische Halbinsel oder das Baltikum ebenso mit ein wie das vom Heiligen Stuhl initiierte Vorgehen gegen Heiden, Ketzer, Schismatiker oder papstfeindliche Katholiken. Seit sich die moderne Geschichtswissenschaft in der zweiten Hälfte des 19. Jahrhunderts herauszubilden und die Kreuzzüge als Forschungsgegenstand zu entdecken begann, hat sich auch der betrachtete Zeitrahmen immer weiter ausgedehnt.⁶ Dieser reicht inzwischen weit hinaus über das Jahr 1291, das mit dem Verlust Akkons den Untergang der Kreuzfahrerstaaten in der Levante markiert, und erstreckt sich

15 Unter der segnenden Hand Gottes begeben sich mit Speeren und Schilden bewaffnete Kämpfer auf den Kreuzzug. Der Krieger zur Linken trägt den für das 11. Jahrhundert typischen Nasalhelm und ein Kettenhemd.

bis zur Kapitulation des Ordensstaates der Hospitaliter auf der Mittelmeerinsel Malta vor den Truppen Napoleons am 13. Juni 1798. Welcher Meinung man auch zuneigen mag, so ist ein innerer Zusammenhang zwischen den bewaffneten Unternehmungen gegen die muslimische Herrschaft im Mittelmeerraum nicht von der Hand zu weisen. Er scheint – wie in den weiteren Ausführungen noch deutlich werden wird – sowohl in der Levante als auch auf der Iberischen Halbinsel immer wieder auf.

Das Zusammenspiel gesellschaftlicher, politischer und religiöser Faktoren, das am Ende des 11. Jahrhunderts zum ersten Kreuzzug in den Vorderen Orient führte, ist komplex. Dies ist nicht der Ort, um die Entstehung des Kreuzzugsgedankens und alle Vorbedingungen für das Unternehmen näher zu erörtern.[7] Für unsere Betrachtung der Begegnungen zwischen Christen, Juden und Muslimen genügt es, auf folgende Aspekte hinzuweisen: Der vom Papst im Namen Christi erfolgte Aufruf zum bewaffneten Kampf gegen Feinde der Christenheit war Ausdruck einer neuen Form christlicher Frömmigkeit. Wird der Dschihad bereits im Koran mehrfach erwähnt (2. Sure, Vers 212 – 213; 9. Sure, Vers 29 und 36), entwickelte sich im Christentum der Gedanke eines religiös sanktionierten „Heiligen Krieges" erst allmählich bis hin zu seiner Kulmination in den Kreuzzügen. In den Köpfen der allermeisten Kreuzfahrer ging es um die Befreiung Jerusalems und der heiligen Stätten aus der Hand der „Ungläubigen" – selbst, wenn Papst Urban II. Jerusalem in seinem Kreuzzugsaufruf offenbar gar nicht erwähnte.[8] Das Feindbild des gemeinen Kreuzfahrers war zweifelsohne unklar. Im lateinischen Herrschaftsbereich gab es zu dieser Zeit noch keine weitverbreitete, kohärente und religiös-fundierte anti-islamische Ideologie.[9] Die Zeitgenossen in den Kernländern, aus denen die allermeisten Kreuzfahrer stammten, wussten schlichtweg wenig bis nichts über den Islam und die Muslime.[10]

Die Dinge nahmen ihren Lauf, als im März 1095 eine byzantinische Gesandtschaft auf dem Konzil von Piacenza eintraf. Im Namen ihres Kaisers Alexios I. Komnenos (1081 – 1118) berichteten die Gesandten von der wachsenden Bedrohung des Byzantinischen Reiches durch die Seldschuken. Diese muslimischen Reiternomaden waren seit dem Beginn des 11. Jahrhunderts aus den Steppen Zentralasiens immer weiter nach Westen vorgestoßen.[11] Städte wie Nischapur, Hamadan und Isfahan fielen ihnen nach und nach in die Hände. Der Eroberungszug des Toğrul Beg († 1063) und seiner Krieger, die in den arabischen Quellen auch Turkmenen (*turkmān*) genannt werden, erschütterte das Machtgefüge in der Region nachhaltig.[12] Schließlich zog Toğrul Beg im Jahre 1055 in Bagdad ein, der Hauptstadt der Abbasidenkalifen. Der Kalif verlieh ihm den Titel eines Sultans. So blieb der machtlose al-Qa'im (1031 – 1075) auch weiterhin der *amīr al-mu'minīn*, der Beherrscher der Gläubigen. Die eigentlichen Herrscher aber waren künftig die Seldschuken. Das persische Isfahan wurde zur Hauptstadt des großseldschukischen Reiches, das Toğrul Begs Nachfolger Alp Arslan (1063 – 1072) und Malikšah (1072 – 1092) zu festigen vermochten. Seit 1068 verstärkte Sultan Alp Arslan seine Angriffe auf das Byzantinische Reich. Im Jahre 1071 besiegten die Seldschuken das von Kaiser Romanos IV. Diogenes (1068 – 1071) angeführte Heer der Byzantiner bei Mantzikert im Osten Anatoliens. Dabei geriet Romanos gar in Gefangenschaft. Die Folgen der Niederlage waren gravierend. Das Byzantinische Reich erlebte eine Staatskrise, aus der der General Alexios Komnenos 1081 schließlich als neuer Kaiser hervorgehen sollte. Weitgehend untätig überließ man derweil Anatolien den Invasoren. Als das großseldschukische Reich nach dem Tod Malikšahs im Jahre 1092 zerfiel, bildete sich unter dem lokalen Seldschukenführer Qiliğ Arslan (1092 – 1107) das rumseldschukische Sultanat von Ikonium, dem heutigen Konya, heraus. Der Begriff *rūm* weist hierbei auf den ehemals byzantinischen, also (ost)römischen Besitz hin. Mit dem Sultanat von Ikonium war den Byzantinern an ihrer östlichen Flanke ein ernst zu nehmender Gegner erwachsen, mit dem sich der byzantinische Kaiser zunächst auf vertraglichem Wege einigte.[13] In Syrien führte der Tod Malikšahs zu größeren Umbrüchen, in deren Folge sich eine Zahl seldschukischer Emirate in Vorderasien etablierte. Ungefähr zur gleichen Zeit, im Jahre 1094 starb der fatimidische Kalif al-Mustansir (1036–1094) nach nahezu sechzigjähriger Herrschaft. Die folgenden Wirren um die Nachfolge entschied al-Afdal, der Sohn des mächtigen, kurz zuvor verstorbenen Wesirs Badr al-Ğamali. Dieser hatte als der eigentliche Herrscher des fatimidischen Kalifats gewirkt. Eine weitere Folge des Herrschaftsstreits am Nil war die Bildung der Nizari-Sekte, die den ermordeten Sohn al-Mustansirs als eigentlichen Kalifen betrachtete und so einen neuen schiitischen Glaubenszweig begründete.[14] Diese von den Abendländern *Assassinen* genannte Gruppierung richtete in Alamut, in den schwer zugänglichen Bergen Nordirans unweit des Kaspischen Meeres, ihr Hauptquartier ein und operierte auch im Norden Syriens. Unter ihrem Anführer straff organisiert, waren die Assassinen vor allem als Attentäter gefürchtet. Entsprechende Begriffe in einigen europäischen Sprachen bezeugen bis heute diese traurige Berühmtheit (z. B. frz./engl.: *assassin*). Mehrfach bekamen sunnitische und christliche Herrscher die meuchelnde Hand der Assassinen zu spüren, die während des 12. Jahrhunderts ihre eigene Rolle im orientalischen Machtgefüge spielten. Doch Todesfälle und Umbrüche blieben zu Beginn der 1090er Jahre nicht auf das großseldschukische Reich und das fatimidische Kalifat beschränkt. Im Jahre 1094 starb mit dem sunnitischen Kalifen ein weiteres Oberhaupt in der islamischen Welt.

Angesichts dieser Wirren innerhalb des *dār al-islām,* die die Feinde des Byzantinischen Reiches mittelfristig beschäftigten und schwächten, stellt sich die Frage, warum Alexios I. Komnenos gerade zu dieser Zeit seine Gesandtschaft mit einem Hilfegesuch zum Konzil nach Piacenza schickte. Pilgerreisen zu den Heiligen Stätten wurden durch die Lage erschwert, waren aber nicht unmöglich. Die Situation der Christen im Orient war nicht besser oder ärger als in anderen Regionen des Mittelmeeres

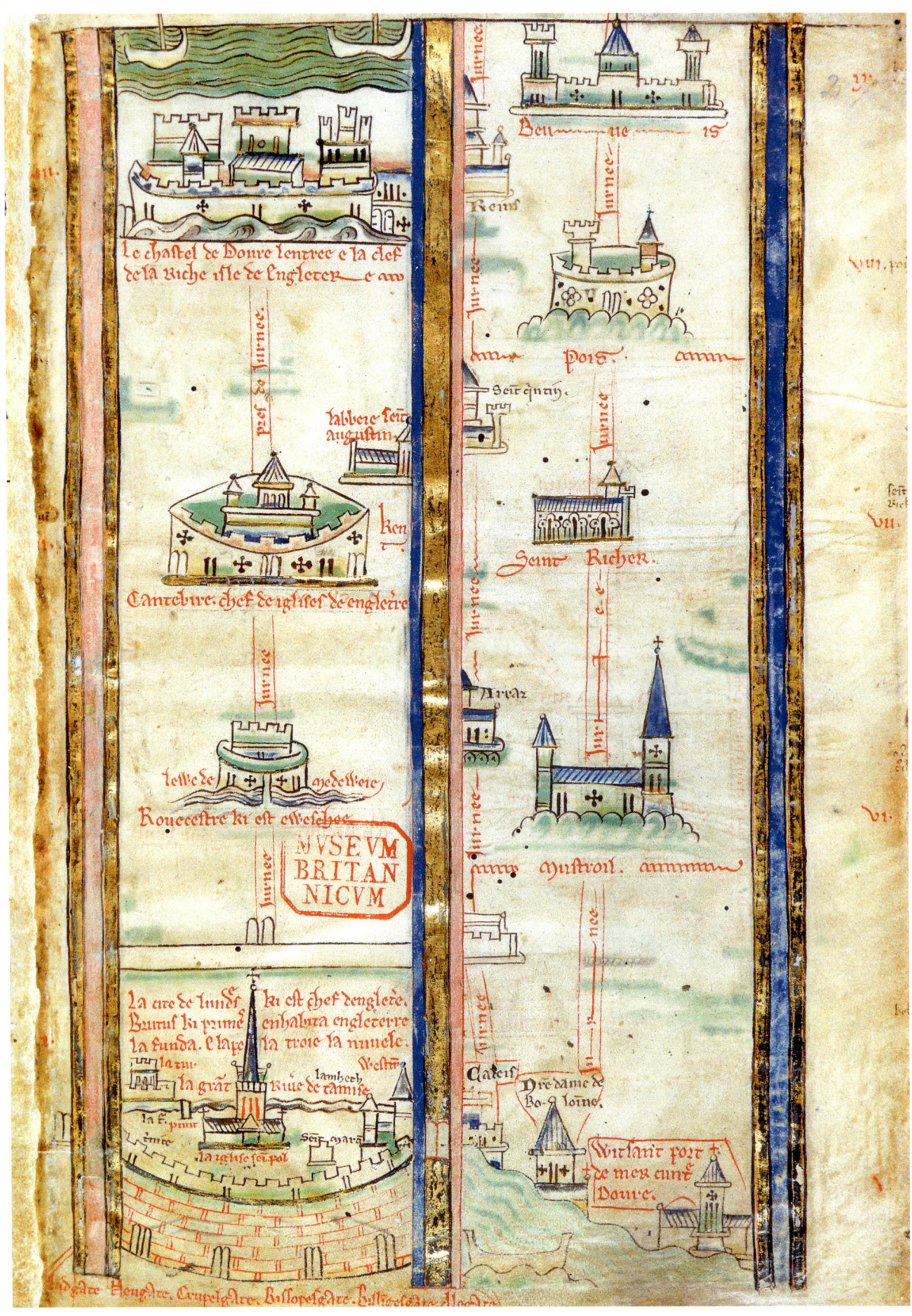

III. Begegnungen im Zeitalter der Kreuzzüge

17 Kreuzfahrer greifen eine Stadt mit Wurfmaschinen an. Die angegriffenen Muslime, dargestellt mit Turban und dunkleren Gesichtern, setzen sich mit Steinen und Pfeilen zur Wehr. Die Miniatur entstand erst im Frankreich des 14. Jahrhunderts, nach dem Ende der Kreuzzüge in die Levante.

16 (links) Ausschnitt einer Karte des Pilgerwegs von London nach Jerusalem in Matthäus Paris' (ca. 1200–1259) Werk *Historia Anglorum.* Hier abgebildet ist das Teilstück zwischen London und Dover.

unter muslimischer Herrschaft. Einzig unter dem Kalifat des Fatimiden al-Hakim (996–1021) war es entgegen den Bestimmungen des *ḏimmā*-Rechts zu Übergriffen auf Christen gekommen, die 1009 in der Zerstörung der Jerusalemer Grabeskirche auf Geheiß des Herrschers gipfelten. Doch dieses schockierende Ereignis lag 1095 bereits nahezu ein Jahrhundert zurück. Im Gegenteil, es war Christen in der zweiten Hälfte des 11. Jahrhunderts sogar möglich, im muslimisch beherrschten Jerusalem eigene Institutionen zu begründen. Das noch vor 1080 von Kaufleuten aus dem italienischen Amalfi gestiftete Johannesspital, aus dessen Pflegebruderschaft einige Jahrzehnte später der Orden der auch Hospitaliter genannten Johanniter hervorgehen sollte, bezeugt dies in eindrucksvoller Weise. Der byzantinische Kaiser dürfte also bei der Entsendung seiner Gesandtschaft weniger die Sorge um das Schicksal von Christen unter muslimischer Herrschaft im Sinn gehabt haben denn die vorsorgliche Reorganisation seiner Armee zur Abwehr seiner wiedererstarkenden Feinde jenseits des Bosporus. Was Alexios hierzu von den lateinischen Herrschern wollte, war eine Anzahl von Söldnern. Was er bekam, waren begeisterte Massen und riesige Kreuzfahrerheere. Es scheint, als hätten die Gesandten die Gefahren für das Byzantinische Reich so übertrieben geschildert, dass sich unter den Teilnehmern des Konzils die Meinung durchsetzte, nur ein Großaufgebot könne den bedrängten Christen im Osten die benötigte Hilfe leisten.[15] Dahinter stand nicht zuletzt der Gedanke an eine Wiedervereinigung der lateinischen mit der griechisch-orthodoxen Kirche, die sich 1054 überworfen hatten, unter römischem Primat.

In den Monaten nach dem byzantinischen Hilfsgesuch von Piacenza machte sich Papst Urban II. (1088–1099) daran, die schon seit längerem

18 Die Buchmalerei des frühen 14. Jahrhunderts in den *Grandes Chroniques de France* zeigt den Patriarchen von Jerusalem gefolgt von Karl dem Großen und Konstantin dem Großen, wie er vor Pilgern und Invaliden die Reliquie eines heiligen Nagels vom Kreuze Christi zur Schau stellt.

verfolgten Kreuzzugspläne des Heiligen Stuhles zu verwirklichen. Im Juli 1095 brach er zu einer Reise nach Frankreich auf. Seit fast einem halben Jahrhundert hatte kein Papst mehr Italien verlassen. Sein Weg führte Urban auch nach Cluny, dem Mutterhaus des bedeutenden Ordens der Cluniazenser in Burgund. Einige Jahre zuvor hatte er als Großprior von Cluny gewirkt. Nun wollte er sich als Papst die Unterstützung seiner einstigen Mitbrüder für die weitere Umsetzung seines Vorhabens sichern. Während seines Aufenthaltes weihte Urban den neuen Hochaltar der Kirche Cluny III. Diese war zum Zeitpunkt ihrer Fertigstellung die größte Kirche des Abendlandes und übertraf selbst Alt-Sankt Peter in Rom. Für Ende November hatte der Papst den Klerus zu einem großen Konzil nach Clermont in der Auvergne einberufen. Eine Woche lang stand für die zwölf Erzbischöfe, achtzig Bischöfe und neunzig Äbte, die der päpstlichen Ladung gefolgt waren, die Weiterführung kirchlicher Reform im Mittelpunkt. Am letzten Tag des Konzils schließlich, dem 27. November 1095, hielt der Papst auf freiem Feld vor den Toren von Clermont eine glühende Rede und rief darin zum Kreuzzug auf. Wie viele Zuhörer an jenem Tag den Aufruf Urbans vernahmen, bleibt ungewiss. Möglicherweise waren es keine Menschenmassen, sondern nur einige Hundert, die der Novemberkälte trotzend dem Papst auf das Feld gefolgt waren.[16] Niemand von diesen hat den Sermon Urbans wörtlich mitgeschrieben. So

III. Begegnungen im Zeitalter der Kreuzzüge

weichen die Quellen bei ihrer Wiedergabe der Rede voneinander ab. Drei der Chronisten, die über den Aufruf von Clermont berichten, waren Augen- und Ohrenzeugen des Ereignisses. Doch Robert von Reims, Mönch in Saint-Remi († 1120), der spätere Erzbischof Balderich von Dol (1045–1130) und der Kanoniker Fulcher von Chartres († 1127) verfassten ihre Berichte erst mit einigem zeitlichen Abstand zum Geschehen und mit dem Wissen um den Erfolg des ersten Kreuzzuges. Der Chronist Guibert von Nogent († 1124), der nicht selbst in Clermont anwesend war, liefert in seinem Werk *Gesta Dei per Francos* nach Hörensagen die drastischste Schilderung muslimischer Grausamkeiten gegen Christen, die Urban angeblich in seiner Rede anprangerte.[17] Darin heißt es, die Muslime folterten auf der Suche nach Geld christliche Pilger in schlimmster Weise. Man schneide ihnen die Haut der Fersen auf, um nach versteckten Wertsachen zu suchen. Ja, selbst abführende oder brechreizerregende Tränke würden den Pilgern verabreicht, damit diese verschluckte Preziosen wieder von sich gäben. Auch vor dem Aufschlitzen des Leibes und Verstümmlungen aller Art würden die Muslime nicht zurückschrecken. Was auch immer Urban gesagt haben mag, es verfehlte nicht seine Wirkung. Unter dem Ruf *Deus lo volt,* Gott will es, nahmen die Zuhörer begeistert das Kreuz. Abertausende sollten ihrem Beispiel folgen. Männer, Frauen und Kinder, Junge wie Alte.

Die allgemeine Welle der Kreuzzugsbegeisterung, die von Clermont ausging, erfasste bald weite Teile des lateinischen Herrschaftsraumes. Insbesondere in Südfrankreich, der Normandie, Flandern, Lothringen und im normannischen Unteritalien fiel die Kreuzzugspropaganda auf fruchtbaren Boden. Noch bevor sich die Ritterheere auf den Weg machten, brachen die zügellosen Massen des Volkskreuzzuges gen Jerusalem auf. Kreuzzugsprediger hatten die Botschaft des Papstes – entgegen dessen Absicht – dem Volk in charismatischen Reden weitervermittelt. In herausragender Weise tat sich dabei Peter von Amiens hervor, genannt auch Peter der Einsiedler († wohl 1115).[18] Seine Popularität war derart groß, dass die Haare seines Esels wie Reliquien verehrt wurden. Entsprechend bemühten sich die begeisterten Zuhörer, Haare vom Fell des Grautiers zu ergattern. Nach dem Wenigen, was über Peters Leben bekannt ist, war er bereits vor den Kreuzzügen als Pilger in Jerusalem gewesen. Der Besuch ließ in ihm offenbar die Entscheidung reifen, sich als Anführer an die Spitze eines Zuges zur Befreiung der Heiligen Stadt zu setzen. Um Unterstützung für seine Mission einzuwerben, präsentierte er bei seinen Predigten stets einen angeblich göttlichen Brief. Auch ein franzö-

19 Peter der Einsiedler führt auf dieser Darstellung des 14. Jahrhunderts die Kreuzfahrer in das Heilige Land. Während die Buchmalerei Ritter in voller Rüstung zeigt, bestand das Heer Peters aus schlecht ausgerüsteten, unkontrollierten Horden aus dem gemeinen Volk.

sischer Adeliger mit dem bezeichnenden Namen Walter „Habenichts" und die Deutschen Gottschalk und Folkmar sammelten Scharen um sich, die das Heilige Land der muslimischen Herrschaft entreißen wollten. Ohne Verzögerung zogen die unorganisierten Horden zu Beginn des Jahres 1096 los. Im Frühjahr waren sie bis an den Rhein gelangt, wo die fanatisierten, zugleich aber auch von Habgier getriebenen Teilnehmer dieses „Volkskreuzzuges" über die blühenden jüdischen Gemeinden herfielen.[19] In Speyer, Worms, Mainz, Trier, Köln, Neuss und Xanten richteten sie ein Blutbad unter den Juden an, die zuvor weitgehend friedlich mit ihren christlichen Nachbarn zusammengelebt hatten. Auch in Regensburg, Prag und Südfrankreich kam es zu Übergriffen. Der „Volkskreuzzug" bewegte sich weiter ostwärts durch das Donaugebiet und den Balkan auf Konstantinopel zu. Auf dem Weg war es infolge der schlechten Koordination und der Notwendigkeit zur Versorgung mit dem, was das durchquerte Land hergab, immer wieder zu blutigen Zusammenstößen mit der Lokalbevölkerung gekommen. Viele „Kreuzfahrer" hatten dabei bereits ihr Leben gelassen oder waren unterwegs einfach umgekehrt. Die Zahl derer, die im Sommer 1096 vor der byzantinischen Hauptstadt auftauchten, war aber noch immer beeindruckend genug, sodass Kaiser Alexios I. Komnenos die Horden so schnell wie möglich über den Bosporus setzen ließ. Dort erfüllte sich das Schicksal des „Volks-

III. Begegnungen im Zeitalter der Kreuzzüge

kreuzzuges". In der Nähe von Nikäa wurde der größte Teil von den Seldschuken niedergemetzelt, der Rest ging kurz danach in einem Hinterhalt unter. Der „Volkskreuzzug" war beendet. Der Kreuzzug der Ritterheere begann.

Etwa zur gleichen Zeit, als die Horden Peters des Einsiedlers in Kleinasien umkamen – der Kreuzzugsprediger selbst war noch in Konstantinopel und entging so diesem Schicksal –, brachen die ersten Kontingente der Ritterheere auf. An ihrer Spitze standen keine Könige. Kaiser Heinrich IV. (1056 – 1105) befand sich im Kirchenbann. Auch knapp zwanzig Jahre nach seinem berühmten Gang nach Canossa 1077 auf dem Höhepunkt des Investiturstreits hatte sich der Kaiser nicht mit dem Nachfolger Gregors VII. (1073 – 1085) ausgesöhnt. Er erkannte stattdessen den Gegenpapst Clemens III. (1080 – 1100) an. Der französische König Philipp I. (1060–1108) war seit 1094 ebenfalls gebannt, weil er seine Gattin verstoßen hatte. König Wilhelm II. Rufus von England (1087 – 1100) war knapp dreißig Jahre nach der normannischen Eroberung der Insel noch immer mit der Konsolidierung der Macht beschäftigt. Zudem war auch er für eine antipäpstliche Politik bekannt. Immerhin aber waren die Anführer der fünf Kreuzfahrerheere bedeutende Fürsten des Hochadels und mächtige Territorialherren, die in der Kriegführung erfahren waren. Das größte Heereskontingent bestand aus Süd- und Westfranzosen, die von dem Grafen Raimund IV. von Toulouse und Saint-Gilles (ca. 1041 – 1105) angeführt wurden. Ein zweites Kontingent stellten die Lothringer unter Führung des niederlothringischen Herzogs Gottfried V. von Bouillon (1060 – 1100) und seines Bruders Balduin von Boulogne (nach 1060 – 1118). Das dritte Heer wurde von Normannen und Flamen gebildet, die unter der Befehlsgewalt des Herzogs Robert II. von der Normandie (um 1054 – 1134), des Grafen Stephan von Blois (1086 –1102) und des Grafen Robert II. von Flandern (um 1065 – 1111) standen. Der Bruder des französischen Königs Philipp, Hugo von Vermandois, befehligte das vierte Heer. Die süditalienischen Normannen wurden geführt von Bohemund (1050/58 – 1111), dem ältesten Sohn des Robert Guiskard. Sein Neffe Tankred (1076 – 1112) begleitete ihn auf den Kriegszug.

Die genaue Beschreibung ihrer Routen nebst den Zwischenfällen unterwegs und der Begegnung mit dem Kaiser Alexios in Konstantinopel können wir an dieser Stelle übergehen, um uns stattdessen dem weiteren Gang der Ereignisse in der Levante zuzuwenden. Die folgenden zwei Jahre waren geprägt durch blutige Eroberungen, Entbehrungen und unzählige Opfer unter den Kreuzfahrern wie den muslimischen, jüdischen und

20 Die Eroberung Antiochias aus der anachronistischen Sicht eines französischen Illustrators des späten 15. Jahrhunderts. Die Stadt im Hintergrund hat ebensowenig mit der Ansicht der orientalischen Metropole gemein wie die Ausrüstung der abgebildeten Ritter mit der der Kreuzfahrer.

christlichen Einwohnern der eroberten Gebiete. Im Juni 1097 gelang den Kreuzfahrern, unterstützt von der byzantinischen Flotte, die Einnahme Nikäas, das dem Kaiser Alexios nunmehr zurückgegeben wurde. Knapp zwei Wochen später, am 1. Juli 1097, gelang den Kreuzfahrern abermals ein Sieg gegen die Seldschuken in der Schlacht bei Doryläum. Im Herbst 1097 traf das christliche Heer vor den beeindruckenden Mauern von Antiochia ein. Eine monatelange Belagerung begann. Schließlich fiel die Stadt am 3. Juni 1098 durch Verrat in die Hände der Kreuzfahrer. In der

21 Der Angriff der Kreuzfahrer auf Jerusalem in einer französischen Handschrift aus dem 14. Jahrhundert.

Folgezeit errichtete Bohemund sein Fürstentum Antiochia. Bereits einige Monate zuvor war es Balduin von Boulogne gelungen, mit der Grafschaft Edessa die erste Kreuzfahrerherrschaft im Vorderen Orient zu begründen. Im Sommer 1099, drei Jahre nachdem sie ihre abendländische Heimat verlassen hatten, sahen sich die Kreuzfahrer vor der Verwirklichung ihrer Träume. Am 15. Juli eroberten sie die Heilige Stadt und richteten ein Blutbad unter den Bewohnern an, dessen Ausmaß lateinische wie arabische und östlich-christliche Quellen in gleicher Weise beschreiben. Einige Tage später wurde Gottfried von Boullion als *advocatus Sancti Sepulchri*, Verteidiger des Heiligen Grabes, zum Herrscher über die Stadt. Als ihm sein Bruder Balduin im Jahre 1100 nachfolgte, regierte er als erster lateinischer König über das Königreich Jerusalem. In den folgenden Jahren gelang es den Lateinern sich in der Levante zu behaupten und ihren Herrschaftsraum zu vergrößern. Mit der Eroberung von Tripolis im Jahre 1109 entstand schließlich eine weitere unabhängige Kreuzfahrerherrschaft. Der Erfolg des ersten Kreuzzuges blieb bei allen späteren Unternehmungen unerreicht. Doch nur allzu rasch sah sich die lateinische Herrschaft im Vorderen Orient schon wieder im Schrumpfen begriffen. Schon im Jahre 1144 gelang Imad ad-Din Zengi (1127 – 1146), dem Herrn von Mossul, die Rückeroberung der Grafschaft Edessa. Der als Reaktion auf diesen Verlust ausgelöste zweite Kreuzzug erwies sich als Fehlschlag. Infolge eines dauerhaften Mangels an lateinisch-christlicher Bevölkerung und Kombattanten zur Sicherung der Herrschaft in der Le-

22 Saladins Heer in einem französischen Manuskript aus dem 14. Jahrhundert. Der Behang der Pferde ähnelt dem zu dieser Zeit bei Turnieren üblichen Schmuck.

vante, blieben die Kreuzfahrerherrschaften anfällige Gebilde. Nachdem es dem Sultan Saladin gelungen war, die arabischen Kräfte unter seiner Herrschaft gegen die Kreuzfahrer zu vereinen, war der Verlust Jerusalems am 2. Oktober 1187 die Folge. Drei Monate zuvor war das bislang größte Heer, das die Kreuzfahrer je im Heiligen Land aufzustellen vermochten, von den Muslimen bei den Hörner von Hattin in Galiläa vernichtend geschlagen worden. Und obwohl die Bemühungen zu einer Rückeroberung der Heiligen Stadt anhielten und diese durch den am 18. Februar 1229 geschlossenen Vertrag von Jaffa zwischen Kaiser Friedrich II. und dem Sultan al-Kamil noch einmal für zehn Jahre in die Hand der Christen gelangen sollte, war doch das Ende der lateinischen Herrschaft in der Levante bereits absehbar.

Die zweite Phase der Reconquista auf der Iberischen Halbinsel war in vollem Gange. Auf ihrem Weg in den Vorderen Orient gelang Kreuzfahrern aus Nordeuropa und Portugal 1147 die Einnahme Lissabons. Das katalanische Tortosa folgte 1148.[20] Mit der päpstlichen Ausweitung des Kreuzzuges auf die Iberische Halbinsel waren den Kreuzfahrern im Kampf gegen die geschwächten Almoraviden einige Erfolge beschieden. Am 17. Oktober 1147 eroberte der König Alfons VII. von Kastilien und León (1126 – 1157) die Stadt Almería. Nicht nur die christlichen Herrscher der Iberischen Halbinsel profitierten von der Schwäche der Almoraviden. Um die gleiche Zeit traten mit den ebenfalls berberischen Almohaden (*al-muwaḥḥidūn*) neue muslimische Herrscher über al-Andalus an, die als glaubensstrenge sunnitische Reformer die Almoraviden mit Härte verfolgten und auch den Andersgläubigen in ihrem Machtbereich zusetzten. Am 9. Juli 1195 besiegte eine almohadische Streitmacht das

III. Begegnungen im Zeitalter der Kreuzzüge

23 Die wundertätige Standarte von Baeza aus dem 12. Jahrhundert mit dem Bildnis des heiligen Isidor von Sevilla, der der Überlieferung zufolge König Alfons VII. bei der Eroberung von Almería himmlische Hilfe zuteil werden ließ.

Heer König Alfons' VIII. von Kastilien (1158 – 1214). Es sollte der letzte große Sieg der Muslime werden. Als die vereinten Heere der Könige von Kastilien, Aragón und Navarra unterstützt von ausländischen Kreuzfahrern am 16. Juli 1212 die Almohaden bei Las Navas de Tolosa vernichtend schlugen, war das Voranschreiten der Reconquista von den Muslimen nicht mehr aufzuhalten.

Für unsere weitere Betrachtung der facettenreichen Begegnungen zwischen Christen, Muslimen und Juden gilt als Fazit dieser knappen Ereignisdarstellung festzuhalten, dass auf der Iberischen Halbinsel, im Süden Italiens und zugleich – wenn auch nicht von Dauer – in den Kreuzfahrerstaaten erstmals Muslime unter lateinische Herrschaft gerieten.[21] Die einstigen Herrscher waren dort zu Beherrschten geworden.

Gegeneinander, untereinander, miteinander. Aspekte transkultureller Begegnungen am Mittelmeer

Über religiöse Grenzen und Kriege hinweg gab es selbst im Zeitalter der Kreuzzüge Freundschaften zwischen Christen, Juden und Muslimen.[22] Dieser Aspekt des Alltagslebens in geographischen Räumen, in denen sich die Angehörigen unterschiedlicher Religionen und Kulturen täglich begegneten, bleibt in zeitgenössischen Quellen ausgespart. Die daran hauptsächlich beteiligten Protagonisten, die gemeinen Bewohner der Städte, die auf dem Markt ihren Handel trieben oder ihr Handwerk ver-

III. Begegnungen im Zeitalter der Kreuzzüge

24 Diese französische Darstellung der Eroberung Jerusalems durch die Kreuzfahrer aus dem 14. Jahrhundert zeigt nichts von dem Massaker, das die Abendländer in der Stadt verübten.

richteten, waren zu unspektakulär für die Geschichtsschreiber. So konzentrieren sich ihre Berichte stattdessen auf Extreme in den Begegnungen. Ausführlich erzählen sie immer wieder über Blutbäder, wie im Juli 1099 bei der Eroberung Jerusalems, bei der die fanatisierten Kreuzfahrer nach der Darstellung lateinischer wie syrischer und arabischer Quellen auf dem Tempelberg im Blut der Erschlagenen waten. „Haufen von Köpfen, Händen und Füßen lagen in den Häusern und auf den Straßen und die Männer und Ritter liefen kreuz und quer über die Körper", heißt es etwa in der Schilderung des Raimund von Aguilers.[23] Daneben taucht gewissermaßen als Gegenpol die Beschreibung unerwarteten, öffentlich wirkenden Großmuts in den Werken der Chronisten auf. So etwa die Berichte über Saladins Bedingungen für den unbehelligten Abzug der Franken aus Jerusalem im Jahre 1187.[24] Die religiöse Bindung der Verfasser spielte eine gewichtige Rolle für die Art ihrer jeweiligen Darstellung der Ereignisse, die aus heutiger Sicht befremdend wirkt. So beschreibt der Provenzale Raimund von Aguilers voller Freude, wie die Kreuzfahrer „gnadenvoll die Heiden enthaupteten".[25] Saladins Sekretär Imad ad-Din al Isfahani (1125 – 1201) sah in der muslimischen Rückeroberung Jerusalems eine Reinigung vom „Dreck der schmutzigen Franken".[26] Und noch vor diesem Ereignis verlangte ein anderer arabischer Autor, Saladin möge in Jerusalem so viel Blut vergießen, dass die Stadt damit reingewaschen werden könne.[27] Dass es besonders solche Szenarien sind, die in der Erinnerung der Leserschaft haften bleiben, liegt ganz in der Intention der Verfasser. Sie sind zu einem großen Teil verantwortlich für verzerrte, allzu einseitige Bilder. Ein großer Teil der chronikalischen Überlieferung zu den Kreuzzügen besteht auf lateinisch-christlicher wie muslimischer Seite aus Kriegspropaganda. Die besondere Grausamkeit des Feindes wird stets den eigenen Tugenden gegenübergestellt. Was auf der Palette fehlt, sind die Zwischentöne. Denn neben dem Grauen und der Gewalt des Krieges, an denen sich nichts beschönigen lässt, stand schon aus pragmatischen Erwägungen auch Verständigung. Sie gehört in das Gesamtbild. Immerhin blieben die Kreuzfahrer in der Levante zu allen Zeiten eine demographische Minderheit, die ohne den Beitrag anderer Bevölkerungsgruppen – nicht nur der östlichen Christen – nicht auskommen konnte.[28] Ein anschauliches Beispiel hierfür sind die Bemühungen König Balduins I. von Jerusalem, zwischen 1115 und 1116 unter Zusicherung nicht genau bekannter Privilegien jakobitische Christen aus Transjordanien für eine Ansiedlung in Jerusalem zu gewinnen.[29] Die Siedler erhielten Häuser im Gebiet des vormals jüdischen

Viertels und Land zur Bewirtschaftung. Sie durften neue Kirchen errichten und ihre bereits zuvor benutzten, bei ihrer Flucht aus der Stadt vor dem anrückenden Kreuzfahrerheer 1099 verlassenen Gotteshäuser wieder in Besitz nehmen, z. B. die Kirche von St. Jakob unweit der Grabeskirche. Überhaupt begannen die Kreuzfahrer nach der Eroberung der Hafenstadt Sidon im Jahre 1110 damit, einen möglichst großen Teil der Lokalbevölkerung eroberter Städte und Gebiete zu verschonen.[30] Viele Flüchtlinge kehrten in ihre angestammte Heimat zurück und selbst Neuzuwanderungen kamen vor. Nur in Jerusalem wurde Muslimen und Juden die Wiederansiedlung untersagt.[31] Als Pilger durften sie die Heilige Stadt allerdings besuchen. Noch um 1136 notierte Abraham ben Hiya, dass in Jerusalem keine Juden lebten.[32] Doch diese Norm wurde schon bald von der Praxis überholt. Einige Jahrzehnte später finden sich sichere Belege für eine jüdische Ansiedlung in der Heiligen Stadt.[33] Rabbi Benjamin bar Yona aus dem spanischen Tudela, der in der zweiten Hälfte des 12. Jahrhunderts das Heilige Land besuchte, beschreibt Jerusalem als „eine kleine mit drei Stadtmauern befestigte Stadt, in der viele Menschen leben – die Muslime nennen sie Jakobiter, Aramäer, Griechen, Georgier und Franken – aus allen Völkern und Nationen".[34] Das jüdische Wohngebiet mit seinen rund 200 Bewohnern lag den Ausführungen Benjamins zufolge unterhalb des Davidsturms. Haupterwerb der Jerusalemer Juden war die Färberei. Darin hatten sie offenbar eine Monopolstellung inne. So heißt es im Bericht des spanischen Reisenden weiter, sie zahlten dem König eine jährliche Pacht, „damit niemand anders als Juden das Färben betreibt".[35] Diese wirtschaftliche Position bedingte zweifelsohne intensive Handelskontakte mit den Vertretern anderer Glaubensgemeinschaften. Die gefärbten Tuche aus der Levante waren in Europa sehr begehrt.[36] Zugleich waren die Färber ihrerseits auf die Zulieferung von Rohstoffen wie dem Alaun zum Beizen angewiesen, die ihre Glaubensgenossen oder muslimische Händler vertrieben. Das schwefelhaltige Doppelsalz aus Kalium und Aluminium (Kaliumaluminiumsulfat) wurde aus Syrien und Ägypten, seit dem 13. Jahrhundert auch aus Kleinasien nach Europa exportiert.[37] Die Europäer waren mithin für ihre Tuchproduktion abhängig von muslimischen Rohstoffhändlern und dieser Handel funktionierte augenscheinlich auch in Zeiten so offener Feindschaft wie der der Kreuzzüge.[38] Erst ab etwa 1300 wurde Alaun auch in Europa gewonnen.[39] Und auch für den Ankauf der aus Pflanzen gewonnenen Farben wie etwa des blau-violetten Indigos der Indigopflanze (*Indigofera tinctorial/Indigofera argentea*) waren die Färber Jerusalems auf die Zulieferung auswärtiger

25 Ein Sklavenmarkt in der islamischen Welt und seine menschliche „Ware" am Beginn des 13. Jahrhunderts. Schwarze und Weiße, Männer, Frauen und Kinder umfasste das Angebot. Ein begüterter Käufer interessiert sich offenbar für den Kauf der verschleierten Frau. Der Verkäufer oben in der Mitte wiegt den Kaufpreis mit einer Goldwaage ab.

jüdischer oder muslimischer Händler angewiesen, die den Rohstoff in Indien oder China erwarben. Der Handel mit bestimmten Waren führte also zwangsläufig immer wieder zu Begegnungen zwischen Christen, Juden und Muslimen. Eines dieser weit verbreiteten „Handelsgüter" waren Sklaven.

Der Verkauf in die Sklaverei war im Mittelmeerraum noch im Zeitalter der Kreuzzüge ein häufiges Gefangenenschicksal. Wer eine Schlacht oder die Eroberung einer Stadt überlebte, stellte je nach Alter, körperlicher Verfassung und Geschlecht eine lukrative Beute für den Sieger dar. Die zeitgenössischen Quellen enthalten zahlreiche Berichte über den Umgang mit Gefangenen, der viele Nuancen kannte. Einzig die Umstände der Gefangennahme ähneln einander immer wieder. Während die Männer häufig getötet wurden, gerieten Frauen und Kinder in Gefangenschaft. Der Geschichtsschreiber Albert von Aachen, der selbst nicht am Kreuzzug teilnahm und seine Chronik nach Erzählungen von Rückkehrern verfasste, betont dies ausdrücklich in seiner Schilderung des seldschukischen Gemetzels an den Teilnehmern des Volkskreuzzugs bei Civetot am 21. Oktober 1096.[40] Schwache und Krüppel, Kleriker, Mönche, alte Frauen und Säuglinge seien unbarmherzig mit dem Schwert niedergemacht worden. Die sexuelle Komponente bei der Auswahl der Verschonten ist eindeutig, wenn der Chronist betont, allein die jungen Mädchen und Nonnen, deren Gesichter und Körperbau den Seldschuken gefiel, seien ebenso wie bartlose und hübsche junge Männer mit dem Leben davongekommen und in Gefangenschaft geführt worden. Dass Schönheit Leben retten konnte, verstanden die Teilnehmerinnen am Kreuzzug schnell.[41] Während der Schlacht bei Doryläum am 1. Juli 1097 machten sich den Ausführungen Alberts von Aachen zufolge hochgeborene, schöne Mädchen eiligst zurecht, um ihren Körper den Seldschuken darzubieten. So sollten diese durch die Liebe und ihre liebreizende Erscheinung beschwichtigt werden, um Mitleid gegenüber ihren Gefangenen zu haben.[42] Doch nicht in allen Fällen rettete Liebreiz auch das Leben. Während der Belagerung Antiochias durch die Kreuzfahrer fielen der Erzdiakon Adalbero von Metz und eine junge Dame, mit der er sich in einem Obstgarten beim Würfelspiel zerstreute, in die Hände der belagerten Muslime. Diese hatten als Antwort auf die Belagerung den griechischen Patriarchen bereits durch die Stadt geschleift, um ihn im Angesicht der Kreuzfahrer anschließend kopfüber an der Stadtmauer aufzuhängen und seine Fußsohlen mit eisernen Ruten zu prügeln.[43] In Anbetracht dessen konnten die beiden Gefangenen kaum auf eine rücksichtsvolle Behandlung hoffen. Adalbero wurde auf der Stelle enthauptet. Seine Begleiterin wurde den Ausführungen Fulchers von Chartres und der *Gesta francorum* zufolge von den Muslimen in die Stadt geschleppt, mehrfach vergewaltigt und dann ermordet.[44] Am folgenden Tag wurden die Köpfe der Ermordeten zur Einschüchterung der Kreuzfahrer mit Katapulten in deren Lager geschleudert. Wenn weibliche Schönheit das Leben rettete, so förderte sie zugleich sexuelle Gewalt. Massenvergewaltigungen gehörten auf christlicher wie muslimischer Seite zum Kriegsalltag. Und dies nicht nur in Kriegen, in denen die Angehörigen der beteiligten Parteien unterschiedlichen Religionen oder Ethnien angehörten.[45] Allerdings spielt die planvolle Entehrung der Frauen des Gegners gerade in solchen Konflikten eine symbolische Rolle, wie noch vor wenigen Jahren während des Krieges im ehemaligen Jugoslawien oder auch in Ruanda zu sehen. So frohlockt in gleichem Sinne auch der bereits erwähnte Imad ad-Din al Isfahani angesichts der christlichen Gefangenen im wiedereroberten Jerusalem. Zynisch beschreibt der Chronist und Sekretär des Sultans Saladin das Lächeln, das die weibliche „Beute" auf die Gesichter der Muslime gezaubert habe. Und er brüstet sich: „Wie viele behütete Frauen wurden entehrt. Herrschende beherrscht, junge Mädchen geheiratet, wie viele Keusche mussten sich hingeben, wie viele Verborgene verloren ihre Scham, wie viele Ernste wurden verhöhnt, wie viele Freie genommen, wie viele Begehrliche erschöpft. Wie viele Anmutige wurden verführt, wie viele Jungfrauen entjungfert, Anmaßende geschändet, Rotlippige ausgesaugt, Braune hingestreckt und Unbezähmbare gezähmt. Glühende entflammten sich, Erregte verbrauchten ihre Glut."[46] Das Motiv der Vergewaltigung christlicher Frauen durch Muslime musste also nicht erst von den lateinischen Chronisten zu Propagandazwecken hochstilisiert werden. Muslimische Chronisten verschweigen den massenhaften Missbrauch keineswegs. Doch auch die christlichen Kreuzfahrer übten für gewöhnlich sexuelle Gewalt aus. Allerdings scheinen sich solche Übergriffe während der Eroberung so wichtiger Städte wie Antiochia und Jerusalem im Laufe des ersten Kreuzzuges zumindest so weit in Grenzen gehalten zu haben, dass selbst von Seiten der potentiellen Opfer in den Schriftzeugnissen ausdrücklich auf diese Besonderheit verwiesen wird. So heißt es beispielsweise in einem Brief aus der Kairoer Geniza, den die drei karaitischen Ältesten von Askalon in judeo-arabischer Sprache an ihre Glaubensbrüder im ägyptischen Alexandria verfassten: „Wir haben – dank sei Gott, dem Allerhöchsten – nichts davon gehört, dass die Verfluchten, als ‚Aschkenaz' bekannten, Frauen missbraucht oder vergewaltigt haben, wie andere dies tun."[47] Das hebräische Wort *Aschkenaz* dient in diesem Fall in gleicher Weise wie das arabische *ifrañğ* zur Bezeichnung der *Franken* im Allgemeinen und nicht nur für Kreuzfahrer aus dem *Regnum Teutonicum*.[48] Fulcher von Chartres unterstreicht diese religiös motivierte sexuelle Enthaltsamkeit. Dies bedeutete allerdings nicht, dass muslimische Frauen von den fanatisierten Kreuzfahrern verschont blieben. Den Frauen in den Zelten der Feinde, so Fulcher, sei kein Übel geschehen. Die Franken hätten ihre Bäuche mit Lanzen durchbohrt.[49] Sexuelle Reinheit gehörte offenbar zur Ideologie der ersten Kreuzfahrer.[50] Dass dieses Verhalten weder der allgemeinen Regel entsprach noch andauerte, bezeugt zwischen den Zeilen ein Bericht des Usama ibn Munqid.[51] Als die Tochter seines kurdischen Gefolgsmannes namens Abu'l-Dschaisch von den Kreuzfahrern gefangengenommen und verschleppt worden war, zeigte sich der Vater erst erleichtert, als er von der Flucht der jungen Frau hörte. Dass diese dabei im Orontes ertrunken

26 Fiktive Darstellung des Sultans Saladin (ca. 1138 – 1193) aus dem 15. Jahrhundert in zeitgenössischer, abendländischer Rüstung. Turban, Krummschwert und Barttracht kennzeichnen ihn nach künstlerischer Phantasie als muslimischen Orientalen.

27 Die drei Gemeindeältesten von Askalon bitten in diesem um das Jahr 1100 verfassten Brief aus der Geniza von Fustat (Kairo) nach der Flucht jüdischer Glaubensgenossen in die levantinische Hafenstadt um finanzielle Unterstützung bei den Juden von Alexandria. Den Ausführungen des Briefes zufolge belaste die Versorgung der freigekauften Jerusalemer Juden mit Lebensmitteln, Kleidung und Arzneien sowie die Auslösung der Bibliothek die Gemeinde mit hohen Schulden.

III. Begegnungen im Zeitalter der Kreuzzüge

war, erschien erträglicher, weil sie immerhin ihre Ehre gerettet hatte. Und auch Königin Margaret, die Gemahlin König Ludwigs IX. von Frankreich, hätte den Tod dem eventuellen Missbrauch vorgezogen. Den Ausführungen des Jean de Joinville († 1317) zufolge befahl sie jedenfalls einem alten Ritter, der neben ihrem Bett schlief, sie eher zu töten als von den Muslimen gefangennehmen zu lassen.[52] Der Ritter entgegnete daraufhin, er habe solches ohnehin beabsichtigt.

Einzig der gesellschaftliche Rang konnte im Idealfall körperliche Unversehrtheit gefangener Frauen wie Männer gewährleisten. Denn höhergestellte Gefangene versprachen die Aussicht auf ein ansehnliches Lösegeld und konnten deshalb in der Regel auf eine bessere Behandlung hoffen. Im Zeitalter der Kreuzzüge waren gefangene Gegner sowohl für Christen wie Muslime eine attraktive Einnahmequelle. Die erzählenden Quellen berichten vor allem über die Auslösung herausragender Perönlichkeiten wie Bohemund oder König Balduin II.[53] Für den Freikauf des Königs aus der Gefangenschaft war im Jahre 1124 die enorme Summe von 100 000 Byzantinern zu entrichten. Die Templer verlangten im Jahre 1154 für die Freilassung des Nasr ibn Abbas 60 000 Dinare. Doch auch Freikäufe größerer Gruppen kamen vor, wie ein Bericht im Werk des Usama ibn Munqid zeigt.[54] Der Emir von Shaizar erzählt, dass die Franken ihm regelmäßig muslimische Gefangene angeboten hätten. Als ein fränkisches ein arabisches Schiff mit rund 400 Pilgern aus dem Maghreb aufbrachte, führte man die Gefangenen ebenfalls zu Usama. Nach eigenen Worten löste er so viele von diesen aus, wie sein Vermögen zuließ. Welche Rolle der Loskauf von Gefangenen in der Mittelmeergesellschaft spielte, verdeutlichen unter anderem Testamente aus dem katalanischen Tortosa des 12. Jahrhunderts. Muslimische Gefangene tauchen darin wegen ihres finanziellen Gegenwertes bei der Auslösung mitunter als Teil der Erbmasse auf. So überantwortete etwa Petrus Olegarius in seinem Testament vom 4. September 1173 einen muslimischen Gefangenen namens Cechlin der Kathedrale von Tortosa, zwei weitere dem dortigen Prior, die übrigen seinen Testamentsvollstreckern, damit diese die Loskaufsumme für die Pflege des Seelenheils des Testators anlegten.[55] Ebenso regelmäßig delegierten die Testatoren Geldsummen für den Freikauf christlicher Gefangener aus muslimischer Hand.[56] Dass Reisen von Christen in muslimisches Herrschaftgebiet den Anlass für die Niederlegung des letzten Willens bieten konnte, geht aus den überlieferten Schriftzeugnissen ebenso hervor. Bernard von Zara aus Tortosa beispielsweise setzte sein Testament am 23. April 1180 auf, bevor er zu einer Reise

28 Schiffstransport vor der levantinischen Küste am Ende des 13. Jahrhunderts.

nach *al-Andalus* aufbrach.[57] Der Grund für seine Reise wird nicht genannt. Vermutlich waren es Handelsgeschäfte, die Bernard die Gefahren auf sich nehmen ließen. Wie aus dem Dokument hervorgeht, ließ er seine Frau hochschwanger zurück. Das ungeborene Kind wird im Testament ausdrücklich bedacht. Die Bedeutung des Gefangenenfreikaufs zeigt sich schließlich nicht zuletzt im Engagement der geistlichen Ritterorden in dieser Angelegenheit sowie in der Entstehung eines eigenen Ordens, der sich hauptsächlich dieser Aufgabe annahm. Und auch die Gesetzestexte des Lateinischen Königreichs Jerusalem wie der Iberischen Halbinsel enthalten Bestimmungen bezüglich der Auslösung Gefangener. So verpflichteten in Outremer die Assisen einen Sohn zum Freikauf von Vater und Mutter, die Eltern zur Auslösung von Sohn und Tochter.[58] Die *fueros* von Viguera und Val de Funes beispielsweise enthalten ebenfalls die Verpflichtung des Sohnes zum Freikauf seines Vaters.[59] In diesem Fall konnte der Vater bei Vernachlässigung dieser Pflicht seinen Sohn enterben. Ebenso konnte der Sohn sich als Geisel anstelle des Vaters in muslimische Gefangenschaft begeben, musste aber innerhalb der folgenden drei Jahre freigekauft werden. Geschah dies nicht, schritt der Richter ein, konfiszierte die väterliche Habe und sorgte für den Loskauf. Im jüdischen Recht galt dem Freikauf einer Frau, die mit sexuellen Übergriffen zu rechnen hatte, stets der Vorrang vor dem eines Mannes.[60] Der Zeitfaktor spielte für den Loskauf in jedem Fall eine Rolle wie das Beispiel der Frau des Renier Brus zeigt. Diese war 1132 im galiläischen Banjas in muslimische Gefangenschaft geraten.[61] Zwei Jahre später kam die Gefangene nach intensiven diplomatischen Bemühungen im Zuge des Waffenstillstandes zwischen König Fulk und den Damaszenern frei. Doch als ihr Ehemann vernahm, dass seine Frau in den Jahren ihrer Gefangenschaft die eheliche Keuschheit nicht einzuhalten vermochte, trennte er sich von ihr.

Ein weiterer Aspekt der Gefangenschaft war die Konversion. Die Quellen berichten sowohl von christlichen wie von muslimischen und jü-

29 Schwarze Kriegssklaven folgen einem berittenen muslimischen Heer. Die Miniatur entstand im 13. Jahrhundert auf der Iberischen Halbinsel.

dischen Konvertiten. Nicht immer war dabei die Freiwilligkeit gegeben, doch zeitigte das Leben in einem anderen religiösen Umfeld für die Dauer der Gefangenschaft auch solche Konversionen. So berichtet der Reisende Ibn Jubayr von einem Maghrebiner, der auf dem Weg von Damaskus nach Akkon zu ihnen gestoßen sei.[62] Dieser habe sich in Akkon unter die Christen gemischt und viel von ihrem Charakter angenommen. Als Ibn Jubayr später noch einmal nach Akkon zurückkehrte, erfuhr er zu seinem Entsetzen, dass sein einstiger Reisebegleiter sich hatte taufen lassen und in einen Orden eingetreten war. Usama ibn Munqid berichtet seinerseits von einem *muwallad* namens Dschum'a, der sich auf muslimischer Seite auch im Kampf gegen seine einstigen Glaubensgenossen auszeichnete.[63] Ein weiteres herausragendes Beispiel für eine Konversion bietet die Familie des jakobitischen Chronisten Gregorius Abu'l-Farağ, genannt Bar Hebraeus (1226 – 1286), der in seinem Werk einige Informationen zu seinen Lebensumständen preisgibt.[64] Der Namenszusatz Bar Hebraeus, syrisch *Bar ᶜEbrāyā* oder arabisch *Ibn al-ᶜIbrī*, deutet unmissverständlich auf den Konversionshintergrund. Der Chronist und spätere Maphrian des Ostens wurde 1226 unter dem Namen Yohannan in Melitene geboren. Sein Vater, der jüdische Heilkundige Aaron, war zum Christentum konvertiert. Er legte mit seiner Sorge um eine umfassende Ausbildung seines Sohnes, die das Studium der Theologie einschloss, den Grundstein für dessen spätere kirchliche Karriere. Im Gegensatz dazu endeten erzwungene Konversionen in vielen Fällen offenbar mit der Rückkehr zur alten Religion, sobald sich hierzu die Gelegenheit bot. So schildert Usama empört zwei solcher Fälle von Apostasie.[65] „Nun sind die Franken – Gott verfluche sie! – wirklich ein verfluchtes Volk, das sich an kein anderes Volk gewöhnt", beginnt er seinen Bericht. Unter den gefangenen Christen hatte Usamas Vater ein schönes, junges Mädchen erblickt, das er einem Freund zum Geschenk machte. Diesem gefiel die junge Frau. Sie wurde schwanger und gebar einen Sohn namens Badran, der die Nachfolge seines Vaters als Emir der Festung Dscha'bar antreten sollte. Nachdem der alte Emir gestorben war, trat sein Sohn die Herrschaft an. Doch seine fränkische Mutter hielt es nicht länger bei den Muslimen. Sie floh an einem heruntergelassenen Seil aus der Festung und heiratete einen Schuster in Sarudsch. Angesichts dieses vermeintlichen gesellschaftlichen Abstiegs drückt der Berichterstatter seine größte Verwunderung aus und wartet gleich noch mit einem zweiten, ähnlichen Fall auf. Zur gleichen Zeit hatte Usamas Vater auch eine fränkische Frau mit ihrer Tochter und ihrem Sohn gefangengenommen. „Dieser Sohn trat zum Islam über und wurde, nach seinem Beten und Fasten zu schließen, ein guter Muslim", erzählt der Emir. Nachdem der junge Mann einige Jahre in Shaizar verbracht und das Handwerk eines Steinmetzen gelernt hatte, sorgte sich Usamas Vater um eine standesgemäße Heirat. Interessant ist in diesem Zusammenhang, dass der Chronist von dem Konvertiten immer noch als „Sklaven" spricht. Sein Werk enthält noch mehrere solcher Stellen, in denen von Sklaven die Rede ist, obwohl es sich bei diesen ganz offensichtlich um Personen handelt, die den Islam angenommen hatten.[66] Theoretisch durfte kein Muslim einen anderen Muslim und kein Christ einen anderen Christen versklaven. Dass sich Theorie und Praxis gewiss in vielen Fällen unterschieden und die Konversion nicht unbedingt zum Ende des Sklavenstatus führte, wird hierin deutlich. Sklaven spielten seit jeher eine entscheidende Rolle für die muslimische Wirtschaft und das Militär.[67] Das gesamte Mamlukensystem in Ägypten basierte auf einem regelmäßigen Zufluss von Sklaven von außerhalb der islamischen Welt. Im frühen Mittelalter hatten vor allem die Wikinger für diesen Nachschub gesorgt. Sie verkauften die gefangenen

30 Münzschatzfund aus einem Wikingergrab in Schweden.

Slawen als Sklaven an die Araber oder tauschten diese gegen Seide, Gewürze und Silbermünzen. Bis heute zeugen die Münzschatzfunde in Skandinavien von diesen Aktivitäten der Nordmänner im Orient, über die kaum Aufzeichnungen existieren.[68] Wie fremdartig die Sitten und Gebräuche der Wikinger den Orientalen erschienen, zeigt anschaulich der Bericht des Ibn Fadlan, der am Beginn des 10. Jahrhunderts im Auftrag des Kalifen von Bagdad zu den Wikingern der Kiever Rus' reiste. Ausführlich berichtet er von dem Aufwand um die Bestattung eines Wikingerhäuptlings.[69] Doch zurück zur Schilderung Usama ibn Munqids. Nachdem der Konvertit namens Ra'ul bereits einige Jahre verheiratet war und zwei Söhne aus der Ehe hervorgegangen waren, verließ er Shaizar mit seiner Familie und begab sich nach Apamea. Dort nahm er wieder das Christentum an und ließ seine Kinder taufen. Entgingen Gefangene durch Konversion körperlicher Gewalt, so berichten die Quellen in anderen Fällen auch von Folterungen und Zwangsarbeit. Öffentliche Gewalt gegen Besiegte erhöhte den Triumph des Siegers und war augenscheinlich auf muslimischer Seite weiter verbreitet als auf christlicher.[70] So berichtet etwa Walter der Kanzler, der selbst in Gefangenschaft geraten war,

31 Nichts bleibt mehr heilig in einem Krieg zwischen Gegnern unterschiedlicher Religion. Die im frühen 14. Jahrhundert entstandene Darstellung aus den *Chroniques de Saint-Denis* zeigt, wie sich Künstler nach den Kreuzzügen die Entweihung von Kirchen durch Muslime vorstellten. Der Priester wird niedergemacht, Kelch, Kreuz, Evangeliar und Weihrauchgefäß werden geraubt. Das Innere des Gotteshauses wird symbolisch mit Kot verunreinigt. Die Gewandung der Frevler hat nichts Orientalisches und zeigt, wie wenig der Maler mit den Gegebenheiten in der Levante vertraut war.

im Jahre 1119 vom Schicksal seiner Kameraden.⁷¹ Einige waren kopfüber an Seilen aufgehängt worden und dienten den Pfeilen der Muslime als Zielscheibe. Andere wurden zerstückelt. Die abgetrennten Körperteile wurden in den Straßen zur Schau gestellt.

Solche Grausamkeiten auf beiden Seiten trieben die Gewaltspirale in die Höhe und ließen den Respekt vor jeglicher Würde der Feinde – seien sie tot oder lebendig – verschwinden. Der Bruch religiöser Tabus und die symbolische Schändung religiöser Symbole des Gegners sind fester Bestandteil in Konflikten, an denen Angehörige unterschiedlicher Konfessionen beteiligt sind. Sie dienen als Mittel der psychologischen Kriegsführung vor allem der Einschüchterung des Feindes. Während der Belagerung von Antiochia schreckten die Kreuzfahrer nach den Ausführungen der *Gesta francorum* nicht davor zurück, die Gräber der getöteten Muslime zu schänden.⁷² In der Dämmerung des 8. März 1098 hatten sich einige der belagerten Muslime aus der Stadt geschlichen, um ihre Gefallenen bei einer Moschee außerhalb der Mauern beizusetzen. Als die Kreuzfahrer davon erfuhren, öffneten sie die Gräber, zogen die toten Körper heraus und zerstörten die Grabstellen. Die Leichname wurden enthauptet und in eine Grube geworfen. Diese Aktion verfehlte nicht ihre Wirkung. Die Belagerten waren den Berichten der Zeitgenossen zufolge schockiert, empört und voller Trauer. Die Antwort auf diesen barbarischen Akt ließ nicht lange auf sich warten. Einige Wochen später fiel ein Kreuzfahrer namens Rainald Porchet in die Hände der Muslime.⁷³ Er wurde auf die Stadtmauer geschleift, um einen gehörigen Preis für seinen

32 In seiner *Divina Commedia* reiht der Dichter Dante Alighieri (1265 – 1321) Mohammed polemisch bei den Zwietrachtstiftern ein. Diese trifft er zusammen mit Vergil zwischen den Flammen des Inferno.

Loskauf und den seiner gefangenen Kampfgefährten zu verhandeln. Er weigerte sich jedoch, um seine Freilassung zu flehen, und wies das rettende Angebot zur Konversion zurück. Daraufhin wurde er enthauptet. Wütend darüber, dass es ihm nicht gelungen war, den Kreuzfahrer zur Abkehr vom Christentum zu bewegen, befahl der Emir von Antiochia alle Gefangenen zu ihm zu bringen. Diese wurden entkleidet und mit einem Seil aneinandergefesselt. Schließlich wurden sie auf Geheiß des Emirs bei lebendigem Leib verbrannt. Die Gewalt auf beiden Seiten verhinderte bei der Begegnung von Christen und Muslimen in der Levante weitgehend, dass die Abendländer eine bessere Kenntnis über Mohammed und die Glaubensinhalte des Islam erwarben als in den vergangenen fünf Jahrhunderten vor den Kreuzzügen. Die unvorbereitete Konfrontation der ersten Kreuzfahrer mit der fremden Welt des Orients bewirkte vor allem, dass nunmehr viele Wahrnehmungsfragmente durch Unverständnis die Grundlagen zu einer reichen Legendenbildung lieferten. Dabei bestimmte vor allem Polemik das Bild.[74] Beredtes Beispiel hierfür ist die Chronik Guiberts von Nogent († 1124), der zwar nicht selbst am Kreuzzug teilnahm, aber aus den allgemeinen Ansichten (*plebeia opinio*) und Anekdoten heimgekehrter Kreuzfahrer als einziger Chronist etwas über Mohammed und den Islam zu berichten weiß. In welche Zeit er den Propheten allerdings verorten sollte, war ihm nicht bekannt. Er hatte nirgends gelehrte Aufzeichnungen zu *Mathomus,* wie er Mohammed nennt, gefunden. Als entsprechend krudes Sammelsurium vieler Motive entpuppt sich denn auch Guiberts Bericht. Diesem zufolge wollte Mathomus

33 Weihrauch und das kostbare Gewürz Safran (*Crocus sativus*) in einer arabischen Handschrift des 11. Jahrhunderts.

zum Patriarchen von Alexandria aufsteigen, was ihm aufgrund häretischer Ideen aber verwehrt blieb. Mohammed als abtrünniger Christ war für die Zeitgenossen die bequemste Erklärung, um nicht die Gründe für die Entstehung einer neuen Religion gar im Kontrast zur eigenen suchen zu müssen. Der um seinen Posten Geprellte habe sich in seinem Zorn daraufhin überlegt, wie er die lateinische Kirche schädigen könne. Ab diesem Punkt schießt die Phantasie ins Kraut. Mit besonderer Schadenfreude schildert Guibert von Nogent schließlich das Ende des Mathomus. Als dieser in einem epileptischen Anfall zu Boden fällt und niemand hilfreich zugegen ist, wird der Abtrünnige von den Schweinen gefressen. Diese polemische Beschreibung diente den Zeitgenossen zugleich als Erklärung für das muslimische Verbot des Verzehrs von Schweinefleisch. Diese aus heutiger Sicht haarsträubenden Theorien bildeten die Grundlage für weitere mittelalterliche Mohammedlegenden, die dem Bereich der Volksdichtung zuzuordnen sind. In den gelehrten Werken findet sich schon im Laufe des 12., vor allem aber seit dem Beginn des 13. Jahrhunderts eine ernsthafte Auseinandersetzung mit dem Islam. So etwa in den Werken des Ricoldo von Monte Crucis (um 1243 – 1320), der selbst mehrere Jahre in Bagdad verbracht hatte, oder des katalanischen Theologen Ramón Llull (1232/33 – 1316).

Bei aller Geringschätzung der Religion des anderen, die in Handlungen zur Herabwürdigung religiöser Symbole des Gegners ebenso ihren Ausdruck fand wie in vielen zeitgenössischen Schriftzeugnissen, waren die Christen doch beim Ankauf des für die Liturgie benötigten Weihrauchs vor allem auf den Handel mit muslimischen oder jüdischen Kaufleuten angewiesen. Der Weihrauch (*Olibanum*) ist das Harz von Weihrauchbäumen, die zur Gattung der Balsambaumgewächse mit mehr als zwanzig verschiedenen *Boswellia*-Arten zählen. Diese kommen in einer geographischen Region zwischen dem Horn von Afrika über den Süden der Arabischen Halbinsel bis hin zum indischen Subkontinent vor.[75] Schon in der Antike hatte der Weihrauch seine Bedeutung bei kultischen Handlungen. Er bescherte den Herrschern und Händlern des heutigen Jemen und Oman schier märchenhafte Reichtümer, an die bis heute die Legenden um die geheimnisvolle Königin von Saba erinnern.[76] Von Dhofar im Oman führte die Handelsroute des wohlriechenden Harzes, die sogenannte Weihrauchstraße, über den Hiğaz weiter nach Damaskus bis an die levantinische Küste nach Gaza.[77] Mit der Durchsetzung des Islam auf der Arabischen Halbinsel hatte zugleich der Niedergang des alten Handelsweges eingesetzt. In der neuen Religion spielte die

III. Begegnungen im Zeitalter der Kreuzzüge

Verwendung des Weihrauchs bei kultischen Handlungen keine Rolle. Einzig zu medizinischen Zwecken wurde das aromatische Harz weiter benutzt. Anders jedoch im Christentum. So heißt es etwa in Psalm 141, 2: „Mein Gebet gelte als Rauchopfer vor dir, das Erheben meiner Hände als Abendopfer!" In Anlehnung daran gilt der Weihrauch in der orientalisch-christlichen Gemeinschaft als Duft des Himmels. In der lateinischen Liturgie findet der Weihrauch vielfältige Verwendung. Während der Messfeierlichkeiten wird das Rauchwerk ebenso benötigt wie zur Beräucherung der eucharistischen Gaben, des Evangeliars, des Priesters oder der Osterkerzen. Es dient dabei ebenso der Reinigung wie der Verherrlichung Gottes und begleitet die Gebete der Gläubigen. Da das begehrte Harz im lateinischen Herrschaftsbereich nirgends vorkam, bedurfte es der Vermittlung muslimischer und jüdischer Händler. Die historische Forschung hat sich bislang vor allem auf den antiken Weihrauchhandel konzentriert und den mittelalterlichen Export aus der islamischen Welt weitgehend außer Acht gelassen. Gerade die mit dem Weihrauchhandel verknüpfte Besonderheit, dass Christen das Räucherwerk nicht nur von christlich-arabischen, sondern wohl vor allem von muslimischen oder jüdischen Händlern beziehen mussten, lässt eine weitere Beschäftigung mit dem Themenfeld als Desiderat erscheinen. Scheinen im Hinblick auf den Handel die Hürden zur Verständigung zwischen Christen, Juden und Muslimen aufgrund gemeinsamer Interessen niedrig, waren sie im übrigen Alltag multireligiöser, -ethnischer und -kultureller Gesellschaften durch rechtliche Normen schier unüberwindbar.

34 Zwei silberne, wahrscheinlich in Basel um 1200 geschmiedete Weihrauchfässer.

Während etwa sexueller Missbrauch von Gefangenen ebenso wenig als ehrenrührig betrachtet wurde wie Vergewaltigungen im Zuge von Eroberungen, waren gemischtkonfessionelle Liebesbeziehungen oder Heiraten im Alltag der Kreuzfahrerstaaten oder der Iberischen Halbinsel unter Androhung drakonischer Strafen verboten. Da rechtliche Normen in der

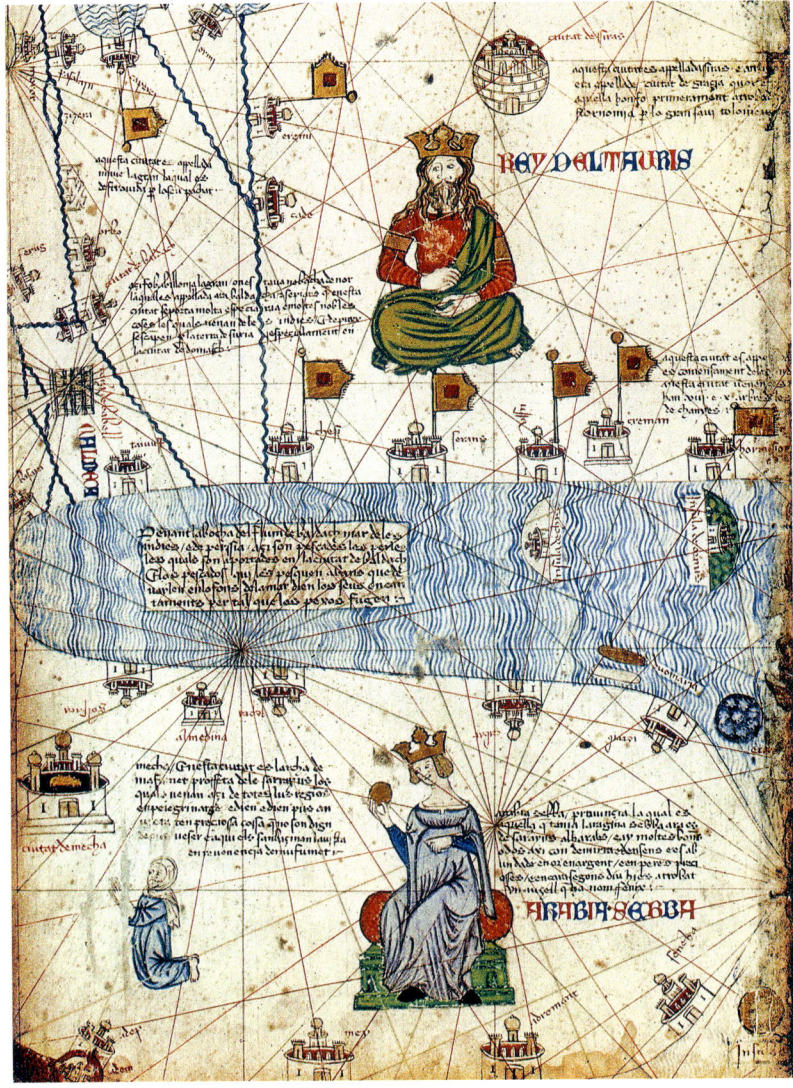

35 Die Buchmalerei aus dem sogenannten katalanischen Weltatlas von 1375 zeigt im unteren Bildteil die sagenumwobene Königin von Saba. Links ist ein Pilger zu sehen, der sich in Richtung Mekka zum Gebet wendet. Darüber sitzt der König von Persien.

Regel erst kodifiziert werden, wenn ein konkreter Anlass besteht, kann von der Existenz solcher Beziehungen über alle Glaubensbarrieren hinweg ausgegangen werden. Heiraten zwischen lateinischen Christen und Angehörigen orientalischer Kirchen kamen – wie etwa Fulcher von Chartres beschreibt – bis in die höchsten Kreise der Kreuzfahrergesellschaft vor.[78] Morphia beispielsweise, die Gattin König Balduins II. von Jerusalem, war eine armenische Christin. Doch die Heirat oder das Konkubinat zwischen Christen und Muslimen oder Juden sollte nach den Beschlüssen des Konzils von Nablus im Jahre 1120 mit schwersten Körperstrafen geahndet werden.[79] Spätere Rechtstexte von der Iberischen Halbinsel stehen dem in nichts nach. So heißt es im *Código de las costumbres* des katalanischen Tortosa: „Falls ein jüdischer oder musli-

III. Begegnungen im Zeitalter der Kreuzzüge

mischer Mann mit einer Christin liegend gefunden wird, sollen der Jude und der Muslim geschleift und geviertelt werden und die christliche Frau soll gebrannt werden, bis sie stirbt. Und diese Anklage kann von jedem Einwohner in der Stadt erhoben werden."[80] Die soziale Kontrolle sollte also allzu vertrauten Beziehungen zwischen Angehörigen unterschiedlicher Konfessionen vorbeugen. Tortosa war nicht die einzige Stadt auf der Iberischen Halbinsel, die interreligiöse Geschlechterbeziehungen verbot. Das Recht in Valencia und Teruel beispielsweise bestrafte solche Sexualkontakte mit dem gemeinsamen Feuertod der Partner.[81]

In den von Lateinern beherrschten Räumen waren Muslime und Juden ebenso Einwohner zweiter Klasse wie Christen in der islamischen Welt. Die Kreuzfahrer weiteten diesen minderen Rechtsstatus in der Levante gar auf die Angehörigen der orientalischen Kirchen aus. Wie Juden und Muslime mussten sie eine Kopfsteuer entrichten, die sogenannte *capitatio*.[82] Diese erhoben die abendländischen Eroberer in Anlehnung an die islamische *ǧizya*, zu deren Zahlung das Recht der *ḏimmā* Nicht-Muslime verpflichtete. Die jakobitischen Chroniken zeugen allerdings davon, dass die syrischen Christen ihre religiösen Sitten und Gebräuche weitgehend ohne Behinderung durch die Lateiner pflegen konnten. Auch die Priester wurden den Ausführungen des Patriarchen Michael I. von Antiochia (1126 – 1199) nach in keiner Weise in ihrer Amtsausübung behindert. Erstaunt stellt der Chronist fest, die Abendländer hätten ohne weitere Prüfung jeden als Christen anerkannt, der das Kreuz verehrt habe (*ellā ḵul d-la-ṣlībā sḡeḏ krestyānā yāḏ ᶜīn leh d-lā ᶜuqqabā w-ḇuḥḥānā*).[83] Rechtliche Unterschiede zwischen Lateinern und orientalischen Christen waren im Rechtsalltag der Kreuzfahrerstaaten indes spürbar. Zur Regelung gruppeninterner Streitigkeiten existierten eigene Gerichte, die *Cours des Syriens*. Formal waren sie der fränkischen *Cour des Bourgeois* unterstellt, vor der größere Streitfälle behandelt wurden.[84] Der Wert von Zeugenaussagen nicht-lateinischer Christen vor fränkischen Gerichtshöfen war nach Bekenntniszugehörigkeit gestaffelt. So galt die Aussage eines Jakobiten mehr als die eines Griechen, die eines Griechen mehr als die eines Nestorianers und so fort. Vor dem höchsten Gerichtshof des Reiches, der *Haute Cour*, durften in der Regel nur Lateiner aussagen. In der *Cour de la Fonde,* dem Markt- und Handelsgericht, dem ein Franke vorstand, hatten hingegen auch Jakobiten, Nestorianer und später auch Melkiten ihren Sitz. Ungeachtet rechtlicher Unterschiede, konnten sich die Angehörigen unterschiedlicher Glaubensgruppen weitgehend frei in den Kreuzfahrerstaaten bewegen. Zumindest in den mehr oder weniger lan-

36 Hundsköpfig stellt der Illustrator von Marco Polos (1254–1324) Reisebeschreibung am Beginn des 15. Jahrhunderts die Einwohner Ceylons beim Gewürzhandel dar. Im Einklang mit biblischen Vorbildern lebten monströse Völker an den entfernten Rändern der Welt.

gen Friedenszeiten galt dies auch für auswärtige Muslime wie Usama ibn Munqid. Erstaunt berichtet dieser seine Beobachtungen aus einem Badehaus in Tyrus, in dem ein Franke die Scham seiner Frau durch den fremden Muslim rasieren lässt. Verständnis für die Sichtweise der Abendländer vermochte der Emir ebenso wenig zu entwickeln wie christliche Gefangene, die während ihrer Gefangenschaft mehr über die Lebenswelt ihrer muslimischen Gegner gelernt hatten. Und selbst diejenigen, die in dieser Zeit die arabische Sprache erlernt hatten, verbargen mitunter ihr Wissen.[85] Zu viel Kenntnis des Anderen öffentlich zu machen, bedeutete die Gefahr, als Verräter betrachtet zu werden. Dabei spielte gerade die sprachliche Kommunikation für die Begegnung zwischen Christen, Muslimen und Juden am Mittelmeer eine zentrale Rolle.

Der Turmbau zu Babel und seine Folgen. Sprachliche Verständigung in Grenzgegesellschaften

Überall, wo sich Angehörige verschiedener Kulturen, Ethnien und Religionen im Alltag begegnen, spielt die Beherrschung der Sprache des jeweils „Anderen" eine besonders wichtige Rolle. In den Gesellschaften der levantinischen Kreuzfahrerstaaten, der Iberischen Halbinsel und Süditaliens etwa war ein Mindestmaß an sprachlicher Verständigung zwischen abendländischen und orientalischen Christen, Muslimen und Juden unabdingbar. Übersetzungen wissenschaftlicher und religiöser Texte, mehrsprachige Verträge und Inschriften vermitteln Eindrücke von Niveau und Verbreitung fremdsprachlicher Kenntnisse in diesen interkulturellen

Kontaktzonen.[86] Zugleich wird in ihnen die Bedeutung fremdsprachlicher Kommunikation für den diplomatischen Austausch, die Abwicklung von Rechtsgeschäften, die Regelung von Streitigkeiten und den Alltag deutlich. Die verschiedenen Formen interreligiöser Begegnungen zwischen Mission und Disputation erforderten aufgrund der komplizierten Sachverhalte, die dem anderen nahezubringen waren, gar eine besonders ausgeprägte Fremdsprachenfertigkeit.

Einen besonders lebendigen Eindruck von den sprachlichen Schwierigkeiten, Andersgläubigen das Wort des Herrn näherzubringen, vermittelt der Bericht des Franziskaners Wilhelm von Rubruk, der sich, versehen mit einem Empfehlungsschreiben des französischen Königs Ludwig IX., 1253 auf die Reise zum Hof des Großkhans Mangu in Karakorum im Nordwesten der Mongolei begab. „Lasst mich doch in Ruhe mit dem Predigen, denn solche Worte weiß ich nicht zu übersetzen! Und Recht hatte er ja damit", resümierte der Franziskaner Wilhelm enttäuscht die bescheidenen Fähigkeiten seines Dolmetschers.[87] Nachdem der Missionar im Laufe seiner langen Reise allmählich ein wenig von der Sprache zu verstehen begann, bemerkte er seiner Schilderung zufolge, dass sein Dolmetscher nach freiem Gutdünken sagte, was ihm gerade in den Sinn kam, nicht aber wortgetreu ins Tartarische übersetzte. „Da ich aber sah, welche Gefahr es für mich bedeutete, mich beim Sprechen seiner Vermittlung zu bedienen, zog ich es vor, lieber zu schweigen", betont der Missionar.[88]

In Wilhelms Ausführungen wird exemplarisch deutlich, welche kaum zu überschätzende Verantwortung – unter Umständen gar für Leib und Leben – Dolmetschern zukam. Die Übertragung des gesprochenen Wortes in eine andere Sprache erfolgt im Gegensatz zur schriftlichen Übersetzung spontan. In weitaus höherem Maße als der Übersetzer ist der Dolmetscher in seiner situationsabhängigen Tätigkeit auf die treffende und feinfühlige Interpretation – auch kulturspezifischer mit der Kommunikationssituation verbundener nonverbaler Zeichen – angewiesen. Der fähige Dolmetscher ist im Idealfall nicht nur mit der fremden Sprache, sondern auch mit der fremden Zeichenwelt vertraut. Im Rahmen einer Audienz Wilhelms von Rubruk vor dem Großkhan Mangu, beispielsweise, verfiel der Mongole gemäß der Interpretation des Franziskaners nach einer Weile in nachdenkliches Schweigen. Der Sohn des französischen Goldschmieds Guillaume Boucher, der schon über ein Jahrzehnt am Hof des Mongolenkhans weilte und der Rubruk während des Gesprächs als Dolmetscher zur Verfügung stand, deutete die Zeichen nach seiner Erfahrung offenbar richtig. „Mein Dolmetscher", so Wilhelm, „verwehrte mir das Weiterreden."[89]

Nicht allein Wilhelm von Rubruk sah seinem missionarischen Eifer enge Grenzen gesetzt durch das eigene Unvermögen, die christliche Botschaft angemessen unter den Andersgläubigen zu verkünden, und weil er unbedingt auf einen mehr oder weniger fähigen Dolmetscher angewiesen war.[90] Die folgenden Beispiele mögen zeigen, wie sprachliche Kommunikation zwischen Abendländern und Orientalen von der Mission über Rechtsgeschäfte bis zum Handelsalltag funktionierte. Zunächst richtet sich der Blick auf die Schwierigkeiten sprachlicher Verständigung in der Begegnung abendländischer Kreuzfahrer mit den Völkerschaften der von ihnen eroberten Gebiete. Ihre Eroberungen in der Levante konfrontierten die lateinischen Kreuzfahrer mit einer Welt, von der sie kaum mehr als ein vages und wirres Bild besaßen. Die Riten, Gebräuche und Sprachen der Muslime waren ihnen noch weitgehend unbekannt, nicht zuletzt aufgrund der in vergangenen Jahrhunderten zumeist eher sporadischen denn systematischen Kontakte, die am Beginn des 12. Jahrhunderts vor allem durch bewaffnete Konflikte geprägt waren. Zahlreiche Kritiker, darunter der Franziskaner Roger Bacon, bezeugen, dass sich an dieser Situation im lateinischen Abendland auch eineinhalb Jahrhunderte nach der Entstehung von Kreuzfahrerstaaten in der Levante und der damit einhergehenden Intensivierung der Kontakte zwischen abendländischen Christen und den einheimischen Völkerschaften kaum etwas geändert hatte.[91] Spöttisch bemerkte Bacon, es sei für das lateinische Abendland wenig ehrenvoll, ja sogar schädlich, dass die kirchlichen und weltlichen Herrscher nicht einen einzigen Menschen ausfindig machen könnten, dessen Sprachkenntnisse ihnen den diplomatischen Austausch mit den Andersgläubigen erlaubten. Nirgendwo in seinem Reich, nicht einmal an der berühmten Pariser Universität, habe der französische König Ludwig IX. einen Gelehrten finden können, der im Stande gewesen sei, ihm ein Schreiben des ägyptischen Sultans zu übersetzen. Dies habe den König derart erzürnt, dass er sein Erstaunen und seinen Unmut über die Unwissenheit des Klerus kundgetan habe. Wenngleich Roger in seiner Neigung zu Übertreibungen und radikalen Urteilen die Situation gewiss überzeichnet, so sprechen die Quellenbefunde dafür, dass seine Aussagen zumindest im Kern das Problem treffend erfassten. Erhöht wurden die Hürden für einen gegenseitigen Austausch zwischen abendländischen Christen und Muslimen, aber auch Angehörigen der orientalischen Kirchen zusätzlich dadurch, dass bei diesen Kenntnisse des

Lateinischen oder des Französischen noch weitaus seltener anzutreffen waren. Selbst der polyglotte jakobitische Chronist und geistliche Würdenträger Gregorius Abu´l-Farağ Ibn al-ᶜIbri, der zum Christentum konvertierte Sohn eines jüdischen Arztes namens Aaron und ein Hauptprotagonist der letzten, als „syrische Renaissance" bezeichneten Blüte der syrischsprachigen Literatur während des 13. Jahrhunderts, beherrschte weder Latein noch eine andere Sprache, die von den abendländischen Christen benutzt wurde. Hingegen vermochte der im Okzident besser unter dem Namen Bar Hebraeus bekannte Kleriker sich mühelos im Hebräischen, Syrischen, Arabischen und wohl auch im Griechischen zu verständigen.[92]

In seinem großen Geschichtswerk findet sich eine bemerkenswerte Theorie über die Entstehung des babylonischen, für interkulturelle Kontakte so hinderlichen Sprachwirrwarrs. Dieser zufolge entstanden durch die göttliche Bestrafung der vermessenen Turmbauer 70 verschiedene Sprachen. Die älteste von diesen, so betont Bar Hebraeus, sei jedoch die syrische gewesen.[93] Mit dieser Auffassung, die zugleich ein Schlaglicht auf das jakobitische Selbstverständnis wirft, stand der Chronist in der Reihe einer jahrhundertealten Tradition. Schon Mār Afrem, der große syrische Heilige des 4. Jahrhunderts, hatte sich in gleicher Weise über den Ursprung seiner Muttersprache geäußert. Einer der zahlreichen Wunderberichte der *Vita Afraemi* zeigt höchst symbolträchtig die Erfahrungen des Heiligen mit der Fremdsprachenproblematik.[94] Diesem zufolge begehrte der Syrer sehnlichst, dem heiligen Basilios zu begegnen und den Worten seiner Predigt zu lauschen. Schon vieles hatte er von den Taten des griechischen Heiligen gehört. Nun bestand Afrems großes Problem, das einem Austausch der beiden heiligen Männer im Wege stand, vor allem darin, dass keiner von beiden der Sprache des anderen mächtig war. Dessen ungeachtet begab sich Afrem, begleitet von einem Dolmetscher, dennoch auf die lange Reise ins kappadokische Caesarea, um mit eigenen Ohren die Worte des Basilios zu vernehmen. Angesichts solcher Mühen im Dienste des Herrn ließ das Wunder nicht lange auf sich warten: Denn nach der Predigt waren beide Männer durch die Gnade Gottes um die Kenntnis einer Fremdsprache reicher geworden! Während Afrem plötzlich das Griechische mühelos verstand, beherrschte Basilios nun seinerseits das Syrische. Ohne die Vermittlung eines Dolmetschers konnten die beiden Heiligen nunmehr direkt miteinander kommunizieren.[95]

Über die Darstellung der Allmacht Gottes und seines Eingreifens in menschliche Geschicke hinaus verdeutlicht die Schilderung, welche Bedeutung Sprachkenntnissen im Rahmen einer gegenseitigen Verständigung zwischen unterschiedlichen religiösen und ethnischen Gruppen zukam. Für jene abendländischen Kreuzfahrer, die sich dauerhaft im Orient ansiedelten, war in Ermangelung neuerlicher Sprachwunder das mehr oder weniger langwierige Erlernen des Arabischen unerlässlich. Dass die im Heiligen Land geborenen Franken der zweiten Generation des Arabischen für den alltäglichen Gebrauch mächtig waren, während selbst gebildete Muslime um die Mitte des 12. Jahrhunderts in der Regel keine Kenntnisse des Französischen oder des Lateinischen besaßen, zeigen beispielhaft die Anekdoten im *Kitāb al-Iʿtibār*, dem *Buch der Betrachtung*, des Usama Ibn Munqid.[96] Das lange Leben des syrischen Emirs, der 1095 in der Festung Shaizar am Oberlauf des Orontes geboren wurde und der am 16. November 1188 93-jährig in Damaskus starb, war geprägt von der zumeist kriegerischen Begegnung mit den fränkischen Invasoren. Zu friedlichen Kontakten mit den Kreuzfahrern kam es während der 1140er Jahre, als Usama Jerusalem und andere fränkisch beherrschte Städte besuchte. Darüber weiß der Muslim zu berichten: „Unter den Franken gibt es einige, die sich in unserem Land eingewöhnt haben und mit den Muslimen Umgang pflegen. Diese sind besser als jene, die erst vor kurzem aus ihrer Heimat gekommen sind. Sie sind aber die Ausnahme und nicht als die Regel zu betrachten."[97] Seine Bemerkung unterstreicht Usama mit dem Bericht seines Kampfgefährten, den er selbst nach Antiochia zu dem griechischen Kirchenoberhaupt Theodoros Sophianos gesandt hatte.[98] Dieser Theodoros sei sein Freund gewesen und habe großen Einfluss besessen, führt Usama aus. Der muslimische Gesandte begab sich eines Abends mit seinem Gastgeber in das Haus eines Franken und staunte nicht schlecht über jenen alteingesessenen Ritter, der Usamas Worten zufolge bereits „mit dem ersten Zug der Franken gekommen war" und sich inzwischen einiges von der orientalischen Lebensweise zu Eigen gemacht hatte. So forderte der Franke seinen muslimischen Tischgast auf, die gereichten Speisen nicht zu verschmähen. Er habe eine ägyptische Köchin und esse kein Schweinefleisch. Dass der fränkische Ritter das Arabische beherrschte, der muslimische Gesandte indes kein Französisch verstand, wird an anderer Stelle des Berichts überdeutlich. Nachdem der Araber das gastfreundliche Haus verlassen hatte und durch den Basar ging, so berichtet er, „klammerte sich plötzlich eine fränkische Frau an mich und redete in ihrer barbarischen Sprache auf mich ein".[99] Das plötzliche Erscheinen seines Gastgebers rettete Usamas Gesandten augenscheinlich den Kopf. Der orientalisierte Ritter fragte die aufge-

37 Kreuzfahrer verhandeln auf dieser Darstellung im *Roman de Godefroi de Bouillon* aus dem 14. Jahrhundert die Übergabe der kilikischen Stadt Tarsus im September 1097. Die Handhaltung des lateinischen und des muslimischen Unterhändlers deutet in Unkenntnis der Sprache des anderen auf eine nonverbale Kommunikation hin.

brachte Frau nach ihrem Begehr und als sie antwortete, der arabische Gesandte habe ihren Bruder Hurso getötet, hieß er sie barsch stillschweigen und erklärte, der Araber sei ein Händler und kein Krieger. Er herrschte die Umstehenden an, die sich alsbald zerstreuten, und führte seinen Tafelgenossen weg.

In einem anderen Fall führte die Sprachbarriere zwischen Arabern und Franken zu einem schlechten Ende für den Protagonisten.[100] Usama schildert, wie ein kurdischer Gefolgsmann seines Onkels namens Hasanun zur Teilnahme an einem Reiterwettkampf zu Tankred nach Antiochia entsandt wurde. Der Muslim besiegte den Ausführungen zufolge alle anderen Reiter, worauf Tankred ihm ein Ehrengewand verlieh. Der Sieger erbat sich dabei die Gunst, freigelassen zu werden, wenn er im Kampf einmal in die Hände der Kreuzfahrer fallen sollte. Daraufhin habe ihm Tankred sein Wort gegeben. Wenigstens nahm Hasanun dies an, „denn die Franken sprechen nur ihre fränkische Sprache, und wir verstehen nicht, was sie sagen", schränkt Usama ein. Seine Aussage bezüglich der Franken ist in diesem Fall allerdings wenig wahrscheinlich. Immerhin hatten Tankred und die übrigen süditalienischen Normannen bereits vor ihrem Aufbruch in die Levante regelmäßig Kontakt mit den arabischsprechenden Muslimen ihrer Heimat.[101] So fanden sich gerade unter diesen Kreuzfahrern solche, die die fremde Sprache durchaus beherrschten. Offenbar hatte aber keiner der Anwesenden Interesse daran, dass der Muslim verstand, was ihm gesagt wurde. Als Hasanun etwa ein Jahr später nach einem bewaffneten Zusammenstoß von den Franken gefangengenommen wurde, erinnerte sich demzufolge auch niemand an ein vermeintlich gegebenes Versprechen. Der gefangene Muslim wurde grausam gequält, bevor man ihm das rechte Auge herausriss. Usamas Vater zahlte das geforderte Lösegeld von tausend Golddinaren und einem edlen Pferd aus bester Zucht. So kam Hasanun wenigstens mit dem Leben davon.

Eine Reihe weiterer Schilderungen Usamas belegt, dass die sprachliche Verständigung zwischen arabischsprechenden Bewohnern der Levante und alteingesessenen Franken zumindest leidlich funktionierte. So fanden sich unter den Brüdern der geistlichen Ritterorden solche, die das Arabische gut genug beherrschten, um Konversation mit den Muslimen zu führen und die mit den islamischen Sitten und Gebräuchen vertraut waren. Bei einem Besuch in Jerusalem begab sich Usama zu den Templern, deren Hauptquartier sich in der Al-Aqsa-Moschee befand. „Und sie waren meine Freunde", betont der Berichterstatter.[102] An einer Seite der Moschee befand sich ein kleiner Gebetsraum, den die Templer Usama zur Verrichtung seiner Gebete zur Verfügung stellten. Als sich der fromme Muslim gerade anschickte, mit dem Gebet zu beginnen und das *Allāhu akbar* bereits über seine Lippen gekommen war, hatte sich plötzlich ein Franke auf ihn gestürzt und sein Gesicht in die falsche Gebetsrichtung gezerrt. Nachdem sich dies zweimal wiederholt hatte, entfernten die Templer den zornigen Franken aus Usamas Nähe und erläuterten ihm – offenbar in Arabisch –, der Mann sei erst vor wenigen Tagen aus dem Abendland eingetroffen und habe noch nie zuvor einen Muslim beim Gebet gesehen. Mit der Versicherung, er habe genug gebetet, verließ Usama daraufhin den Ort und war nach eigenen Worten „verwundert darüber, wie sich das Gesicht dieses Teufels verfärbt hatte, wie er zitterte und sich benahm beim Anblick eines Menschen, der sein Gebet in der Richtung nach Mekka verrichtet".[103]

Mit den Unannehmlichkeiten während des Jerusalem-Besuchs hatte es indes noch kein Ende. Als sich Usama gemeinsam mit dem Emir Mu'in ad-Din im Templum Domini, dem Felsendom, auf dem Tempelberg aufhielt, wurde sein Begleiter von einem Franken, der offenbar das Arabische beherrschte, gefragt, ob er Gott als kleines Kind sehen wolle. Als der Angeredete dies bejahte, sei der Franke nahe vor sie getreten und habe ihnen ein Bild Mariens mit dem Christuskind gezeigt. Dies sei Gott als Kind, habe der Franke bemerkt, und der entsetzte Muslim Usama schließt seine Schilderung mit den Worten: „Aber weit erhaben ist Gott über allem, was die Ungläubigen sagen."[104]

Eine literarische Auseinandersetzung mit der Frage der Sprachproblematik im Heiligen Land und der Verbreitung des Arabischen unter den in der Levante ansässigen Abendländern findet sich rund 150 Jahre später, um 1290, in Ulrich von Etzenbachs *Willehalm von Wenden*.[105] Willehalm, ein junger heidnischer Fürst aus dem Osten, vernahm der Erzählung zufolge, wie fremde Pilger auf ihrer Durchreise von Christus sprachen. Als er dessen *süßen Namen* hörte, so der Autor, erfasste Willehalm eine unbändige Sehnsucht nach dem Land, in welchem Christus gelebt hatte. Heimlich verließ der Fürst seine Besitzungen, trennte sich zur Erfüllung seines Herzenswunsches auf der Reise von seiner Frau und verkaufte gar seine Kinder. In Jerusalem angelangt, nahm Willehalm Quartier bei einem polyglotten Wirt. So heißt es: *Der wirt was wol gelêret, der manic man wird gehêret: mangiu sprâche was im kunt, heidensch, windesch rette sîn munt.*[106] Wenig später fungierte der französische Wirt als Dolmetscher einer Unterredung Willehalms mit dem Jerusalemer Patriachen, dem er seinen Taufwunsch kundtat. Doch nicht genug damit, dass der Kleriker begeistert Willehalms Ersuchen aufnahm. Nach erfolgter Taufe übergab er den frischgebackenen Christen einem Kaplan, damit ihn dieser die *arabische zunge* lehre, fährt Ulrich von Etzenbach in seiner Erzählung fort.[107] Der wissbegierige Willehalm lernte die schwierige Sprache so schnell und – wie es heißt – *sûberlich*, dass er schon bald ohne Hilfe eines Dolmetschers mit dem Patriarchen kommunizieren konnte.

Usama Ibn Munqid erwähnt in seinen bunten Beschreibungen nirgends den Einsatz von Dolmetschern. Dennoch ist es mehr als wahrscheinlich, dass auch der Emir mit diesen in Kontakt gekommen ist, wenngleich er aus irgendeinem Grund ihren Einsatz nicht für erwähnenswert gehalten haben mag. Eine beachtliche Reihe solcher Dolmetscher, in Verballhornung des arabischen Wortes *turǧumān* Dragomanen oder lateinisch *interpres* genannt, ist aus zahlreichen Urkunden namentlich bekannt.[108] Häufig finden sie sich im Kreis der Zeugen des Rechtsgeschäfts. Das Dragomanat in den Kreuzfahrerstaaten beinhaltete in Anlehnung an institutionelle arabische Vorbilder nicht in jedem Fall nur Dolmetscher-, sondern bisweilen auch administrative Funktionen. So erscheint in den Dokumenten beispielsweise ein Mann namens Martin als *interpres* des Bischofs von Nazareth zwischen den Jahren 1109 und 1121. In dieser Stellung war er nicht allein für die sprachliche Vermittlung, sondern nachweislich auch für die Verwaltung klösterlicher Liegenschaften im Heiligen Land zuständig. Die Kanoniker vom Heiligen Grab beschäftigten Johannes, Wilhelm und einen offenbar einheimischen Dragomanen. Für Johannes und den Letzteren ist zwischen 1133 und 1144 der Besitz von Häusern in Jerusalem bezeugt. Ein weiterer Wilhelm wirkte 1124 als Dolmetscher des Klosters St. Maria im Tale Josaphat. Im Rahmen seiner Tätigkeit trat er als Zeuge eines Rechtsgeschäfts zwischen den Mönchen und den Bewohnern des Dorfes Burqa auf. Auch die Hospitaliter und Templer beschäftigten Dolmetscher, wie jenen Bruder Leon in Safed. König Balduin III. von Jerusalem setzte 1160 einen christlichen Araber, den Ritter Johannes von Haifa, als Dragomanen und zugleich Kastellan von Mi'iliya ein. Die Aufzählung der in Diensten geistlicher und weltlicher Herren in den Kreuzfahrerstaaten tätigen Dolmetscher ließe sich fortsetzen. Über die Qualität ihrer Tätigkeit und die Wege des Fremdsprachenerwerbs geben die nüchternen Rechtsdokumente indes keine Auskunft. Ihr Einsatz in der Praxis scheint in einem Bericht Usama Ibn Munqids über seinen Rechtsstreit mit dem Herrn des galiläischen Banyas durch.[109] Usamas Schilderung zufolge hatte der Franke eine Ziegen- und Schafherde aus einem Wald geraubt und der bestohlene Muslim wandte sich an König Fulk von Jerusalem, um die Angelegenheit zu klären. Dass bei dieser Unterredung kein Dolmetscher zugegen gewesen sein soll, erscheint nicht zuletzt aufgrund des komplizierten rechtlichen Sachverhalts, der im Folgenden näher ausgeführt wird, eher unwahrscheinlich. Immerhin zählte die Schlichtung größerer und kleinerer Streitfragen zwischen Franken und den Nicht-Lateinern sowie den verschiedenen Gemeinschaften untereinander zu den Alltäglichkeiten. Seit der zweiten Hälfte des 12. Jahrhunderts ist die Existenz der *Cour de la Fonde* belegt, von der bereits an anderer Stelle ausführlicher die Rede war und vor der handelsrechtliche Angelegenheiten zwischen Angehörigen der östlichen Kirchen, Muslimen und Juden verhandelt wurden.[110] Ohne Dolmetscher konnte eine solche Institution nicht funktionieren. Die vom König mit einer Entscheidung im Falle Usamas beauftragten Ritter zogen sich nach dem Gespräch zur Beratung zurück. Als sie den Empfangsraum des Königs wieder betraten, verkündeten sie ihre Entscheidung zu-

38 Wolfram von Eschenbach (um 1170/80 – 1220), der Verfasser des Epos *Parzival*, vermittelt zwischen einem Kreuzfahrer, einem Juden und einem Muslim. Die Darstellung aus dem 13. Jahrhundert zeigt den jüdischen Mann in der für das Regnum Teutonicum typischen Tracht mit spitzem Hut. Der Muslim trägt eine phrygische Mütze

gunsten Usamas. Der König habe daraufhin befohlen, dass der Herr von Banyas dem Geschädigten den vollen Wert des Viehs ersetzen solle. Daraufhin habe der Herr von Banyas ihn so lange bekniet, seine Schadensforderung abzumildern, dass er sich schließlich mit einer Summe von 400 Golddinaren zufriedengegeben habe, schließt Usama seine Schilderung des Rechtsstreits. Erfahren wir in seinem Bericht nichts über die Anwesenheit von Dolmetschern geschweige denn deren sprachlichen Fähigkeiten, so zeigen insbesondere Zeugnisse über den Kontakt zwischen lateinischen und orientalischen Christen, dass die Übertragung komplizierter Sachverhalte – vor allem theologischer Art – größte Probleme bereitete. Die Fertigkeiten der meisten Dolmetscher waren zu einer wortgetreuen Vermittlung nicht ausreichend, was mitunter zu folgenreichen Missverständnissen führte. So berichtet der jakobitische Patriarch von Antiochia, Michael, in seiner Chronik, wie der Patriarch Athanasios aufgrund eines Übersetzungsfehlers beinahe in Haft genommen worden wäre.[111] Was war geschehen? Der von seiner Glaubensgemeinschaft exkommunizierte Patriarch von Edessa, Bar Sabouni, hatte sich 1119 beim lateinischen Patriarchen von Antiochia über seine Behandlung beklagt. Die Lateiner drängten den Patriarchen Athanasios daraufhin zu einer Aufhebung der Exkommunizierung. Athanasios weigerte sich indes strikt, der Forderung nachzukommen, und geriet während der Disputation, zu der er von den Franken geladen worden war, durch die Inkompetenz des hinzugezogenen Dolmetschers in Misskredit bei den Lateinern. Selbst zur Regelung eines solch vergleichsweise wichtigen Streitfalls unter hohen jakobitischen Würdenträgern – so verdeutlicht die geschilderte Szenerie – wurde offenbar nur ein einziger Dolmetscher eingesetzt. Selbst nach mehreren Erklärungsversuchen des Athanasios verstand der Dolmetscher den eigentlichen Wortsinn nicht. Weitere Sprachkundige, die die Lage hätten klären können, standen demnach nicht zur Verfügung. Das semantisch bedingte Missverständnis bei der Übersetzung deutet an, dass der Dolmetscher anscheinend direkt aus dem Syrischen übersetzte und nicht auf das Arabische als Brückensprache zurückgriff.

Ein weiteres Beispiel für die schier unüberwindlichen Sprachprobleme zwischen lateinischen und orientalischen Christen sei hier ebenfalls genannt: Es betrifft die Missverständnisse im Rahmen der Unterredungen zwischen der Gesandtschaft des Tartaren-Khans Argum von Persien und des nestorianischen Katholikos Mar Jaballah III. und dem Kardinalskollegium nebst dem neugewählten Papst Nikolaus V. in den Jahren 1287/88.[112] So ließ man das in Rom dem Kardinalskollegium vorgelegte, keinesfalls eindeutig orthodoxe Glaubensbekenntnis des Bar Sauma unbeanstandet und verzichtete angesichts der Proteste des Nestorianers auf weitere Diskussionen. Vielmehr betrachtete man Bar Sauma als Katholiken und gestattete ihm, öffentlich die Messe zu lesen. Mehr Glück scheint der päpstliche Legat Jakob von Vitry, 1216 bis 1228 Bischof von Akkon, mit seinem Dolmetscher gehabt zu haben. Zumindest behauptet er im Rahmen seiner *Historia Orientalis*, dass er mit Hilfe eines Dolmetschers vor Arabisch sprechenden Jakobiten in Akkon und Tripolis predigen konnte.[113] Neuere Untersuchungen weisen darauf hin, dass die Kenntnis der arabischen Sprache unter den Franken in der Levante sehr viel verbreiteter war, als bislang angenommen, und dass die Kreuzfahrerstaaten durchaus ihren Beitrag zu dem Wissenstransfer leisteten, der gemeinhin mit Süditalien und der Iberischen Halbinsel verbunden wird.[114]

Doch während die Päpste noch intensiv mit der Missionsarbeit in den Kreuzfahrerstaaten beschäftigt waren, richtete sich ihr Blick schon weiter gen Osten. Am Beginn des 13. Jahrhunderts, als das Papsttum im Zenit seiner Macht stand und die beiden großen Bettelorden der Dominikaner und Franziskaner in das Rampenlicht eines neuen Mönchtums traten, nahm die Missionstätigkeit einen gewaltigen Aufschwung. Dass sich der Blick nun weiter nach Osten richtete, geschah aus gutem Grund. Im April des Jahres 1241 war eine neue Macht von bedrohlicher Schlagkraft endgültig in das Bewusstsein des christlichen Abendlandes gerückt: die Tataren. Unbemerkt von den Europäern, hatte das kriegerische Reitervolk seit der zweiten Hälfte des 12. Jahrhunderts innerhalb weniger Jahrzehnte weite Teile Asiens unterworfen und war 1223 schon einmal sporadisch nach Europa vorgestoßen. Als der mongolische Stammesführer Dschingis Khan 1206 auf der Versammlung der Stammesoberhäupter zum Großkhan über alle Stämme der Mongolei erhoben wurde, war die Expansion der neuen Supermacht aus der zentralasiatischen Steppe nicht mehr aufzuhalten. Die chinesischen Teilreiche fielen ihr in der Folge ebenso zum Opfer wie Georgien und Armenien im Jahre 1238 und Kiev im Jahre 1240. Durch ihren Sieg bei Liegnitz in Schlesien und Mohi am Sajò in der ungarischen Theiß-Ebene hatte sich der tatarische Einflussbereich noch weiter in Europa vorgeschoben. Doch die Schreckgespenster verschwanden aus Polen und Ungarn ebenso plötzlich wie sie gekommen waren. Die Furcht vor einer Rückkehr der Reiterhorden blieb jedoch und das Abendland begann, sich gegen einen weithin unbekannten und unberechenbaren Feind zu rüsten. Der Bau neuer Festungsanlagen und Aufrufe zum Kreuzzug blieben indes nicht die einzigen Maßnahmen, um dem Problem zu begegnen.

Im Jahre 1243 hatte in Gestalt Innozenz' IV. ein gelehrter Jurist und scholastisch hochgebildeter Papst den Stuhl Petri eingenommen.[115] Seine gezielten Bemühungen um Kontakt mit den Tataren stehen am Anfang eines intensiven Gesandtenaustausches mit dem furchterregenden Reitervolk seit der Mitte des 13. Jahrhunderts. Das Ziel der Entsendung von Missionaren war nicht allein die Verbreitung der christlichen Botschaft. Vielmehr war man an Informationen über die militärische Stärke der Tataren und deren weitere Eroberungsabsichten interessiert. Insgeheim schwang die Hoffnung mit, die Annahme des Christentums unter den Tataren könnte diese zu starken Verbündeten im Kampf gegen die Muslime werden lassen. Als Papst Innozenz im Jahre 1245 durch das Konzil von Lyon die Entsendung von Kundschaftern zu den Tataren bestätigen ließ, hatten die drei Gesandtschaften unter Führung der Dominikaner Ascelinus und Simon von Saint-Quentin sowie des Andreas von Longjumeau und des Franziskaners Johannes von Plano Carpini ihre Reise ins Ungewisse bereits angetreten.[116] Der päpstlichen Anordnung folgend, begaben sich Bruder Ascelinus und seine Begleiter zunächst in das Heilige Land, um von dort weiter nach Vorderasien zu einem tatarischen Befehlshaber vorzurücken. Der Bericht, den die Gesandtschaft nach ihrer Rückkehr verfasste, ist nur durch seine fragmentarische Aufnahme in die weit verbreitete zeitgenössische Enzyklopädie ihres Ordensbruders Vinzenz von Beauvais bekannt. Demnach erreichte die Gesandtschaft am 24. Mai

1247, knapp zwei Jahre nach ihrem Aufbruch, das Lager des Tatarengenerals Batschu. Auf seiner Reise hatte Ascelinus seinen Ordensbruder Guiscard von Cremona aus dem Konvent in Akkon mit sich genommen, der zuvor sieben Jahre im georgischen Tiflis gewirkt hatte und zumindest eine orientalische Sprache beherrschte. Das päpstliche Sendschreiben wurde im Lager Batschus zunächst ins Persische und dann ins Tatarische übersetzt. Die Tataren verfügten dem Bericht zufolge über griechische und türkische Dolmetscher, die die Übertragung vornehmen konnten. Die griechischen Dolmetscher übersetzten anschließend auch das Antwortschreiben an den Papst, denn trotz der eindringlichen Aufforderung des Tatarengenerals, den Großkhan persönlich aufzusuchen, zogen Ascelinus und seine Begleiter die Rückkehr in die Heimat einer Weiterreise vor.

Auch der aufgrund seiner Kenntnisse orientalischer Sprachen – des Arabischen und/oder des Persischen – für die Reise prädestinierte Andreas von Longjumeau kam nicht bis zum Großkhan. Während er zunächst erfolgreiche Unionsverhandlungen mit mehreren nestorianischen und jakobitischen Metropoliten führte, gelangte er schließlich zu einem namentlich unbekannten Tatarengeneral im nordpersischen Täbris.

Einzig der Franziskaner Johannes von Plano Carpini und seine Begleiter stießen über den Landweg durch Deutschland, Polen und Russland bis zur ostasiatischen Residenz des Großkhans vor. Im Breslauer Konvent schloss sich sein Ordensbruder Benedikt von Polen als Dolmetscher der Gruppe an. Dieser war jedoch lediglich für die Durchquerung der polnischen und russischen Gebiete als Dolmetscher von einigem Nutzen. Seine Kenntnisse des Tatarischen beschränkten sich hingegen auf die Wiedergabe alltäglicher Gespräche. Das Schreiben des Papstes vermochte er nicht zu übersetzen. Der Khan Batu in Kiptschak stellte Johannes auf seine Bitte hin einen russischen Dolmetscher zur Verfügung, der gemeinsam mit Bruder Benedikt von Polen den Papstbrief aus dem Lateinischen zunächst ins Russische, dann ins Persische und schließlich ins Tatarische übertrug. Am Hof des Großkhans Güyük, wohin Plano Carpini schließlich gelangte, stand ein großer Dolmetscherstab zur Übersetzung der Verhandlungen zur Verfügung. Bei den Dolmetschern handelte es sich vor allem um Ungarn und Russen, darunter auch Kleriker, die sich mitunter bereits seit Jahrzehnten bei den Tataren aufhielten und die deren Sprache offenbar gut beherrschten. Ein Russe namens Temer dolmetschte Joahnnes' Unterredung mit dem Großkhan. Dieser Temer war in einer Gesandtschaft des russischen Großfürsten

Jaroslaus an den tatarischen Hof gekommen. Da Johannes die Frage, ob man am päpstlichen Hof ein russisches, persisches oder tatarisches Antwortschreiben ins Lateinische übersetzen könne, verneinen musste, wurde eine lateinische Übersetzung noch vor der Rückreise der Delegation in Karakorum angefertigt. Johannes' Reise galt trotz der eigenen Verständigungsprobleme als voller Erfolg. Sein Bericht, der unter anderem wertvolle Hinweise auf mongolische Waffen, Techniken, Motive und Handlungsweisen enthält, galt bald als grundlegende, breit rezipierte Schrift zur Koordinierung der Mongolenabwehr.

Ungleich weniger Aufmerksamkeit zog der wenige Jahre später entstandene Reisebericht des Franziskaners Wilhelm von Rubruk auf sich, obwohl auch Rubruk bis nach Karakorum vorgestoßen war. Bruder Wilhelm, der offenbar dem Franziskanerkonvent in Akkon angehörte, hatte sich gründlich auf seine Mission vorbereitet. Trotz seines langen Aufenthalts in der Levante verfügte er jedoch nicht über einschlägige Sprachkenntnisse. In Konstantinopel warb er deshalb einen *turgemanus*, einen zum Christentum konvertierten Muslim namens Homo Dei – der wörtlichen Übertragung des arabischen Abdallah – an, der sich wie eingangs geschildert jedoch als weitgehend nutzlos erweisen sollte. Wenn immer der eifrige Missionar seiner Dienste bedurfte, versagte der Dolmetscher. „Auch musste ich von meinem Dolmetscher befürchten, er könne etwas anderes gesagt haben, als ich ihm vorgesprochen habe", betont Wilhelm, als er und seine Begleiter im Lager des Tataren Sartach in Bedrängnis gerieten.[117] Bei anderer Gelegenheit sprach der konvertierte Muslim dem Alkohol so stark zu, dass er zu einer Übersetzung der gesprochenen Worte nicht mehr in der Lage war. Stattdessen musste sich der Franziskaner des nestorianischen Dolmetschers des Großkhans Mangu bedienen. Im Laufe seines zweijährigen Aufenthaltes im Großreich der Tataren hatte Rubruk zwar selbst einige Kenntnisse des Tatarischen erworben, wie er in seinem Bericht anmerkt, doch reichten diese kaum, um theologische Diskussionen zu führen. Bei wichtigen Gesprächen griff der Franziskaner deshalb – wie schon erwähnt – auf den Sohn des Pariser Goldschmieds Guillaume Boucher zurück. Für den Großkhan Mangu wirkten zudem Armenier als Übersetzer. Angesichts seiner Erfahrungen mit den Problemen der sprachlichen Verständigung konnte Wilhelm denn auch nicht umhin, fünf Dominikanermissionaren, die in päpstlichem Auftrag zu Sartach reisten und die er auf seinem Rückweg in Ani, der alten Hauptstadt Großarmeniens traf, dringend von einer Weiterreise abzuraten. Die Predigerbrüder führten in ihrer Begleitung keinen Dolmetscher mit sich,

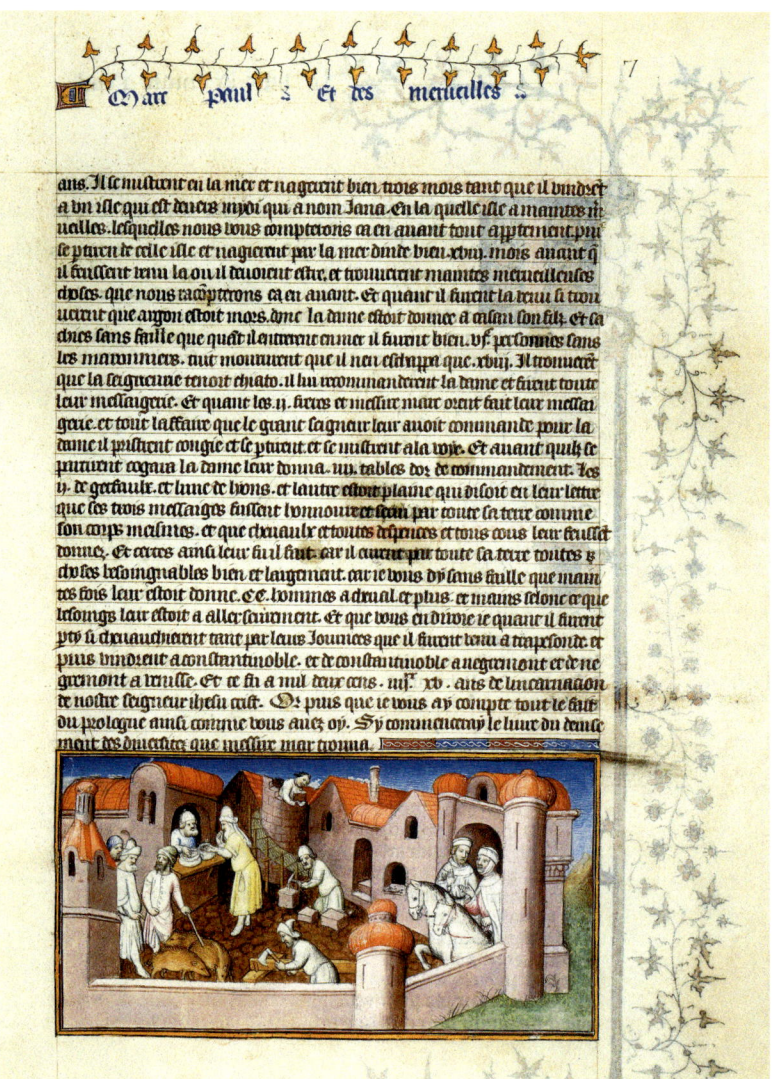

39 Die Polos treffen in einer Karawanserei in Westarmenien ein, in der reges Treiben herrscht. Die Darstellung aus dem frühen 15. Jahrhundert entstammt einer Ausgabe von Marco Polos berühmtem Reisebericht.

der das Tatarische verstand. Vielmehr sprach ihr Dragoman, der obendrein kränklich war, nur Türkisch und ein wenig Französisch. Angesichts solcher Erfahrungen verstärkten die Orden wie die päpstliche Kurie ihre Anstrengungen um die fremdsprachliche Ausbildung der Missionare. Im Jahre 1312 beschloss das Konzil von Vienne die Einführung von Lehrstühlen für orientalische Sprachen. Trotz aller Anstrengungen zum Aufbau eines systematischen Dolmetscherwesens blieben die Erfolge jedoch offenbar bescheiden.[118]

Im Gegensatz zu den Missionaren, die kompliziertere Botschaften überbringen mussten, kamen Reisende in höchst weltlichen Angelegenheiten aufgrund ihrer eigenen Sprachkenntnisse nicht selten ohne Dolmetscher aus. Niccolò Polo, der Vater Marco Polos, und sein Bruder Maffeo hatten dem berühmten Reisebericht zufolge das Tatarische so gut erlernt, dass der Großkhan sie gern um sich hatte.[119] Und auch Marco selbst scheint die fremde Sprache bald gut beherrscht zu haben.

Bleiben Hinweise auf eine gezielte Fremdsprachenausbildung in den Kreuzfahrerstaaten vage, so lassen sich ihre Spuren auf der Iberischen Halbinsel besser verfolgen. In Städten wie Toledo, in denen Christen jahrhundertelang unter islamischer Herrschaft gelebt hatten, war das Arabische zur Umgangssprache im Alltag geworden. Diese Christen, die sogenannten Mozaraber, hielten nach der Rückeroberung Toledos durch König Alfons VI. von Kastilien 1085 vorerst am Gebrauch der arabischen Sprache fest.[120] Auch die Juden bedienten sich wie allerorts in der islamischen Welt zur alltäglichen Kommunikation vor allem einer Form des Arabischen. Allerdings gaben sie im Schriftverkehr – wie beispielsweise Handelsverträge aus Toledo anschaulich zeigen – das Arabische oft mit hebräischen Schriftzeichen wieder, dem sogenannten Judeo-Arabisch.[121] Hebräisch blieb religiösen Schriften und dem Kult vorbehalten. Selbst wenn nach der christlichen Eroberung viele Muslime aus dem eroberten Toledo geflohen waren und König Alfons sich die frei gewordenen Güter zur Verteilung an seine Gefolgsleute aneignete, so war doch ein Teil der muslimischen Einwohnerschaft in der Stadt verblieben. Die Kapitulationsbedingungen waren moderat und gewährten allen religiösen wie ethnischen Gruppen den vollen Schutz des Königs. Durch den Zuzug von Christen aus dem Norden, die nicht mit der islamischen Herrschaft in Berührung gekommen waren, veränderte sich der Charakter der Stadt nur sehr zögerlich. Somit waren anders als in den Kreuzfahrerstaaten ideale Bedingungen gegeben, um dem übrigen Europa arabische Schriften in Übersetzungen zugänglich zu machen.

40 Blick auf die Alcántarabrücke, Brückenturm und die Festung Alcázar.

Sprachliche Verständigung in Grenzgesellschaften

Toledo war ein Hort der Wissenschaften.[122] Unter den Zeitgenossen kursierte ein geflügeltes Wort über die Stadt als Zentrum okkulter Lehren: „Wer die Dämonen studieren will, tut dies in Toledo", hieß es.[123] Doch in Toledo gab es mehr als Magie und Alchemie. Schon vor dem Jahre 1000 hatte sich kein Geringerer als Gerbert von Aurillac, der spätere Papst Sylvester II., nach Toledo begeben, um dort arabische Traktate zum Gebrauch des Astrolabiums ins Lateinische zu übertragen und die Verwendung der arabischen Zahlen zu studieren.[124] Die islamischen Herrscher hatten vom Hof in Córdoba zahllose Schriften zu Medizin, Astronomie und anderen Wissenschaften zusammentragen lassen, die die christlichen Eroberer offenbar in großen Teilen vorfanden. Unter diesen Rahmenbedingungen scheint es eine konsequente Folge, dass sich Toledo rund fünfzig Jahre nach seiner Rückeroberung zu einem Zentrum für Übersetzungen aus dem Arabischen aufschwingen sollte[125] – einem Zentrum, dessen Aktivitäten sich in ihrer Dimension mit keinem anderen im lateinischen Abendland des Mittelalters vergleichen lassen. Zwischen 1133 und 1142 übersetzte Johannes von Sevilla, bei dem es sich wahrscheinlich um einen Mozaraber handelte, verschiedene wissenschaftliche Schriften vom Arabischen ins Lateinische.[126] Er widmete seine Übersetzung des Werkes von Qusta ibn Luqa (820 – 912) mit dem Titel *Vom Unterschied zwischen Geist und Seele* dem Erzbischof Raymund von Toledo (1125 – 1152). Die Schrift behandelt das Problem der Beziehungen zwischen dem Pneuma zur Animation der Hauptfunktionen des menschlichen Körpers und der nicht-körperlichen Einheit, die die Seele darstellt. Das Thema war nicht nur für die Geistlichkeit interessant. Es beruhigte zugleich diejenigen Kleriker, die durch Übersetzungen aus dem Arabischen zunehmend physische Erklärungen für psychologische Phänomene befürchteten. Selbst wenn diese Widmung des Übersetzers die einzige bekannte für den Erzbischof bleiben sollte, so ist unstrittig, dass die Übersetzungsaktivitäten sich im unmittelbaren Umfeld der Kathedrale und ihres Kapitels abspielten und die Bischöfe fördernd darauf einwirkten. Hierfür finden sich zur gleichen Zeit vielerorts auf der Iberischen Halbinsel Belege. In Katalonien wirkt der Übersetzer Plato von Tivoli, ein Italiener, zwischen 1134 und 1145. In León findet sich mit Hermann von Karinthien ein Übersetzer aus dem slawischen Raum. Hugo von Santella widmete seine in Tarragona entstandenen Übersetzungen dem Bischof Michael (1119 – 1151). Dass Toledo in der Amtszeit Raymunds als Übersetzerzentrum aufzublühen begann, zeigen nicht zuletzt die Anstrengungen zur Übersetzung des Korans ins Lateinische. Petrus

Venerabilis, Abt des bedeutenden Klosters Cluny in Burgund, war im Jahre 1141 auf die Iberische Halbinsel gereist um cluniazensische Häuser zu visitieren. Dabei gelangte er auch nach Toledo. Am Ufer des Ebro traf er Hermann von Karinthien und einen anderen Übersetzer aus England, Robert von Chester. Sie waren gerade damit beschäftigt, ein Traktat zur Astrologie ins Lateinische zu übertragen. Gegen eine gute Bezahlung gelang es dem Abt von Cluny, die beiden für eine Übersetzung des Korans zu gewinnen. Unterstützt wurden sie dabei von dem Mozaraber Petrus von Toledo und einem Muslim namens Mohammed. Die Koordination des Projekts legte Petrus Venerabilis in die Hände seines Sekretärs Petrus von Poitiers. Raymund, der Erzbischof von Toledo höchstselbst, war Cluniazenser. Inwieweit seine Kontakte zum Abt des Mutterhauses für die Übersetzungsaktivitäten religiöser Schriften aus dem Arabischen von Bedeutung waren, lässt sich nicht ergründen. Ziel des Unternehmens war nicht nur, dem Westen die religiösen Grundlagen des Islam bekannt zu machen, sondern auch diese zu polemischen Zwecken verwenden zu können.

Während der Amtszeit von Raymunds Nachfolger, Johannes (1152– 1166), entfaltete sich Toledo als Übersetzungszentrum zu seiner vollen Blüte. Es war der Erzbischof selbst, der einem wohl jüdischen Übersetzer namens Avendeuth, *Avi David*, den Auftrag zur Übersetzung von Ibn Sinas Traktat *De anima* gab, bekannt unter dem Namen *Šita*. Immerhin belegt dies die Widmung an den Kirchenmann. Gleichzeitig verrät der Traktat einiges zur Technik des Übersetzens im 12. Jahrhundert und den damit verbundenen interkulturellen Kontext. Avi David arbeitete nicht allein. Ihm stand dem Prolog des Werkes zufolge ein Archidiakon namens Dominicus zur Seite. Bei diesem Dominicus handelt es sich aller Wahrscheinlichkeit nach um Domingo Gonzálvez, Archidiakon von Cuellar in der Diözese Segovia. Er wirkte als Schreiber an der Kathedrale von Toledo, wo er zwischen 1162 und 1178 zahlreiche Urkunden ausfertigte. Domingo selbst ist als Übersetzer weiterer philosophischer Werke bekannt, die er in Zusammenarbeit mit einem gewissen *Magister Juan* erstellte. Dieser Juan wirkte als einer der Lehrer an der Kathedralschule. Die Zugehörigkeit zu einem Domkapitel bedeutete für Wissenschaftler im lateinischen Mittelalter eine privilegierte Möglichkeit, sich bezahlt ihren Studien widmen zu können und zu lehren. Die dichte Präsenz von Übersetzern am Kapitel von Toledo zwischen 1150 und 1180 unterstreicht diesen Aspekt nachdrücklich. Für die Übersetzung wissenschaftlicher Texte war neben der Beherrschung der Sprache ein Verständnis für

41 Am 18. Februar 1229 schließt Kaiser Friedrich II. mit dem Sultan al-Kamil den Vertrag von Jaffa. Die italienische Miniatur aus dem 14. Jahrhundert zeigt den Stauferkaiser in angeregter Diskussion mit dem Sultan.

das jeweilige wissenschaftliche Fach an sich essentiell. Darüber hinaus lässt sich beobachten, dass die Übersetzer – wie bereits gesehen – häufig in einem Team arbeiteten. Juden, Araber oder Mozaraber – die „Muttersprachler" übersetzten den arabischen Text dabei häufig in ein Vulgärlatein, dass von dem zweiten Übersetzer in eine ausgefeilte lateinische Form übertragen wurde.[127]

Die massive Präsenz von Übersetzern in Toledo hat dabei den Eindruck entstehen lassen, dort existiere eine „Übersetzerschule". Tatsächlich finden sich aber für die Existenz einer solchen Institution keine Belege. Festzuhalten ist lediglich, dass die Übersetzungen ohne Ausnahme im sozialen Umfeld der Bischöfe und des Domkapitels entstanden und dass einige Übersetzer offenbar auch an der Kathedralschule lehrten. Unzweifelhaft ist auch, dass Toledo einen europaweiten Ruf als Übersetzungszentrum genoss und Intellektuelle aus allen Teilen des Abendlandes sich dort einfanden. Auffällig ist die starke Präsenz von Übersetzern aus England. Der Impuls für die Reisen von Engländern auf die Iberische Halbinsel scheint von dem konvertierten Muslim Petrus Alfonso ausgegangen zu sein, der um 1110 als Leibarzt König Heinrichs I. am englischen Hof wirkte. Neben dem bereits erwähnten Robert von Chester findet sich am Beginn des 13. Jahrhunderts auch der illustre Schotte

Michael Scotus in Toledo. 1215 begleitete er den Erzbischof von Toledo zum IV. Laterankonzil. Mit Hilfe eines Juden übersetzte Michael Scotus ein astronomisches Traktat des al-Bitruǧi ins Lateinische. Daneben nahm er sich wahrscheinlich noch in Toledo der Übersetzung des zoologischen Corpus des Aristoteles an. Unklar ist seine Rolle für Übersetzungen von Schriften des Ibn Rušd geblieben. Um 1220 verließ er Toledo und wirkte künftig am Hof Kaiser Friedrichs II., der ebenfalls für die Erschließung der Wissenschaften in orientalischen Sprachen bekannt ist.[128] Mit Daniel von Morley findet sich ein weiterer Engländer in Toledo. Er erlernte allerdings nicht das Arabische, sondern sammelte wissenschaftliche Bücher für seine englische Heimat. Offenbar folgte er auch dem Unterricht an der Kathedralschule. So erfahren wir aus seinem zeitgenössischen Bericht, dass kein Geringerer als Gerhard von Cremona dort ebenfalls lehrte, unterstützt von seinem mozarabischen Mitarbeiter Galib. Gerhard war um 1114 in Cremona in der Lombardei geboren. In seiner Heimat hatte er sich dem Studium der Philosophie gewidmet. Der Wunsch, den *Almagest* des Ptolemäus, der bei den Lateinern nicht existierte, kennenzulernen, bewegte ihn dazu, nach Toledo aufzubrechen.[129] Dort erkannte er rasch den Reichtum der arabischen Werke, der dem relativen Mangel lateinischer diametral gegenüberstand. Das Gros dieser lateinischen Werke war Gerhard bekannt. Diese Erkenntnis weckte in Gerhard das Interesse, Übersetzungen in großem Umfang in Angriff zu nehmen. Wann genau er aus seiner italienischen Heimat auf die Iberische Halbinsel kam, lässt sich nicht ergründen. Unter den Kanonikern der Kathedrale wird er erstmals 1157 erwähnt. Es ist jedoch nicht ausgeschlossen, dass er sich bereits früher in Toledo niederließ – vielleicht nach Abschluss seines Studiums im Jahre 1145. Bis er mit Übersetzungen von hoher Qualität hervortreten sollte, standen ihm Jahre des Lernens bevor, in denen er sich die arabische Sprache aneignete. Erst 1175 liegt mit seiner Übersetzung des *Almagest* das erste Werk vor, als dessen Übersetzer Gerhard eindeutig erkennbar wird. Nicht zuletzt die Sammlung unterschiedlicher Textversionen zur Rekonstruktion eines möglichst authentischen Textes war zeitraubend. In den Folgejahren übersetzte Gerhard in Zusammenarbeit mit Galib nicht weniger als 71 Werke aus unterschiedlichen Fachgebieten; darunter vor allem der Medizin. Neben diversen Texten des Galen machte er im Abendland die Hauptwerke des ar-Razi (Rhazes) und des Ibn Sina bekannt. Letzteres sollte unter dem Namen *Canon medicine* das durch Constantinus Africanus am Ende des 11. Jahrhunderts in Italien übersetzte Werk des Haly Abbas, den *Liber regius* oder *Liber pantegni*, in

42 Die Miniatur aus einem medizinischen Kompendium vom Beginn des 14. Jahrhunderts zeigt nach zeitgenössischer Vorstellung Constantinus Africanus beim Unterricht.

seiner Bedeutung für den medizinischen Unterricht ablösen. Darüber hinaus übersetzte Gerhard auch Werke, die auf der Iberischen Halbinsel entstanden waren. Das bekannteste von diesen ist die *Chirurgia* des az-Zahrawi, im Lateinischen Abulkasis genannt, aus Córdoba; daneben den Traktat zur *Materia medica* des einstigen Wesirs von Toledo Ibn Wafid. Gerhard blieb zeit seines Lebens in Toledo. Bis zu seinem Tod im Jahre 1187 widmete er sich unablässig den von ihm so geschätzten Übersetzungen. Über die Qualität seiner Übersetzungen streiten sich die Fachleute. Die möglichst getreue Beibehaltung des arabischen Stils führte in der Übersetzung bisweilen zu einem falschen, unverständlichen Latein.[130] In einer Eloge loben Gerhards *socii* jedoch sein Wirken.

Mit dem Ableben Gerhards rissen die Übersetzungsaktivitäten in Toledo nicht ab. Unter der Herrschaft des Erzbischofs Rodrigo Jiménez wurde eine neue Übersetzung des Korans in Angriff genommen. Marcus, ein mozarabischer Kanoniker an der Kathedrale von Toledo, wurde 1198 mit der Übersetzung beauftragt.[131] Doch die Übersetzung religiöser Werke rundete nur noch die voranschreitende christliche Suprematie über die Iberische Halbinsel nach dem Sieg von Las Navas de Tolosa im Jahre 1212 gegen die Almohaden ab. Marcus selbst widmete sich vor allem medizinischen Übersetzungen. Unter der Herrschaft Alfons' X., des Weisen (1221 – 1284), erlebten wissenschaftliche Übersetzungen eine weitere Blüte.[132] Zur Mitte des 13. Jahrhunderts übersetzte Hermann der Deutsche philosophische Werke des Aristoteles, des Ibn Sina (Avicenna) und des Ibn Rušd (Averroes). In dem Vorwort seiner dem Bischof von Burgos gewidmeten Übersetzung bedauert er, entgegen aller Gewohnheiten, keinen Mitarbeiter zur Arbeit an den schwierigen Texten gefunden zu haben. Nicht alle Namen derer, die im Laufe von zwei Jahrhunderten daran mitwirkten, das Wissen des Orients im mittelalterlichen Abendland zu verbreiten, sind heute überliefert. Das Übersetzungszentrum Toledo aber bleibt untrennbar mit dem Namen Gerhards von Cremona und seiner Übersetzung von Avicennas *Canon* verbunden.

Wagen wir nun einen kurzen, beispielhaften Ausblick auf die Verständigungsprobleme eines mittelalterlichen jüdischen und eines arabischen Reisenden. Im Jahre 1165 brach der Rabbiner Benjamin bar Yona aus dem spanischen Tudela zu einer siebenjährigen Reise auf, die ihn von der Iberischen Halbinsel über Italien, Griechenland und Byzanz in die Kreuzfahrerstaaten, nach Ägypten und schließlich bis zu den Grenzen des Zweistromlandes führte. Benjamin beherrschte neben dem Hebräischen und Arabischen sicher mindestens eine abendländische Sprache – eine Konstellation, die ihm das Reisen außerordentlich erleichterte. Allerorts auf seiner Route suchte er die lokalen jüdischen Gemeinden auf, von deren weit gespanntem Netz er profitierte. Nur ein einziges Mal ist in seinem Buch, dem *Sefer Ha-Massā'ot,* von Dolmetschern die Rede – bezeichnenderweise in Verbindung mit den Tataren, die er Kofaren nennt.[133] Diese seien mit den jüdischen Gemeinden im Hindukusch freundschaftlich verbunden. Sie verehrten den Wind, äßen kein Brot und tränken keinen Wein, sondern ernährten sich nur von rohem Fleisch. „Diese Menschen", so beschreibt Benjamin, „haben keine Nasen. Anstelle der Nase haben sie zwei kleine Löcher, durch die sie atmen."

Auch der arabische Reisende Ibn Battuta konnte für seine Reise, die ihn bis an die Grenzen der bekannten Welt führte, weitgehend auf Dolmetscher verzichten.[134] Im Jahre 1325 war er aus seiner marokkanischen Heimatstadt zur Pilgerfahrt nach Mekka aufgebrochen. Doch erst 24 Jahre später sollte er Tanger wiedersehen. Wie Benjamin von Tudela rund zweihundert Jahre vor ihm, erlaubten seine Kenntnisse des Arabischen Ibn Battuta ein weitgehend von Verständigungsproblemen freies Reisen bis weit in das Innere Asiens hinein, da auch er stets seine Glaubensgenossen aufsuchte. Einzig im Mongolenreich und auf Java berichtet auch Ibn Battuta, dass er gezwungen war, sich mit Hilfe von Dolmetschern zu verständigen. Die Aufgabe dieser Dolmetscher be-

43 Die zeitgenössische Miniatur zeigt einen Mönch beim Schachspiel mit einem Muslim. Das Spiel wirkt als Medium der Kommunikation.

stand jedoch vor allem in der Übersetzung von Alltäglichkeiten, nicht von komplizierten theologischen Sachverhalten.

Licht aus dem Orient. Aspekte interkulturellen Wissenstransfers

Im Zeitalter der Kreuzzüge in den Vorderen Orient erfüllte das Licht orientalischer Gelehrsamkeit das abendländische Wissensdunkel mehr als je zuvor. Diese Dunkelheit war über den Okzident hereingebrochen, als die Kenntnis der griechischen Sprache nach dem Zerfall des *Imperium Romanum* im 5. Jahrhundert in dessen germanischen Nachfolgereichen weitgehend verloren ging. Im östlichen Mittelmeerraum blieb das antike Erbe hingegen erhalten. Während des 6. und 7. Jahrhunderts übertrugen nestorianische Christen im ostpersischen Gondeschapur einen bedeutenden Teil der griechischsprachigen Wissenschaftsliteratur, besonders aus den Bereichen der Medizin und Logik, ins Altsyrische.[135] Zu dieser Zeit stand die altsyrische Sprache in ihrer höchsten Blüte. Zwischen der levantinischen Mittelmeerküste und dem Persischen Golf, Südpalästina und dem iranischen Hochland wurde sie von vielen Völkerschaften zur Kommunikation genutzt. Im Zuge der Islamisierung und der damit einhergehenden Arabisierung verlor das Altsyrische allmählich an Bedeutung.[136] Stattdessen setzte sich die arabische Sprache innerhalb des *dār al-islām* als Kultur- und Verkehrssprache durch. Auch nach der arabischen Eroberung blieb Gondeschapur das wichtigste Übersetzungszentrum für wissenschaftliche Texte. Juden, Christen und Angehörige anderer Religionen wirkten nunmehr an der Übertragung der syrischen Texte ins Arabische. In seiner Bedeutung wurde es schließlich von Damaskus und Bagdad überflügelt. In der Hauptstadt des abbasidischen Kalifen am Tigris wurden seit dem frühen 9. Jahrhundert griechische Werke direkt in die arabische Sprache übersetzt. Mit dem 10. Jahrhundert standen in der islamischen Welt sämtliche naturwissenschaftlichen Texte griechischen Ursprungs, die Europa erst viel später entdecken sollte, auf Arabisch zur Verfügung. Künftig fassten nicht nur arabische Gelehrte und solche aus den nicht-arabischen islamisierten Völkern ihre Schriften in arabischer Sprache ab, sondern auch jüdische und orientalisch-christliche. Die Verwendung des Altsyrischen und Hebräischen konzentrierte

44 Der griechische Arzt Pedanios Dioskurides (1. Jh. n. Chr.), in dieser arabischen Übersetzung seines Hauptwerkes zur Arzneimittelkunde aus dem 13. Jahrhundert in zeitgenössischen orientalischen Gewändern dargestellt, zeigt einem am Boden sitzenden Schüler eine Alraune. Die unter dem lateinischen Namen *De materia medica* bekannt gewordene Schrift nennt mehr als 1000 Arzneimittel pflanzlichen, tierischen und mineralischen Ursprungs. In zahlreiche Sprachen übersetzt, wurde die Lehre des Dioskurides erst im 18. Jahrhundert durch die botanische Nomenklatur des schwedischen Botanikers und Mediziners Carl von Linné (1707 – 1778) verdrängt.

sich vor allem auf den religiösen Bereich. Ein herausragendes Beispiel für den Umgang mit der arabischen wie der hebräischen Sprache zur Wissensvermittlung bietet das umfangreiche Werk des Rabbi Mošes ben Maimon, genannt auch Maimonides oder nach den hebräischen Anfangsbuchstaben RAMBAM (1136 – 1204).[137] Nicht nur zur Abfassung seiner medizinischen Traktate bediente er sich der arabischen Sprache. Auch sein philosophisches, dem Erbe der aristotelischen Schule verpflichtetes Hauptwerk unter dem Titel *Führer der Unschlüssigen* (arab.: *Ḍalālat al-ḥā'irīn*) entstand zunächst in Arabisch, bevor es durch den Arzt und Übersetzer Samuel ibn Tibbon (ca. 1165 – 1232) ins Hebräische übertragen wurde.[138] Und selbst seinen Mischnakommentar verfasste

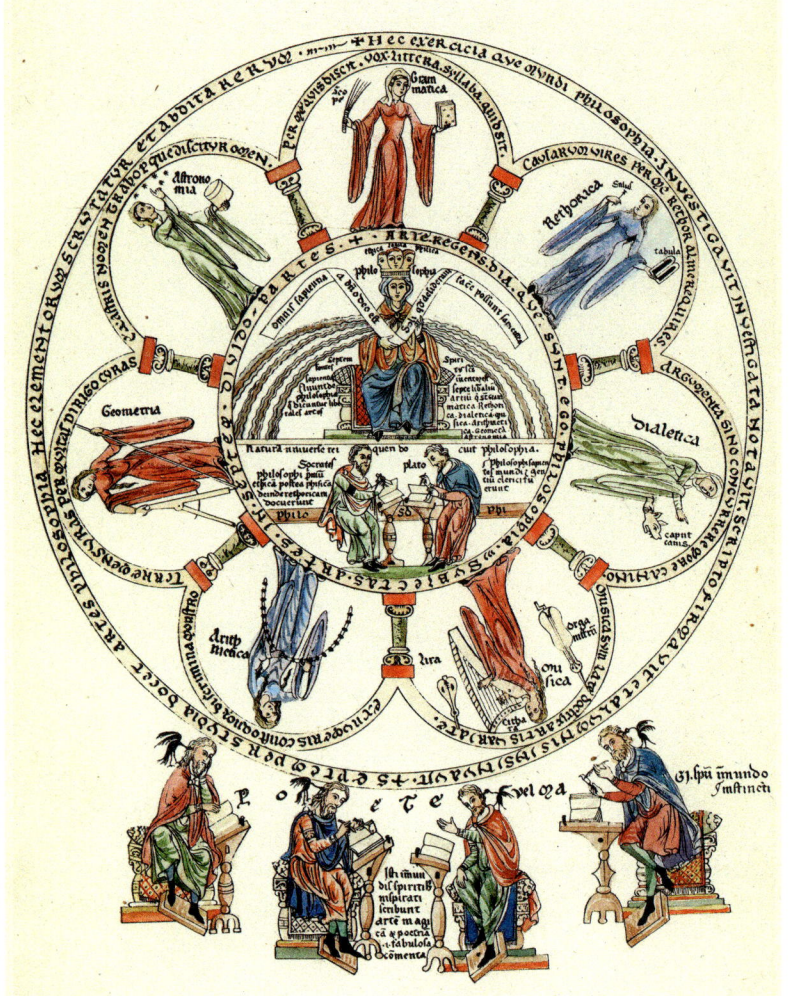

45 Umrisszeichnung von fol. 32 aus einer 1870 in der Bibliothek zu Straßburg verbrannten Handschrift des *Hortus Delicarum* der Äbtissin Herrad von Landsberg († 1195). Dargestellt sind die sieben freien Künste des Triviums mit der Grammatik, Rhetorik und Dialektik sowie des Quadriviums mit der Arithmetik, Geometrie, Astronomie und Musik.

Maimonides in arabischer Sprache. Für seine später entstandene religiöse Rechtskodifikation *Mišneh Torah* griff er auf das Hebräische zurück und verweigerte sich Bitten zu einer arabischen Übersetzung des Werkes. Stattdessen gemahnte er den jüdischen Kaufmann aus Bagdad, der sich mit der Bitte an den Gelehrten gewandt hatte, „den Wert der hebräischen Sprache" zu schätzen.[139] Diese nunmehrige Bevorzugung des Hebräischen vor dem Judeo-Arabischen durch Maimonides erscheint aber vor allem als Teil einer Entwicklung, in der es nötig geworden war, die Kenntnis der im Alltag zurückgedrängten hebräischen Sprache als Kommunikationsmedium zwischen Juden auch außerhalb der islamischen Welt zu pflegen. Ohnehin befruchtete die Behandlung der arabischen Grammatik als einer Wissenschaft im *dār al-islām* auch die intensive Beschäftigung jüdischer Gelehrter mit der hebräischen Grammatik.[140] Als Wissenschaftssprache blieb das Arabische auch weiterhin vorherrschend.

III. Begegnungen im Zeitalter der Kreuzzüge

Nicht von ungefähr hat es in Begriffen wie etwa Alchemie, Alkali, Algebra, Alembic (auch „Maurenkopf" genannter, oberer Teil eines Destilliergerätes), Azur, Elixier und Ziffer, Sternennamen wie Aldebaran, Altair und Beteigeuze oder in Bezeichnungen für Dinge aus der Alltagswelt wie Artischocke, Kaffee, Safran und Jasmin bis heute seine Spuren hinterlassen. Bereits der lateinische Wortschatz des Mittelalters erfuhr durch solche neuen Wörter eine Bereicherung.[141] Über die Iberische Halbinsel, Süditalien und schließlich die levantinischen Kreuzfahrerstaaten floss das antike Wissenserbe in arabischer Sprache – ergänzt um seine weitere Entwicklung durch orientalische Gelehrte verschiedener Konfessionen – zunächst wie ein schmales Rinnsal, dann wie ein breiter Strom in den lateinischen Herrschaftsraum Europas.

Diesen interkulturellen Wissenstransfer und die daraus hervorgehenden Entwicklungen mit ihren vielen Facetten darzustellen, bietet hinreichend Stoff für mehrere Bücher. Dies gilt selbst dann noch, würde man sich bei der Betrachtung auf die sogenannten *sieben freien Künste* (*septem artes liberales*) beschränken, die nach mittelalterlichem Verständnis *Wissenschaft* definierten. Der von römischer Kultur geprägte Cassiodor (um 490 – 580), Spross einer Familie von senatorischem Rang und Kanzler am Hof des ostgotischen Königs Theoderich des Großen († 526) in Ravenna, hatte dieses *artes*-Modell entwickelt. Jahrhundertelang bildete es die Grundlage wissenschaftlichen Wirkens im Abendland.[142] Die Künste sind in eine Dreier- (*Trivium*) und eine Vierergruppe (*Quadrivium*) unterteilt. Das *Trivium* umfasst solche Wissenschaften, die mit Sprache in Verbindung stehen: Rhetorik, Grammatik und Dialektik. Das *Quadrivium* besteht aus den Wissenschaften, die sich mit der Ordnung der Zahlen beschäftigen: Geometrie, Arithmetik, Astronomie und Musik. Die Medizin bekleidete eine Sonderrolle. Sie wurde in späteren Ableitungen des *Artes*-Modells nur gelegentlich den Künsten zugerechnet. Der Enzyklopädist und Bischof Isidor von Sevilla (um 560 – 636) billigte der Medizin den Rang einer *secunda philosophia* zu. Als solche konnte sie nach seiner Auffassung nicht selbst zu den *septem artes liberales* gehören, da die Kenntnis der Medizin die aller anderen Künste voraussetze. Doch auch jenseits dieser von mittelalterlichen Zeitgenossen als *Wissenschaften* bestimmten Gebiete fand ein reicher Austausch zwischen Orient und Okzident statt, der abendländische Entwicklungen förderte, so beispielsweise in der Mechanik, der Metallbearbeitung oder der Kenntnis zur Papierherstellung.[143] Insbesondere auf Gebieten jenseits der *artes* waren die Auswirkungen des Wissenstransfers im abendländischen Alltag

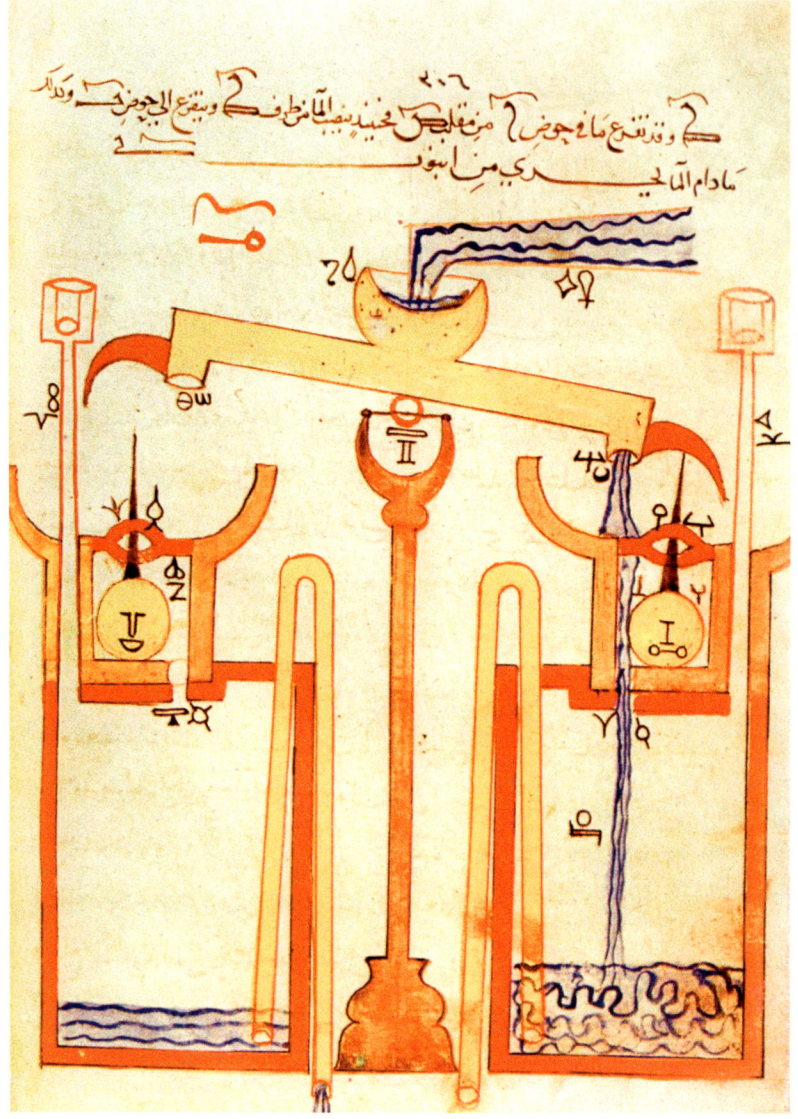

46 Ein Beispiel für die Feinheiten nahöstlicher Mechanik demonstriert die Darstellung dieses Kippmechanismus beim Einsatz dauernd tönender Flöten vom Beginn des 13. Jahrhunderts.

spürbar. Der orientalische Einfluss auf die Entwicklung der Musik beispielsweise hat auf der Iberischen Halbinsel zweifelsohne am nachhaltigsten gewirkt und selbst für das Ohr des Laien hörbare Klangspuren in der spanischen Folklore hinterlassen.[144] Notgedrungen kann sich unser Blick aber leider nur auf einige ausgewählte Aspekte dieses reichen interkulturellen Wissenstransfers konzentrieren, der anhand eines Beispiels näher ausgeführt wird. Für diese detailliertere Betrachtung bietet sich die Medizin in herausragender Weise an. Zum einen spielte heilkundliches theoretisches Wissen innerhalb des Gesamtrahmens der Wissensrezeption eine wichtige Rolle und weist – ganz im Sinne Isidors von Sevilla – zahlreiche Schnittstellen zu den *artes* auf. Zum anderen zeigten sich die

47 Ein Muslim und ein Christ beim Lautenspiel. Die Miniatur aus den *Cantigas* König Alfons' X., des Weisen (1221 – 1284), veranschaulicht den orientalischen Einfluss auf die Entwicklung der Musik auf der Iberischen Halbinsel.

Einflüsse medizinischen Wissenstransfers außerhalb gelehrter Kreise oder bestimmter Personengruppen in ungleich stärkerem Maße als etwa im Falle der Dialektik oder der Rhetorik. Die großen Auswirkungen auf das abendländische Geistesleben, die die Erschließung der durch die islamische Welt vermittelten Werke des Aristoteles und der dazugehörigen Kommentare des Ibn Rušd (Averroes, 1126 – 1198) zeitigte, werden deshalb hier nicht weiter verfolgt. Die Darstellung der Aristotelesrezeption im Abendland bedarf ohnedies eines viel größeren Rahmens als ihn dieser Band zu bieten vermag.

Höchst bedeutsam für die Entwicklung des mittelalterlichen Europa war auch die orientalische Wissensvermittlung auf dem Gebiet der Mathematik.[145] In diesem Fall entstammten die arabischen Kenntnisse jedoch nicht dem antiken griechischen Wissensschatz. Während die Griechen sich vor allem mit der Geometrie beschäftigt hatten, widmeten sich indische Gelehrte besonders der Arithmetik und der Algebra. Die indischen Mathematiker hatten ein dezimales Stellenwertsystem entworfen, in dem die Stelle stets den Wert einer Ziffer anzeigt. Je nach ihrem Stellenplatz in diesem System kann jede der neun Ziffern die Anzahl der Einer, Zehner, Hunderter oder Tausender und so weiter repräsentieren. Mit anderen Worten: Bei der Zahl 9876 steht die 9 für die Anzahl der Tausender, die 8 für die der Hunderter, die 7 für die der Zehner und die 6 für die der Einer. Die Inder verwendeten bereits die Null. Selbst kom-

48 Blick in die Stube eines spätmittelalterlichen Gelehrten. Die Buchmalerei aus der im 14. Jahrhundert verfassten *Gesta abbatum monasterii S. Albani* zeigt den englischen Astronomen, Mathematiker und Mechaniker Richard von Wallingford (1292 – 1336), den Abt von St. Albans, bei seinen wissenschaftlichen Studien.

plexere Rechenvorgänge wie das Ziehen von Quadrat- und Kubikwurzeln, Bruch- oder Zinsrechnungen sowie weitere Operationen waren auf dieser Grundlage unproblematisch möglich. Der am Hof des Kalifen in Bagdad wirkende Mathematiker und Astronom Mohammed ibn Musa al-Khwarizmi (gest. um 840) beschrieb das indische System in seinem Werk zum symbolischen Rechnen erstmals in arabischer Sprache.[146] Darin betonte er, seine Abhandlung darauf beschränkt zu haben, „was das Leichteste und Nützlichste in der Arithmetik ist, was die Menschen täglich brauchen bei Erbschaften, Legaten, Prozessen, beim Handeln und bei allen Geschäften, die sie miteinander machen".[147] Die latinisierte Bezeichnung *Algorithmus* zeugt bis heute vom Wirken al-Khwarizmis. Die Araber entwickelten die indischen Zahlzeichen weiter und trugen diese Mathematik, die den Griechen unbekannt geblieben war, im 10. Jahrhundert ins Abendland.[148] Dort benutzte man zu dieser Zeit noch das römische Zahlensystem. Additionen und Subtraktionen waren darin noch recht einfach möglich. Darüber hinausgehende Rechenmanöver erforderten jedoch den Einsatz von Mathematikern. Selbst so elementare Operationen wie Multiplikationen und Divisionen waren sehr schwierig. Der weit verbreitete *Abacus*, ein Rechenbrett mit auf Fäden gereihten, beweglichen Steinen, bot keine Hilfe.[149] Gerade in Handel und Wirtschaft war das Rechnen mit römischen Zahlen also denkbar unpraktisch. Das älteste Schriftzeugnis, das den Gebrauch der arabischen Zahlzeichen im lateinischen Herrschaftsraum belegt, stammt aus dem Jahre 976 und entstand auf der Iberischen Halbinsel.[150] Etwa um die gleiche Zeit muss auch Gerbert von Aurillac (um 950 – 1003), der spätere Papst Sylvester II., in der spanischen Grenzmark mit den arabischen Zahlen in Berührung gekommen sein.[151] Und obwohl er die neuen Erkenntnisse in einen weiterentwickelten Gebrauch des Abakus umsetzte, ließ er die Stellen ohne Wert einfach leer. Die Null, die für das Rechnen im Stellenwertsystem unentbehrlich ist, benutzte er nicht. Ein echter Fortschritt war damit noch nicht gegeben und es sollte noch mehr als zwei Jahrhunderte dauern, bis die arabischen Zahlzeichen in Europa weithin bekannt wurden. Al-Khwarizmis Werk war im 12. Jahrhundert durch Adelard von Bath (ca. 1090 – 1160) übersetzt worden, der es während seiner Aufenthalte im Vorderen Orient oder in Süditalien kennengelernt hatte.[152] Der jüdische Gelehrte Abraham ibn Ezra († 1167) verfasste auf der Iberischen Halbinsel eine ausführliche Abhandlung über das arabische Zahlensystem und die Verwendung der Null.[153] Der als Übersetzer im spanischen Toledo so produktive Gerhard von Cremona (um 1114 – 1187) fügte den Erklärungen ibn Ezras weitere hinzu. Doch nicht die Gelehrten verhalfen dem praktischen System zu seinem Durchbruch. Es war der Kaufmann Leonardo von Pisa, auch bekannt als Leonardo Fibonacci (um 1170–1245), durch dessen Vermittlung das neue Zahlensystem schließlich auch außerhalb gelehrter Kreise breite Verwendung fand.[154] Leonardos Vater war die Übernahme einer pisanischen Handelsniederlassung, eines *funduq*, in Bejaïa im heutigen Algerien übertragen worden. Dort pflegten die italienischen Kaufleute regen Austausch mit muslimischen Händlern und lernten so deren Rechensystem kennen. Im Jahre 1202 schrieb Leonardo Fibonacci sein Wissen um die arabischen Zahlen in einer theoretischen Abhandlung mit dem Titel *Liber abaci* nieder. Witterte man hinter dem Rechnen mit den Zahlen der „ungläubigen" Muslime zunächst Teufelswerk und sträubte sich gegen deren Gebrauch, so setzten sich in der Folge doch die praktischen Erwägungen durch. Die Verwendung des indisch-arabischen Zahlensystems wurde in Europa zur Selbstverständlichkeit. Als analoges Rechengerät konnte eine weitere Errungenschaft aus der islamischen Welt dienen, die wie vieles aus dem Wissensschatz der griechischen Antike stammte und die für die Astronomie unentbehrlich war – das Astrolabium.[155]

Die Entwicklung des Astrolabiums, was wörtlich übersetzt so viel wie „Stern-Nehmer" bedeutet, wird manchen Quellen zufolge mit Eratosthenes (um 250 v. Chr.), nach anderen mit Hypatia von Alexandria (4./5. Jh. v. Chr.) in Verbindung gebracht. Mit seiner Hilfe erstellten die Astronomen, Geographen und Mathematiker Hipparchos von Nikäa (um 190 v. Chr.) und der berühmte Claudius Ptolemäus (um 100 – 170 n. Chr.) ihre Sternenkataloge. Das im Mittelalter gebräuchliche, scheibenförmige Astrolabium geht angeblich auf Hipparchos zurück und wurde von arabischen Astronomen weiterentwickelt.[156] Die Hauptfunktion des Instru-

III. Begegnungen im Zeitalter der Kreuzzüge

ments besteht in der Messung der Höhe von Gestirnen über dem Horizont.[157] Dabei erlaubt die Messung der Kulminationshöhe bekannter Fixsterne wie etwa des Polarsterns die Berechnung der geographischen Breite. Die geographische Länge lässt sich auf dieser Grundlage ebenfalls bestimmen, wenn die Uhrzeit bekannt ist. Somit war das Messgerät zur Winkelmessung am Himmel nicht nur für gelehrte Astronomen nützlich. Vielmehr brachte es für die Seefahrt eine wichtige Navigationshilfe, die sich in Europa allerdings erst ab dem 15. Jahrhundert wirklich durchzusetzen vermochte. Der Philosoph Petrus Abaelard (1079 – 1142) war von dem Instrument derart beeindruckt, dass er seinem Sohn den Namen Astrolabius gab.[158]

49 Die Benutzung eines scheibenförmigen Astrolabiums durch einen mittelalterlichen Astronomen, dargestellt in einer Miniatur aus dem Psalter des französischen Königs Ludwig IX., des Heiligen (1226 – 1270). Zur Rechten und Linken des Gelehrten sind zwei Kleriker mit der Berechnung des Beobachteten beschäftigt.

Das Hauptwerk der Astronomie, bei dessen Entstehung das Astrolabium eine entscheidende Rolle gespielt hatte, war der sogenannte *Almagest* des Ptolemäus. Dieser umfasst 13 Bände, die das gesammelte astronomische Wissen der Antike beinhalten.[159] Die ersten zwei Bände sind dem geozentrischen Weltbild gewidmet und beschreiben die mathematischen Voraussetzungen zur Durchführung astronomischer Berechnungen. Die Bahnen von Sonne und Mond sowie Sonnen- und Mondfinsternisse sind Gegenstand der Bände drei bis sechs. Bei dem siebten Band handelt es sich um den Sternenkatalog, dessen Grundlage die Einteilung in Sternbilder darstellt. Insgesamt nennt der Katalog 1022 Sterne, die den 12 Tierkreisen am Sternenhimmel, den 21 nördlichen und den 15 südlichen Sternbildern zugeordnet sind. Die übrigen Bände des *Almagest* widmen sich den Bahnen von Mond, Merkur, Venus, Sonne, Mars, Jupiter und Saturn sowie den Sphären der Fixsterne. Tabellen zeigten den Sternenhimmel in der Vergangenheit und sein wahrscheinliches Aussehen in der Zukunft. Jahrhundertelang blieb der *Almagest* in der islamischen Welt bewahrt, bevor auch er über die Vermittlung der Orientalen seinen Weg nach Europa finden sollte. Die Abendländer lernten die ptolemäische Astronomie nebst der dazugehörigen Trigonometrie durch Übersetzungen arabischer Werke kennen, darunter denen desselben al-Khwarizimi, der auch seinen Beitrag zur Kenntnis des indisch-arabischen Zahlensystems im Abendland geleistet hatte, des al-Battani († 929) oder des al-Farġani (9. Jh.).[160] Al-Biṭruği widmete sich im 12. Jahrhundert dem astronomischen Werk des Aristoteles. Doch wie seine Vorgänger im 10. Jahrhundert vermochte er den antiken Erkenntnissen keine großen Ergänzungen hinzuzufügen. Der größte Beitrag, den die Araber auf dem Gebiet der

50 Arabisches Astrolabium aus Valencia, 1086.

Aspekte interkulturellen Wissenstransfers

Mais qu'en dot le feu si qu'il ne puisse monter ou qui giete la piere c'est a force par autrui non mie par eaus meismes dont n'est çou selonc nature. Et pour çou dist li philosophes que les oeures de la nature sunt en .vi. manieres. Ce sont engeneration, corrumption, acroissement, diminution, alteration et muemens de l'un lieu en autre. Raison yment. Generations est cele oeure de nature par qui toutes cozes sont engenrees. Selonc chou que elle fait engenrer d'un oef .i. oisiel, chou ne seroit tout li mondes en samble se force de nature ne li faisoit. Ausi di jou des hommes et des autres chozes. Corruptions est telle cose de nature par quoi toutes chozes sont corrumpues et menees a son finnement. Car li mors des hommes et des autres cozes n'avient se pour çou non que ses humours qui le tienent en vie sont corrumpues en tel maniere que il n'ont plus de pouoir. Lors co vient il que cele coze viengne a sa fin, mais quant on l'ocist a force ce n'est mie corrumptions de nature. Acroissemens est cele oeure de nature qui fait croistre .i. petit enfant u autre choze de sa generation jusques a tant come il doit croistre, car toutes cozes sont abonnees dedens leur terme outre chou qu'elle ne puet pas croistre. Diminutions est cele oeure de nature ki fait amenuisier .i. homme u une autre choze. Et quant .i. hom est ales jusques a ses tons ans et qu'il est tant creus qu'il doit, lors redevient il a descroistre et a amenuisier sa force jusques a sa fin. Alterations est cele qui oeure de nature qui mue une choze en autre. Si come nous veons une figue u autre fruit qui n'est de colour verde

que nature mue cele coulour en autre et les fait noires u rouges u d'autre coulour. Muemens est cele oeure pour quoi nature fait muer le firmament, les estoiles, les iens, les iewes et maintes autres cozes d'un lieu en autre par eaus meismes. Ce sunt les oeures de nature la sout çou que li contes devise chi petit des'examplaires mais il souffist bien a lon entendeur par ces cozes ki par nature sunt. Et pour çou est choze pour nee a sauoir que nature est et que non. Mais chi se taist li contes a parler dou firmament et des estoiles et des cozes de sus. Et tournera a deviser la nature des cozes qui sont entiere mais il devisera les parties et les habitations de la tiere. Ci coumence li mapemonde.

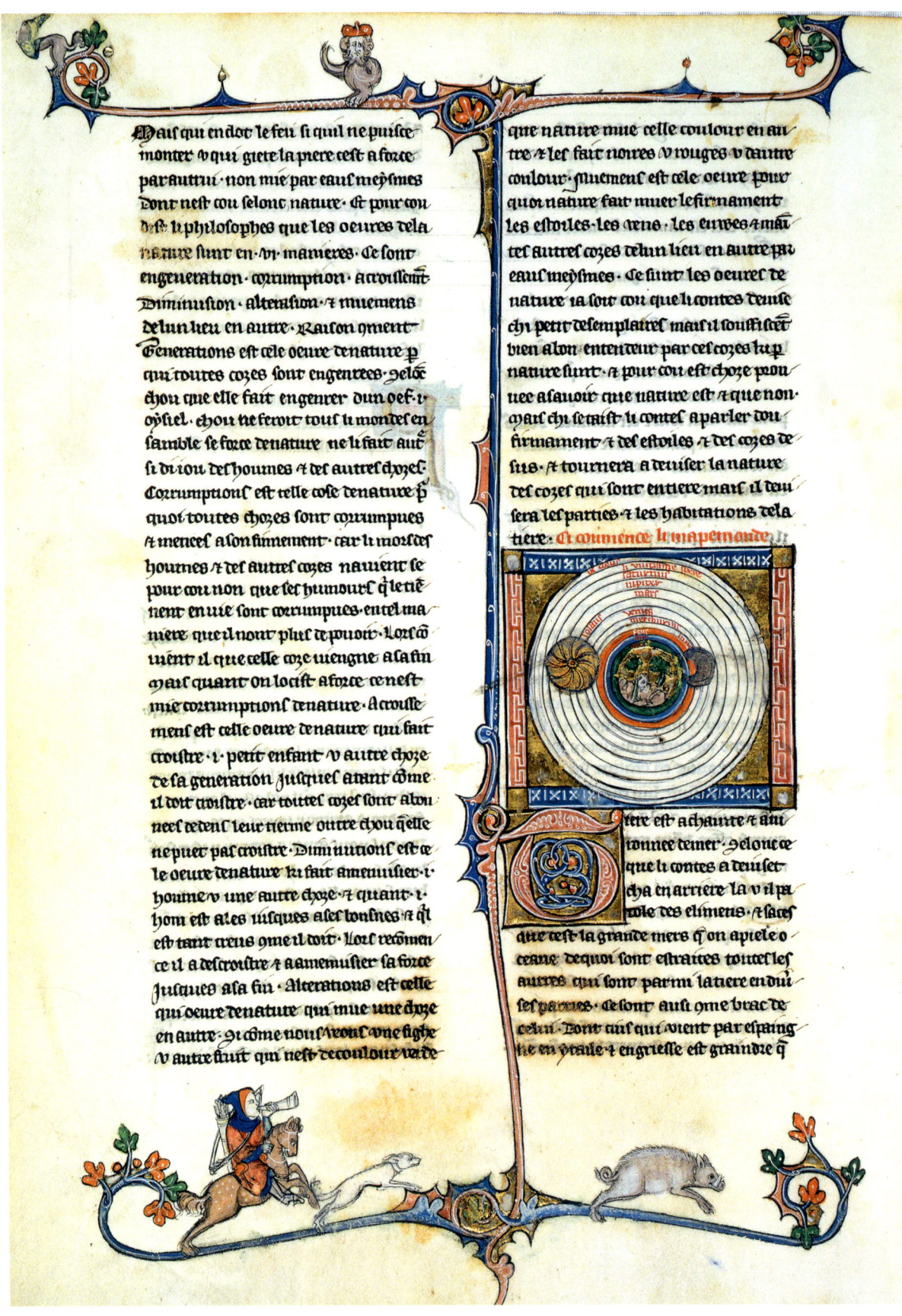

tiere est acainte et avironnee de mer. Selonc ce que li contes a devisé cha en arriere la u il parole des elimens et a ces dire c'est la grande mers c'on apiele oceane dequoi sont estraites toutes les autres qui sont parmi la tiere en diverses parties. Ce sont ausi comme brac de celui. Dont uns qui vient par espaigne en ytalie et engriesse est grandes q

51 (links) Darstellung des Planetensystems in den *Livres dou Trésor* (Schatzbüchern) des Brunetto Latini (um 1230–1294).

52 Die in Böhmen entstandene astrologische Bilderhandschrift aus dem 14. Jahrhundert zeigt zwölf heidnische Philosophen in orientalischer Gewandung mit ihren Sternenkonjunktionen.

Astronomie leisteten, liegt zweifelsohne in der Weiterentwicklung von Messinstrumenten wie dem Astrolabium; daneben aber auch in der Erstellung genauer astronomischer Tafeln, zu deren bekanntesten die sogenannten *Toledanischen Tafeln* des az-Zaqali († um 1087) zählen, die später durch die *Alfonsinischen Tafeln* König Alfons' X., des Weisen († 1284), ersetzt wurden. Zwischen der Astronomie und der Astrologie bestand während der mittelalterlichen Jahrhunderte noch nicht die heute übliche Trennung. Vielmehr galt die Astrologie als eine ernstzunehmende Wissenschaft. Für die Heilkunde spielte sie eine wichtige Rolle.[161] Das Zusammenwirken der vier Körpersäfte und deren Gleichgewicht war nach mittelalterlicher Auffassung direkt von astrologischen Einflüssen abhängig.[162] Der Blick in die Sterne war für Diagnose und Therapie unverzichtbar. Schon vor 1300 hatte der jüdische Gelehrte Profatius in Montpellier durch Übersetzungen arabischer Schriften die Bedeutung der Astrologie für die Heilkunde unterstrichen. An den Universitäten von Padua und Bologna zählte sie am Beginn des 14. Jahrhunderts gar zu den etablierten medizinischen Lehrfächern.

Im Zuge des hochmittelalterlichen Wissenstransfers gelangten nur wenige Jahre vor dem Beginn des ersten Kreuzzugs in den Nahen Osten auch heilkundliche Kenntnisse aus dem Orient in den Okzident.[163] Einen herausragenden Beitrag für die Vermittlung dieses medizinischen Wissens leistete der aus dem nordafrikanischen Karthago stammende Constantinus Africanus (ca. 1010 – 1087).[164] Constantinus, dessen arabischer Geburtsname heute unbekannt ist, unternahm als Drogen- und Kräuterhändler zahlreiche Reisen, auf denen er eine reiche Kenntnis orientalischer Heilmittel erwarb. Als er schließlich gezwungen war, seine Heimatstadt zu verlassen, wandte er sich nach Süditalien. Es ist nicht auszuschließen, dass er bereits vor dem Antritt seines Exils Kontakte nach dorthin unterhielt. Wenngleich italienische Kaufleute weitaus häufiger den Norden Afrikas aufsuchten als muslimische Händler die Häfen Italiens, so ist ihre Präsenz dort doch bezeugt.[165] Jedenfalls führte der Weg des Exilanten zunächst an die berühmte Medizinschule von Salerno und von dort zum Kloster auf dem Monte Cassino.[166] Ob Constantinus dort zum Christentum konvertierte oder bereits als Christ geboren wurde, ist in der Forschung nicht befriedigend geklärt. Abt Desiderius, der spätere Papst Viktor III., nahm den Nordafrikaner wahrscheinlich als Laienbruder des Klosters auf. Von Monte Cassino aus brach er zu einer dreijährigen Reise in den Orient auf, um medizinische Schriften in arabischer Sprache für die Schule von Salerno zu sammeln. Bei seinem Tod im Jahre 1087 waren alle Werke, die Constantinus für wichtig erachtet hatte, aus dem Arabischen ins Lateinische übersetzt worden. Unter den ersten Schriften, die in Übersetzung den abendländischen Heilkundigen zugänglich wurden, gehörten die Fieberlehre und der Traktat zur Urindiagnose des um 850 in Kairo geborenen jüdischen Arztes Isaak Judaeus;[167] darüber hinaus auch die unter dem Namen *Liber regius* oder *Liber pantegni* bekannte Abhandlung des Haly Abbas (Mitte 10. Jh.). Die abendländische Chirurgie erfuhr eine nachhaltige Beeinflussung durch die Übersetzung der Schriften des Abulkasis (gest. um 1010). Darin finden sich neben Anleitungen für operative Eingriffe detaillierte Beschrei-

53 Die arabische Buchmalerei aus dem 13. Jahrhundert zeigt einen Arzt bei der Zubereitung eines medizinischen Tranks.

bungen und Darstellungen chirurgischer Instrumente. Die Erweiterung medizinischen Wissens im Abendland durch Übersetzungen aus dem Arabischen war beträchtlich. Seinen glanzvollen Höhepunkt erreichte dieser Wissenstransfer, als durch die Übersetzung Gerhards von Cremona (1114 – 1187) die Schriften Ibn Sinas (Avicenna. 980 – 1037) in lateinischer Sprache zugänglich wurden.[168] Dieser sogenannte *Canon medicine* übertraf schon bald den *Liber regius* an Bedeutung. Auch die medizinischen Abhandlungen des Rhazes (865 – 925) übertrug Gerhard von Cremona ins Lateinische. Das 9. Buch dieses sogenannten *Liber ad Almonsorem* bildete in der Folge einen Teil des grundlegenden Prüfungsstoffs für Ärzte. Bis zum Ende des 12. Jahrhunderts wurden vor allem über Süditalien und die Iberische Halbinsel all jene Werke in Europa bekannt, die über Jahrhunderte hinweg im Rahmen der sogenannten *Articella* den Kern universitärer Lehrstoffe bilden sollten.

Orientalische Einflüsse auf die Entwicklung der Medizin im mittelalterlichen Europa blieben nicht allein auf die Vermittlung heilkundlicher Theorien beschränkt. Die erste abendländische Medizinalgesetzgebung, die Roger II. (1130 – 1154) noch vor der Mitte des 12. Jahrhunderts für sein Königreich Sizilien schuf, orientierte sich an Vorbildern aus der islamischen Welt. Fortan waren alle angehenden Heilkundigen verpflichtet, ihre Fertigkeiten im Rahmen einer Prüfung vor einem kundigen königlichen Gremium unter Beweis zu stellen. Wer ohne deren *licentia practicandi* sein Handwerk ausübte, wurde mit Kerkerhaft und dem Verlust seines gesamten Besitzes bestraft. Kaiser Friedrich II. (1198 – 1250) baute diese normativen Vorgaben im *Liber Augustalis* (III, 44 – 47) weiter aus.[169] In der neuen, umfassenden Ordnung wurden die Rahmenbedingungen der ärztlichen Ausbildung verbindlich festgelegt. Dem eigentlichen Medizinstudium ging zunächst ein dreijähriges Studium der Logik voran. Die anschließende heilkundliche Ausbildung dauerte mindestens weitere fünf Jahre. Am Ende der Studienzeit mussten sich die angehenden Ärzte einer Prüfung unterziehen. Vor ihrer Zulassung zum Examen waren die Zeugnisse der Lehrer vorzulegen. Die Chirurgie gehörte zwingend zum Lernstoff. Jeder, der sich auf diesem Gebiet spezialisieren wollte, musste entsprechende Kenntnisse der Materie nachweisen. Mit der kaiserlichen Ordnung wurde das ärztliche Aufgabenfeld unmissverständlich festgelegt. Die Zubereitung von Arzneimitteln gehörte künftig nicht mehr dazu. Es war Ärzten verboten, eigene Apotheken zu führen. Wohl aber sollten sie diese beaufsichtigen. Mit diesen Verfügungen vollzog sich die Trennung von Medizin und Pharmazie. Die praktische Anwendung der Prüfung ärztlicher Fähigkeiten zum Patientenschutz, die sich nach arabischen oder griechischen Vorbildern entwickelt hatte, ist durch zahlreiche Schriftzeugnisse aus späterer Zeit belegt. Vor ihrer Zerstörung im Zweiten Weltkrieg dokumentierten nicht weniger als 3600 Lizenzen aus der Zeit zwischen 1273 und 1345 die rege Prüfungstätigkeit in der Region um Neapel.[170] Auch auf der Iberischen Halbinsel mussten Heilkundige ihr Können vor erfahrenen Prüfern unter Beweis stellen. So verweigerten die Prüfer im Jahre 1334 einem Prüfling namens Jucine Lama im spanischen Valencia die *licentia practicandi,* weil er „nur Unsinn und Eseleien auf die ihm gestellten Fragen von sich gab und für inkompetent befunden wurde".[171] Genauso erging es zur Mitte des 15. Jahrhunderts dem jüdischen Heilkundigen Rabbi Salomon Abenbila, dem sein Prüfer Gonzalo Díaz aufgrund festgestellter Unfähigkeit die augenblickliche Einstellung aller medizinischen Betätigung verordnete. Dabei wirkten völlig selbstverständlich sowohl auf der Iberischen Halbinsel wie im Königreich Sizilien neben christlichen auch jüdische Heilkundige als Prüfer (*protomedicus; alcalde e examinador major*). In Aragón führen die *Cortes* von Monzón aus dem Jahre 1363 allerdings aus, dass jüdische und sarazenische Ärzte

54 Buchmalerei aus dem *Electorium Magnum* des französischen Arztes und Kanonikers Thomas Le Myèsier († 1336). *Sapientia*, die Weisheit, reitet auf ihrem Pferd an einem Juden, einem Christen, einem Muslim und einem Heiden vorbei.

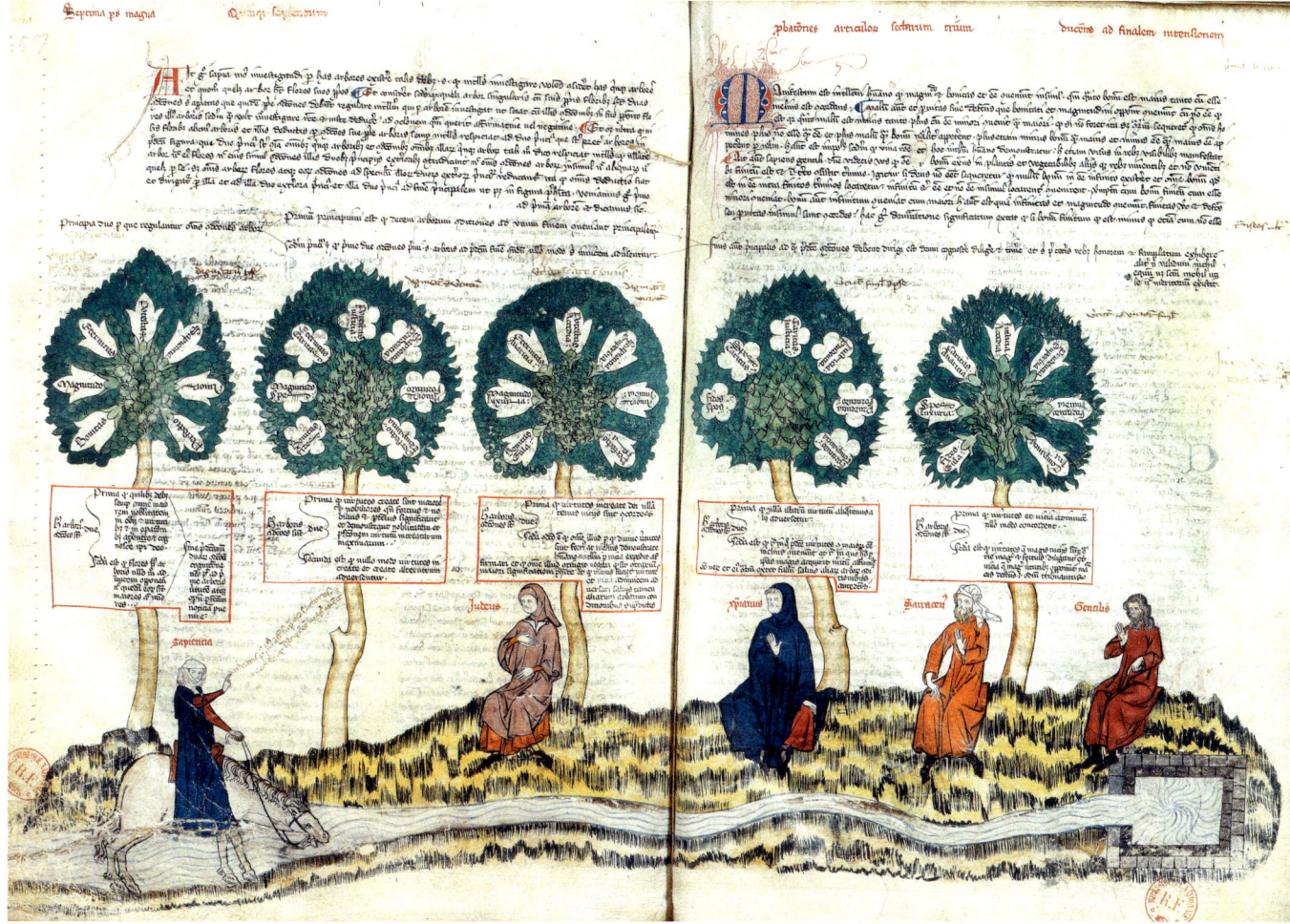

von Glaubensgenossen zu prüfen seien, sofern sich solche fänden. War dies nicht der Fall, sollte der Prüfling von zwei christlichen Ärzten examiniert werden. Mindestens ein christlicher Heilkundiger sollte ohnehin zugegen sein, wenn Juden oder Muslime geprüft wurden.[172]

Auch in den Gesetzen des Lateinischen Königreichs Jerusalem fanden Bestimmungen über die Aufgaben von Heilkundigen und den Schutz der ihnen anvertrauten Patienten Niederschlag.[173] Ärzten, deren unsachgemäße Behandlung einem Kranken gesundheitlichen Schaden zugefügt hatte, drohten harte Strafen. Das Auftreten der Lepra oder dessen, was die Zeitgenossen als solche wahrnahmen, führte darüber hinaus in den Kreuzfahrerstaaten zu einer eigenen Gesetzgebung. Diese unterschied sich in manchen Punkten von der im Abendland üblichen Norm.[174] Dem 42. Kapitel des sogenannten *Livre au Roi* zufolge, des ältesten, an der Wende des 12. zum 13. Jahrhunderts entstandenen Rechtskodex in *Outremer*, musste jeder an der Lepra erkrankte Lehensmann sich dem Or-

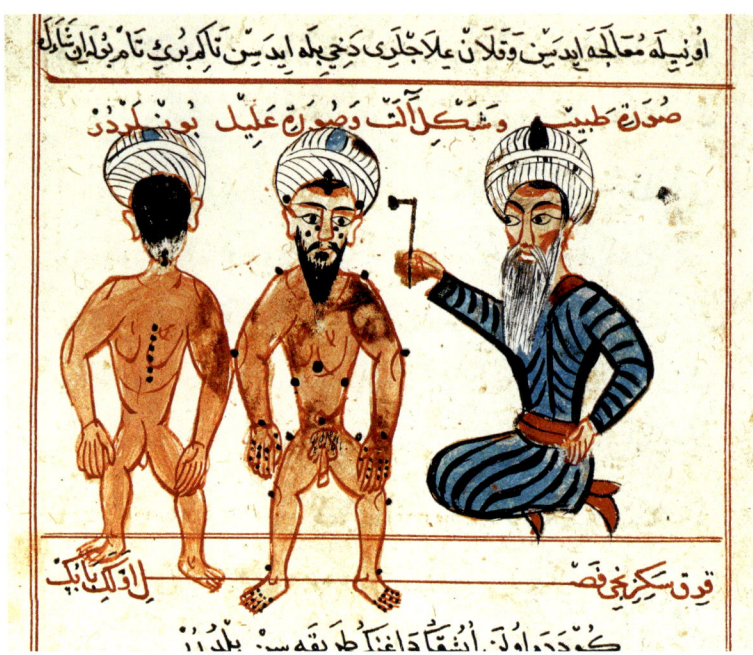

55 Ein Arzt brennt die Leprome auf der Haut eines Leprakranken aus. Durch die Gefühllosigkeit der von der Krankheit befallenen Hautstellen spürte der Kranke im Idealfall wenig von der Behandlung mit dem glühenden Eisen. Das Leiden vermochte diese Therapie jedenfalls nicht zu kurieren. Die Lepra war mit den im Mittelalter bekannten Arzneien unheilbar.

den des Heiligen Lazarus anschließen.[175] Den Lazaritern fiel mit dieser Bestimmung theoretisch das Aufnahmemonopol für Leprakranke aus der obersten Schicht der Kreuzfahrergesellschaft zu. Der Orden des Heiligen Lazarus war in vielerlei Hinsicht außergewöhnlich. Seit den 1140er Jahren hatte er sich aus der Leprosenbruderschaft des Jerusalemer Leprosoriums entwickelt.[176] Die Gemeinschaft besaß schon in der zweiten Hälfte des 12. Jahrhunderts Niederlassungen in weiten Teilen Europas. Zumindest in einigen ihrer Häuser nahm sie sich wie im Heiligen Land der Versorgung Leprakranker an. Diese bekleideten in der Gemeinschaft, die sich aus Gesunden wie Kranken zusammensetzte, die höchsten Ämter in der Ordenshierarchie. Gemäß den Statuten war auch der oberste Meister des Ordens stets ein Leprakranker. Erst nachdem der leprakranke Meister in der Schlacht getötet worden war und sich in den Komtureien der Levante kein geeigneter Nachfolger mehr fand, ersuchte die Gemeinschaft den Papst im Jahre 1253 um eine Änderung dieser Bestimmung. Durch die im *Livre au Roi* normierte Aufnahme von Angehörigen des Ritterstandes, die trotz ihrer Erkrankung noch eine Zeitlang waffenfähig blieben, wurde die institutionelle Wandlung des Ordens in einen hospitalischen und zugleich militärischen Orden vorangetrieben. Verstärkt wurde diese Tendenz insbesondere durch den Eintritt leprakranker Brüder der Ritterorden in das Leprosorium.[177] Dies gilt vor allem mit Hinblick auf die Templer, die seit jeher gute Beziehungen zum Lazarusorden pflegten. Sie legten ihren leprakranken Brüdern in den Bestimmungen ihrer Regel den Übertritt zu den Lazaritern nahe.[178] Mit der sogenannten Katalanischen Regel war dieser Ordenswechsel in den 1260er Jahren für leprakranke Templer obligatorisch geworden.[179]

Die bereits angesprochene Leprosengesetzgebung des *Livre au Roi* enthält nicht nur Bestimmungen für die Absonderung des erkrankten Vasallen, sondern regelt zudem die weiteren Geschicke von dessen Lehen. Und auch für die Ehefrau hatte die Erkrankung ihres Mannes tiefgreifende Konsequenzen. Nachdem die Lepra zeitgenössischen Vorstellungen zufolge besonders auf sexuellem Wege übertragen wurde, wollten die Gesetzgeber einer Ausbreitung der Krankheit offenbar vorbeugen. Die Gattin des Erkrankten sollte sich für den Rest ihres Lebens in einen Frauenkonvent begeben. Ob derartige Normen im Alltag stets umgesetzt wurden, ist fraglich. Immerhin gelang es mitunter sogar den Kranken selbst, sich dem Recht zu entziehen. Darüber hinaus hielten sich prophylaktische Effekte schon deshalb in Grenzen, weil die Gesetze des *Livre au Roi* nur für einen Teil der Kreuzfahrergesellschaft galten. Für die Mehrheit der Bevölkerung existierten andere leprosenrechtliche Bestimmungen. Diese wurden um das Jahr 1240 – also rund 50 Jahre nach Entstehung des *Livre au Roi* – im sogenannten *Livre des Assises des Bourgeois* – festgeschrieben.[180] Die *burgenses* – diejenigen Bewohner der Kreuzfahrerstaaten, die nicht dem Ritterstand angehörten – durften demzufolge die Ehe mit einem leprakranken Partner durch die Kirche auflösen lassen und sich erneut verheiraten. Einschränkend wird festgestellt, dass jeder Lepraverdacht zunächst geprüft werden solle, bevor eine Scheidung ausgesprochen werden könne. Für eine Probezeit von bis zu einem Monat mussten sich lepraverdächtige Frauen unter die Aufsicht dreier Ordensschwestern oder eines Spitals begeben. Die gleichen Bestimmungen galten entsprechend abgewandelt auch für Männer. Sofern sich während der Probezeit eine Bestätigung des Verdachts ergab, sollten die Kranken sich der geistlichen Gemeinschaft einer Fürsorgeeinrichtung anschließen. Im Dunkeln blieb das Schicksal leprakranker Sklaven.[181] Erkrankten ein Sklave oder eine Sklavin innerhalb eines Jahres nach dem Kauf an der Lepra, war der Käufer zur Rückgabe an den Verkäufer berechtigt. Die Ausführlichkeit, mit der sich die Gesetzestexte der levantinischen Kreuzfahrerstaaten der nach zeitspezifischer Wahrnehmung als Lepra aufgefassten Krankheit widmen, weist auf ihre vergleichsweise weite Verbreitung in den Kreuzfahrerstaaten hin. Sie suchte auch einen der Könige von Jerusalem heim. Der Chronist und Erzbischof Wilhelm von Tyrus beschreibt in grausamer Plastizität die Entwicklung der Krankheit bei seinem einstigen Zögling König Balduin IV. († 1186).[182] Im Alter von nur 23 Jahren erlag dieser nach langem Siechtum den Folgen seines Leidens. Auch die besten Ärzte am Hof seines Vaters Amalrich I. († 1174) hatten ihm nicht zu helfen vermocht.

Die Betrachtung auf die Heilkundigen, die in den Kreuzfahrerstaaten wirkten, veranschaulicht den Austausch zwischen Orient und Okzident in der alltäglichen Praxis.[183] Einer von ihnen war ein arabischer Christ namens Abu Sulayman Dawud. Geboren in Jerusalem, wirkte er zunächst im fatimidischen Ägypten. Dort eignete er sich reiche medizinische Kenntnisse an. Nachdem er in den späten 1160er Jahren in das Lateinische Königreich Jerusalem zurückgekehrt war, trat er in den Dienst Amalrichs. Am Hof des Sultans Saladin wirkte um die gleiche Zeit der eingangs bereits erwähnte jüdische Religionsphilosoph und Arzt Rabbi Moses ben Maimon (Maimonides). Er hatte mit seiner Familie das heimische Córdoba verlassen, als die glaubensstrengen Almohaden zur Mitte des 12. Jahrhunderts die Macht übernahmen und bedingt durch ihre Rechtsauslegung Andersgläubigen den traditionellen ḏimmī-Schutz entzogen.[184] Nachdem er seine Jugend in Fez verbracht hatte, zog Maimonides um 1165 weiter in Richtung auf das von den Kreuzfahrern beherrschte Heilige Land. Schließlich ließ er sich in Ägypten nieder, zunächst in Alexandria, danach in Fustat nahe Kairo. Im Jahre 1174 wurde er Vorsteher der jüdischen Gemeinde von Kairo (ra'īs al-Jahūd). Seit 1170 wirkte er bereits als Leibarzt eines Wesirs des Saladin, später als Hofarzt von Saladins Sohn. Es war die finanzielle Notwendigkeit, die Maimonides zur Aufnahme praktischer ärztlicher Tätigkeit zwang. Sein Bruder David, der als Fernhändler tätig war, hatte bis dahin durch den lukrativen Handel mit Waren aus Indien den Lebensunterhalt der Familie gesichert. Doch der Weg nach Ostasien war weit und gefährlich. Auf einer seiner Reisen ertrank David im Indischen Ozean.

Abendländische wie orientalische Quellen berichten immer wieder vom Wirken Heilkundiger in den Kreuzfahrerstaaten der Levante und werfen so ein Schlaglicht auf die medizinische Praxis.[185] Die kriegerischen Auseinandersetzungen zwischen Muslimen und Kreuzfahrern forderten regelmäßig ihre Verwundeten und Opfer. Am ausführlichsten berichten die lateinischen Chroniken naturgemäß von den Befindlichkeiten der Herrscher. So auch von der lebensgefährlichen Verletzung König Balduins I.: Dieser war im Sommer 1103 leichtsinnigerweise ohne Panzer und Schild zu einem Jagdausflug ausgeritten.[186] Plötzlich wurde er von Feinden überrascht. Ein Wurfgeschoss, das einer der Angreifer aus dem Hinterhalt schleuderte, durchbohrte den Körper des Königs und drang tief in ihn ein. Balduin verlor viel Blut. Bewusstlos stürzte er vom Pferd. Die Angreifer hielten ihn für tot und ließen ihn liegen. Doch seine Getreuen fanden den schwer verwundeten Herrscher noch rechtzeitig. In einer Sänfte wurde er nach Jerusalem zurückgebracht. Dort konsultierte man die Heilkundigen des Hofes. Dem Bericht des Chronisten Guibert von Nogent zufolge hatte Balduins Leibarzt sofort erkannt, dass die Tiefe der Verletzung ein Problem für die Behandlung darstellte. Ein äußerer

Verband schien ihm gefährlich, da die Wunde nur oberflächlich verheile, während sich im Inneren eine Entzündung ausbreite. In dieser Situation eröffnete der namentlich nicht genannte Arzt dem König einen außergewöhnlichen Plan. Er schlug Balduin vor, einen gefangenen Muslim in gleicher Weise verwunden und anschließend töten zu lassen. Von der Untersuchung des toten Körpers erwartete er sich näheren Aufschluss über die Verletzung des Königs und Möglichkeiten ihrer Behandlung. Balduin aber weigerte sich dem anekdotischen Bericht zufolge, solch eine Schuld auf sich zu laden. Angesichts der königlichen Weigerung wartete der Heilkundige mit einem anderen Vorschlag auf. Anstelle des Gefangenen erbat er des Königs Tanzbären für sein Experiment. Wenn der Bär hochaufgerichtet seine Tatzen hebe, solle er mit einem Eisen verwundet und getötet werden. Anschließend wollte der Arzt die Eingeweide des Tieres untersuchen. Balduin stimmte dem Vorschlag zu. Der symboldurchtränkte Bericht ist zweifelsohne in seinen Details äußerst fragwürdig. Ungeachtet dessen zeigt er jedoch, welcher Maßnahmen man sich zu dieser Zeit für den medizinischen Erkenntnisgewinn bediente. Anatomische Sektionen an Bären sind zumindest für das Königreich Sizilien überliefert.[187] Balduin erholte sich von seiner schweren Verletzung. Doch die Genesung nahm Monate in Anspruch. Die Spätfolgen der Wunde plagten den König zeitlebens und führten möglicherweise auch zum Tod Balduins am 2. April 1118 auf dem Rückmarsch von Ägypten bei Al-Arish.

Dass an den Höfen der fränkischen Könige von Jerusalem besonders viele orientalische Heilkundige wirkten, bestätigt nicht zuletzt der Bericht des Wilhelm von Tyrus. Dieser klagte darüber, dass König Amalrich vor allem griechische, koptische und syrische Heilkundige sowie Ärzte aus den christlich-orientalischen Völkerschaften mit ihren Künsten dienten.[188] Unvorsichtigerweise würden sich die Könige unter dem Einfluss ihrer zumeist aus dem Orient stammenden Frauen sogar jüdischen und sarazenischen Ärzten anvertrauen, rügte der Erzbischof. Die Kirche versuchte auf normativem Weg immer wieder zu verhindern, dass sich christliche Kranke von jüdischen oder muslimischen Ärzten behandeln ließen. Doch selbst das knapp ein Jahrhundert später auf der Synode von Nikosia 1249 erlassene Verbot zur Konsultation nicht-christlicher Ärzte fand keinen praktischen Niederschlag.[189]

Die große Erfahrung orientalischer Heilkundiger in der Praxis spiegelt sich – ungeachtet der antifränkischen Polemik, die in den Beschreibungen mitklingt – in den bereits mehrfach zitierten Ausführungen des Usama ibn Munqid. Der Emir widmet einen ausführlichen Abschnitt sei-

56 Auf dieser in Bagdad um 1240 entstandenen Buchmalerei lässt ein arabischer Arzt einen Kranken zur Ader. Der Eingriff wird in Gegenwart vieler Zuschauer, wahrscheinlich Studenten, durchgeführt.

nes autobiographischen Werkes der fränkischen Heilkunde.[190] Er lässt die fränkischen Heilkundigen darin als tumbe Toren erscheinen. Die arabischen Ärzte jedoch stellte er im Licht all ihrer Kunstfertigkeit dar. In diesem Zusammenhang erzählt Usama die Geschichte des arabisch-christlichen Arztes Thabit, den sein Onkel auf Bitten des fränkischen Herrn von Munaitira zu den Kreuzfahrern geschickt hatte.[191] Dort wurde ein Ritter schwer von einem Abszess am Bein geplagt. Dieses behandelte der orientalische Heilkundige mit einem Breiumschlag. Das Geschwür brach auf und der Zustand des Patienten besserte sich. Einer Frau, die unter Auszehrung litt, verordnete der Arzt eine Diät. Doch dann, so fährt Usama in seinem Bericht fort und gibt diesem die entscheidende Wende, sei ein fränkischer Heilkundiger aufgetaucht. Dieser verspottete den arabischen Standeskollegen und kritisierte laut dessen Behandlungsmethoden. Offenbar verstand er es, Zweifel an den Fähigkeiten des Orientalen zu säen. Immerhin willigte der Ritter in die Amputation seines kranken

III. Begegnungen im Zeitalter der Kreuzzüge

Beines ein. Der fränkische Heilkundige ging dabei mit stumpfer Gewalt vor, will man der Darstellung Usamas glauben. Mit einer Axt trennte er das kranke Glied vom Rumpf. Daraufhin lief das Mark aus und der „Behandelte" starb auf der Stelle. Nicht besser erging es der erkrankten Frau. Der fränkische Arzt behauptete, der Teufel sei in ihren Kopf gefahren. Mit einem Rasiermesser schnitt er ein Kreuz in die Kopfhaut, zog diese in der Mitte bis auf den Schädelknochen ab und rieb die Stelle mit Salz ein. Die derart traktierte Frau fand bei diesem Eingriff den Tod.

Dass Usamas Urteil über die fränkischen Ärzte nicht unbedingt der Realität entspricht, belegt nicht zuletzt das bedeutende chirurgische Werk des Roger von Salerno.[192] Das Werk, das Roger am Ende des 12. Jahrhunderts mit vier weiteren Lehrern der berühmten Schule verfasste, spricht vielmehr für die praktischen Erfahrungen der Heilkundigen im Umgang mit dem menschlichen Körper. So beschreibt der Autor detailliert Verletzungen durch Pfeile und warnt vor Risiken beim Entfernen der Geschosse. Seiner Empfehlung zufolge solle der behandelnde Wundarzt zum Herausziehen des Pfeils ein Eisenrohr um den Schaft des Geschosses herum in die Wunde einzuführen. Dieses Vorgehen war für den Verwundeten fraglos schmerzhaft, konnte aber unter Umständen dessen Leben retten. Das Rohr schützte vor einem großflächigen Zerreißen des Gewebes und damit vor weiterem Blutverlust bei der Entfernung des Pfeils.

Dass die arabische Heilkunst im Zeitalter der Kreuzzüge in höchster Blüte stand, wird in den Ausführungen Usamas an vielen Stellen deutlich. Ein gebildeter Araber, der im Sinne des sogenannten *adab* tugendhaft-fromm war und einen dem Studium zugewandten Lebensstil hatte, verstand sich zu dieser Zeit auch auf die Grundlagen der Heilkunde. So beschreibt der syrische Emir, wie einer seiner Gefolgsleute bei einem Gefecht mit den Kreuzfahrern einen Schwerthieb ins Gesicht erhielt.[193] Dabei wurden Augenbraue und -lid, Wange, Nase und Oberlippe durchtrennt, so dass die gesamte Gesichtshälfte auf seiner Brust hing. Die Kampfgefährten des Verletzten übernahmen die medizinische Erstversorgung und verbanden die Wunde. Nach der Rückkehr nach Shaizar wurde die Verletzung genäht und behandelt, bis – so unterstreicht Usama – alles wieder so gewesen sei wie früher. Das Auge allerdings konnte nicht mehr gerettet werden. Festes, bruchsicheres Nähmaterial war erforderlich, um Wunden so effektiv schließen zu können. Es war Ibn Sina, der den Wert tierischer Borsten und Haare zu diesem Zweck erkannt hatte.[194] Seine Glaubensgenossen profitierten bereits davon, als das Abendland noch in einem Dornröschenschlaf dämmerte.

Der Einfluss byzantinischer und arabischer Vorbilder schlug sich auch auf die Entwicklung hospitalischer Institutionen in den Kreuzfahrerstaaten nieder. So staunte der Pilger Johannes von Würzburg nicht wenig, als er um das Jahr 1170 Jerusalem besuchte und die betriebsame Geschäftigkeit im Hospital der Johanniter sah.[195] Bewundernd berichtet er, dass darin zur Zeit seines Besuchs 2000 Kranke versorgt würden. Als Quelle dieser Information nennt der Berichterstatter einige Diener des Hospitals. Nur allzu bereitwillig war der deutsche Pilger bereit, diesen Aussagen zu glauben. Er führt aus, dass jeden Tag 50 oder mehr Verstorbene aus dem Haus gebracht und unablässig neue Hilfesuchende aufgenommen worden seien. In Johannes' Ausführungen werden auch die baulichen Gegebenheiten des Johanniterspitals zu Jerusalem fassbar. Demnach bestand die Einrichtung aus verschiedenen Häusern, gewissermaßen unterschiedlichen Abteilungen. Frauen und Männer fanden darin gleichermaßen Aufnahme, erhielten Pflege und Speise. Daneben kümmerten sich die Johanniter auch um eine offene Versorgung Bedürftiger. Johannes unterstreicht, man könne die Ausgaben nicht zählen, die das Spital zur Ernährung so vieler Menschen außerhalb wie innerhalb und für die Almosen an die Armen aufwende.

Rund zehn Jahre nach diesem Bericht, um 1180, bestätigt ein anonymer, vermutlich ebenfalls deutscher Pilger das von Johannes entworfene Bild des Jerusalemer Johanniterspitals.[196] Selbst Nicht-Christen (*pagani*), so fügt er ergänzend hinzu, seien in der Einrichtung versorgt worden. Es lässt sich nicht klären, ob diese Darstellung der Wahrheit entsprach oder lediglich als ein Stilmittel benutzt wurde, um das Ausmaß des karitativen Wirkens der Johanniter noch deutlicher hervorzuheben. Beide Berichterstatter überschätzen zweifelsohne die Aufnahmekapazität des Spitals, doch existierte zur gleichen Zeit im Okzident keine auch nur annähernd vergleichbare Einrichtung. Ein Brief des Ordensmeisters Roger von Moulins aus dem Jahre 1179 belegt, dass die Einrichtung zumindest mehrere Hundert Bedürftige versorgen konnte.[197] Das Schreiben berichtet von 750 Verwundeten der Schlacht bei Montgisard, die die Johanniter in ihrem Spital pflegten. Rund 900 Hilfesuchende seien bereits zuvor darin aufgenommen worden, heißt es weiter. Will man diesen Ausführungen glauben, wird vor diesem Hintergrund auch die allgemeine Belegungssituation deutlich. Ein Großteil der Versorgungsempfänger benötigte dringend medizinischer Versorgung. Gerade nach größeren Gefechten war eine unbestimmte Zahl Verwundeter auf die Hilfe des Ordens angewiesen. Inwieweit ein solch phasenweise gesteigerter Versorgungsbedarf den regulären Hospitalbetrieb beeinträchtigte, lässt sich in Ermangelung geeigneter Zeugnisse zwar nicht ergründen, aber doch zumindest erahnen.

Abendländische Spitäler waren zu dieser Zeit viel kleiner. Das Infirmarium des berühmten Klosters im burgundischen Cluny verfügte nach einer erneuten Vergrößerung unter dem Abbatiat des Petrus Venerabilis (1122 – 1156) über 80 Betten und gehörte damit zu den größten Spitälern im Europa des 12. Jahrhunderts.[198] Dabei war die Einrichtung wie alle Klosterinfirmarien ausschließlich kranken Mönchen vorbehalten. Selbst die Hospitäler mittelalterlicher Großstädte boten zu dieser Zeit und noch Jahrhunderte später weit weniger Bedürftigen Platz. Das um 1178 im westfälischen Soest – für mittelalterliche Verhältnisse eine Großstadt – gegründete Hohe Hospital vermochte weniger als 50 Bedürftige beiderlei Geschlechts zu aufnehmen.[199] Das Nürnberger Heilg-Geist-Spital, das in der ersten Hälfte des 14. Jahrhunderts gestiftet wurde, sollte laut Stiftungsbrief 200 Insassen aufnehmen.[200] Der herausragendste Unterschied zwischen dem Jerusalemer Johanniterspital und den meisten Hospitälern in Europa bestand jedoch nicht in der Größe, sondern in der Art der Versorgung.[201]

Abendländische Einrichtungen beschränkten sich bis weit über die mittelalterlichen Jahrhunderte hinaus fast überall auf die Gewährung von Obdach sowie die Speisung und Bekleidung Bedürftiger. Der Kreis der Hilfesuchenden umfasste Arme, unversorgte Kinder, Frauen und Alte, Bettler, Krüppel, Fremde, Pilger. Kranke fanden ebenfalls ihren Platz im Spital, bildeten aber nur eine und gewiss nicht die größte Gruppe der versorgten Bedürftigen. Die spitalische Krankenpflege richtete sich an den Maßgaben der zeitgenössischen Diätetik aus. Ein rechtes Maß an Licht und Luft, Essen und Trinken, Bewegung und Ruhe, Schlafen und Wachen, Stoffwechsel sowie Gemütsbewegung, den sogenannten *sex res non naturales*, sollten das Gleichgewicht der Körpersäfte wiederherstellen. Eine medizinische Versorgung kranker Spitalinsassen durch Wundärzte oder Ärzte existierte in den allermeisten Einrichtungen nicht. Mit Ausnahme der als Spezialfälle zu betrachtenden Klosterinfirmarien für kranke Mönche und der Häuser des Antoniterordens gehörte eine institutionell geregelte heilkundliche Behandlung im engeren Sinne nicht zu den selbstgestellten Aufgaben abendländischer Spitäler.

Im Jerusalemer Johanniterspital nahmen die Kranken einen besonderen Platz ein.[202] Spätestens seit der Aufstellung der Hospitalordnung durch den Ordensmeister Roger von Moulins im März 1182 standen ihnen Ärzte zur Seite. Dieser zufolge sollten vier „weise" Ärzte (*sapientes medici*), unterstützt von neun Pflegern, in jeder Krankenabteilung des Johanniterspitals zu Jerusalem ihren Dienst versehen. Diese Heilkundigen waren verpflichtet, morgens und abends das Befinden der Kranken zu prüfen. Die Spitalordnung lässt den Kranken eine besondere Wertschätzung zuteil werden: Im Johanniterspital waren sie nicht die „armen Siechen" wie im Abendland. Hier waren sie die „kranken Herren" (*seignors malades*). Selbst in der Nacht waren diese nicht sich selbst überlassen. Eine Nachtwache war stets zugegen.

Im Mittelpunkt der Diagnose stand die Harnschau. Sie sollte gemäß den Bestimmungen der Hospitalordnung regelmäßig von den bediensteten Ärzten durchgeführt werden. Aussehen und Geruch des Urins ließen nach zeitgenössischer Auffassung Rückschlüsse auf die Art einer Erkrankung zu. Als theoretische Interpretationsgrundlage diente dabei die klassische Lehre des Griechen Galen von den vier Körpersäften: Blut, Schleim, gelbe und schwarze Galle.[203] War einer der Säfte im Übermaß vorhanden, so führte das zu einem krankheitserregenden Ungleichgewicht. Dies äußerte sich in spezifischen Krankheitsbildern. Die Ärzte im Jerusalemer Johanniterspital waren verpflichtet, den Kranken ihren Befund mitzuteilen und mit ihnen die Behandlungsmöglichkeiten zu erörtern. Wie in den Hospitälern des Abendlandes war die Aufnahme jeglicher Therapie ohne vorherige Beichte des Kranken ausgeschlossen. Das Heil des Körpers war in der vom Christentum geprägten medizinischen Tradition des Okzidents untrennbar mit dem der Seele verbunden.

Die Hospitalordnung Rogers von Moulins traf neben den Anweisungen zur Behandlung recht konkrete Anweisungen über die Beschaffenheit der Betten, die Bekleidung der Kranken und den Umgang mit Wöchnerinnen sowie deren Neugeborenen. Die Eindrücke des Johannes von Würzburg und des anonymen Pilgers zeigen, dass der Alltag im Johanniterspital dem in der Ordnung aufgezeigten Idealbild zumindest nahekam. Die am Ende des 11. Jahrhunderts von Kaufleuten aus dem italienischen Amalfi gestiftete Institution stand zur Zeit ihres Besuchs in ihrer höchsten Blüte. Nachdem Saladin im Jahre 1187 Jerusalem erobert hatte, verlagerte der Orden sein Hauptspital in die Hafenstadt Akkon. Dem Vorbild der Johanniter folgte seit 1189/90 eine weitere Pflegebruderschaft, aus der der Orden der Ritter des deutschen Hauses Unserer Lieben Frau zu Jerusalem hervorging, kurz der Deutsche Orden genannt.[204] Auch die normativen Texte des Deutschen Ordens für seine Spitäler weisen auf die Tätigkeit von Ärzten am Krankenlager hin. Die

Ausführungen sind allerdings weniger genau als die in den Statuten der Johanniter. So wird beispielsweise nicht geregelt, wie viele Ärzte sich um die Kranken kümmern sollten.

Die ärztliche Versorgung der aufgenommenen Kranken blieb bei den Johannitern wie auch beim Deutschen Orden auf die Hauptspitäler im Heiligen Land beschränkt. In den abendländischen Ordensniederlassungen finden sich keine Belege für eine regelmäßige medizinische Behandlung der Spitalinsassen. Erst in späteren Jahrhunderten tauchen Indizien für ein gelegentliches Wirken von Ärzten in den Ordensspitälern auf, so beispielsweise 1373 in der johannitischen Niederlassung zu Genua.[205]

Viele Gründe führten zu der unterschiedlichen Entwicklung zwischen den von abendländischen Christen im Orient geführten Spitälern und denen in Europa. Zunächst waren die äußeren Umstände verschieden. Der Bedarf an wundärztlicher Versorgung war in Regionen, in denen die lateinischen Christen mehr oder weniger dauerhaft im Krieg mit den Muslimen standen, ungleich höher als im Zentrum Europas. Dementsprechend waren die Verwundeten möglicherweise die größte Gruppe derer, die im Johanniterspital um Hilfe ersuchten. Der vergleichsweise hohe Bedarf an medizinischen Hilfsleistungen wirkte sich somit nachhaltig auf die Gestalt des Spitals aus. Doch die institutionelle Ausgestaltung des Jerusalemer Johanniterspitals wurde zweifelsohne von islamischen und byzantinischen Vorbildern beeinflusst.[206] Die Hospitäler der islamischen Welt unterschieden sich grundlegend von abendländischen Spitälern. Sie dienten vorrangig zur Krankenversorgung. Am Adudi-Hospital in Bagdad wirkten nicht weniger als 24 Ärzte, darunter auch Spezialisten für Augenheilkunde. Im Nuri-Hospital von Damaskus erschienen die Ärzte und ihre Helfer täglich zur Visite der Kranken. Über den Behandlungsverlauf wurden schriftliche Protokolle angefertigt. Im Hospital war unter anderem eine große Bibliothek untergebracht, deren Schriften der theoretischen Ausbildung angehender Heilkundiger dienten. Dabei fand der medizinische Unterricht in der Einrichtung selbst statt: genau an der Schnittstelle zwischen Theorie und Praxis.

Die Byzantiner vermochten mit ähnlich effizienten Einrichtungen zur Krankenversorgung aufzuwarten.[207] Das legendenumwobene, 1136 von Kaiser Johannes II. Komnenos gestiftete Pantokrator-Hospital bot in seinen fünf Abteilungen angeblich 50 Betten für die medizinische Versorgung. Ärzte und Wundärzte betreuten die Kranken. Zum Hospital gehörten eine eigene Apotheke, Bäder, eine Mühle und auch eine Bäckerei.

Im Abendland machte sich der orientalische Einfluss auf die hospitalische Praxis noch am ehesten in den Regionen bemerkbar, in denen Christen, Juden und Muslime lange gemeinsam lebten. So bezeugt ein Testament des späten 12. Jahrhunderts aus Tortosa, dass medizinische Versorgung am dortigen Hospital durchaus existierte. Der Testator überantwortete der Einrichtung einen gefangenen muslimischen Arzt bis zu seiner Auslösung.[208]

Auch auf dem Gebiet dessen, was man heute wahrscheinlich als *Lifestyle* bezeichnen würde, werden orientalische Einflüsse deutlich. So beispielsweise bei der Falkenzucht und -jagd. Usama ibn Munqid widmete sich ausführlich dieser Beschäftigung, die einen Teil des idealen Lebenswandels des *adab* repräsentiert.[209] „Tagsüber widmete mein Vater alle seine Zeit der Koranrezitation, dem Fasten und der Jagd", schreibt der Emir von Shaizar in seiner Autobiographie. Falken und die Falknerei gehörten bekanntlich auch zu den Leidenschaften Kaiser Friedrichs II.[210] Er sammelte die edlen Vögel aus allen Teilen der bekannten Welt und pflegte eine rege Korrespondenz bis in die islamische Welt hinein. Friedrichs Interesse für die Greifvögel fand ihren Ausdruck nicht nur in der Übersetzung eines arabischen Buches über die Jagd mit den Falken. Vielmehr überzeugte ihn sein Sohn Manfred, ein eigenes Buch zu diesem Thema zu verfassen (*De arte venandi cum avibus*).

Viele der Errungenschaften, die die Araber dem Abendland vermittelten, hatte die islamische Welt ihrerseits aus China oder Indien übernommen. Hierzu zählen zahlreiche Früchte und Pflanzen, das Schachspiel, der Kompass oder auch technischer Fortschritt wie das Wissen um die Herstellung von Papier.[211] Die Chinesen stellten bereits im 2. vorchristlichen Jahrhundert Papier her. Es dauerte ein Jahrtausend, bis sich das Wissen um die Papierfertigung bis in die islamische Welt hinein verbreitet hatte. Lumpen bildeten die Herstellungsgrundlage. Diese wurden so lange zerkleinert und gestampft, bis nur noch Pulver übrig blieb. Die Araber ersetzten die hierzu erforderliche, langwierige Handarbeit durch ein mechanisches Verfahren. Wasserkraftbetriebene Hämmer mit Metallköpfen zerstampften die Lumpen künftig in steinernen, bewässerten Wannen. Der so entstehende Brei wurde unter Zugabe von Wasser weiter verflüssigt. Mit Hilfe eines Rahmens, der mit einem engmaschigen Netz bespannt war, wurde nun das Papier geschöpft. Unter Zugabe von Leim erzielte man eine höhere Qualität, so dass die Tinte nicht auf dem Beschreibstoff verfloss. Das Wissen über die Papierherstellung verbreitete sich über die Iberische Halbinsel und das Königreich Sizilien in Europa.

57 Die persische Miniatur vom Beginn des 12. Jahrhunderts zeigt das Schmelzen von Bleierz.

121 Aspekte interkulturellen Wissenstransfers

Schon für das Jahr 1074 ist die Fertigung von Papier aus Leinenhadern in Xátiva, dem heutigen San Felipe bei Valencia, bezeugt.[212] Zur Mitte des 12. Jahrhunderts ist schließlich die Existenz von Lumpen- oder Hadermühlen (*Molendinos draperios*) in Katalonien belegt, deren Antrieb in der Folgezeit weiterentwickelt wurde. In Sizilien privilegierte König Roger I. die Einrichtung von Papierwerkstätten. Aus seinem Herrschaftsbereich stammt auch die älteste erhaltene Handschrift auf Papier. Bei dem im Jahre 1109 auf Griechisch und Arabisch verfassten Schriftstück handelt es sich um eine Verordnung der Gräfin Adelaisa, Rogers Gemahlin.[213] Wasserzeichen zur Unterscheidung der Fertigungsstätten erhielt das Papier in der zweiten Hälfte des 13. Jahrhunderts.

Doch nicht alle Errungenschaften, die heute nahezu automatisch mit dem Einfluss der Araber in Europa assoziiert werden, gehen tatsächlich auf diesen zurück. Das wohl herausragendste Beispiel hierfür ist zweifellos die Orange, die man gemeinhin mit dem Vorderen Orient in Verbindung bringt. Tatsächlich aber brachten portugiesische Kaufleute die Orange (*Citrus sinis*) gegen Ende des 15. Jahrhunderts direkt aus China auf die Iberische Halbinsel. Nach ihrem künftigen Hauptanbaugebiet Portugal erhielt sie denn auch ihren arabischen Namen – *burtuqāl*.

Konstantinopel/Istanbul: Blick auf die Hagia Sophia, später Moschee, heute Museum

IV.

Ausblick: Neue Ordnungen am Mittelmeer (14.–16. Jahrhundert)

Der Fall von Akkon und die Folgen

In den Mamluken unter Führung ihres Sultans Baibars (1260 – 1277) war den auf einen schmalen Küstenstreifen zusammengeschmolzenen Kreuzfahrerherrschaften ein schlagkräftiger Gegner erwachsen.[1] Nachdem die Mamluken im Jahre 1260 nahezu das gesamte Reich der entmachteten Ayyubiden übernommen hatten, wandten sie sich militärisch gegen die Kreuzfahrer. Im Jahre 1268 fielen Jaffa und Antiochia in mamlukische Hände. In der Folgezeit nahmen die Muslime auch die strategisch wichtigen Burgen Crac des Chevaliers, Chastel Blanc und Gibelcar ein. Der Ring um Akkon zog sich immer enger. Auf Hilfe aus dem Abendland warteten die lateinischen Christen vergeblich.[2] Das *Regnum Teutonicum* kämpfte nach dem Ende der Stauferherrschaft mit tiefgreifenden Problemen um die Thronfolge und befand sich zu dieser Zeit noch im sogenannten *Interregnum*.[3] Die Königreiche von Aragón und Sizilien stritten erbittert um den Besitz Siziliens. Die großen italienischen Seemächte, die in der Vergangenheit durch den Transport von Menschen und Waren zwischen Europa und der Levante reichen Gewinn aus der Existenz der Kreuzfahrerstaaten gezogen hatten, lagen untereinander im Streit. Die Resonanz auf die Kreuzzugsaufrufe westlicher Herrscher blieb schwach. Die Zahl der Kombattanten, die König Heinrich II. von Zypern (1285 – 1324) zur Verteidigung von Akkon zur Hilfe kamen, reichte nicht aus. Am 26. April 1289 eroberten die Muslime Tripolis und richteten ein Blutbad an. Der Druck auf Akkon wuchs. Im Frühling des Jahres 1291 erschien ein großes mamlukisches Heer unter Führung des Sultans al-Aschraf Halil (1290 – 1293) vor den Mauern der Stadt. Nach mehrwöchiger Belagerung fiel mit Akkon am 18. Mai die letzte Bastion der lateinischen Christen im Heiligen Land. Wem nicht zuvor die Flucht auf eines der Schiffe gelungen war, der wurde niedergemetzelt oder in die Sklaverei verkauft. Ein großer Teil der Flüchtlinge wandte sich nach Zypern. Unter den Königen aus der Dynastie der Lusignan blieb die Insel ein blühender Außenposten der lateinischen Christenheit im östlichen Mittelmeer, bis die Invasion der Mamluken 1426 diese unter die Herrschaft des Sultans von Ägypten zwang. Sechzig Jahre später, 1486, gelang den Venezianern die Rückeroberung Zyperns von den Muslimen. Die wechselvolle Geschichte der Insel war damit nicht vorüber. Der Streit um ihren Besitz zieht sich bekanntlich bis in die Gegenwart.

Die Nachricht vom Verlust des Heiligen Landes löste im Europa des späten 13. Jahrhunderts einen Schock aus. In der unmittelbaren Folgezeit wurden immer wieder Pläne für einen großen Kreuzzug in die Levante geschmiedet, denen allesamt jedoch kein größerer Erfolg beschieden war.[4] Gleichzeitig wurde nach den Schuldigen für die demütigende Niederlage gesucht. Viele Zeitgenossen zeigten dabei auf die geistlichen Ritterorden. Der Deutsche Orden verlegte sein Operationsgebiet vom Mittelmeer ab 1309 vollends in das Baltikum und schuf sich einen eigenen Ordensstaat. Den Hospitalitern gelang es 1310, den Byzantinern die Insel Rhodos zu entreißen. Sie sollte bis 1523 zu ihrem neuen Stützpunkt werden. Am 23. März 1530 übergab Kaiser Karl V. dem Orden seine zukünftige Heimat – die Insel Malta. Ihrer ursprünglichen Aufgabe ersatzlos beraubt, gerieten die Templer ins Visier der Kritik. Nicht das erste Mal wurden Verdächtigungen laut, der Orden mache gemeinsame Sache mit den Muslimen. Schon nach der fehlgeschlagenen Belagerung von Damaskus im Jahre 1148 während des Zweiten Kreuzzuges wurde den Templern Verrat an der christlichen Sache zur Last gelegt.[5] Einer der lautesten Kritiker der geistlichen Ritterorden zu Beginn des 14. Jahrhunderts war der aus der Normandie stammende Legist Pierre Dubois († um 1321), der in den Diensten des französischen Königs Philipp IV., des Schönen (1285 – 1315), stand. Dubois verfasste zwischen 1305 und 1307 eine Denkschrift unter dem Titel *De recuperatione Terrae Sanctae*, in der er unter anderem die Vereinigung der Ritterorden unter Führung des Königs forderte.[6] Der katalanische Theologe Ramón Llull († 1316) hatte die Idee, einen Heiliggeistorden unter Führung eines mit allen christlichen Tugenden versehenen „Kriegerkönigs" (*rex bellator*) zu schaffen.[7] Philipp IV. mag auch mit dem Gedanken an diese Rolle gespielt haben, als er sich an die Zerschlagung des Templerordens machte.[8] Ein Ritterorden ohne Aufgabe mit seiner starken Präsenz in seinem Reich stellte eine potentielle Gefahr für den König dar. Vor allem aber waren es finanzielle Begehrlichkeiten, die Philipp dazu brachten, am 13. Oktober 1307 alle Templer in seinem Königreich verhaften zu lassen.[9] Der Ablauf des spektakulären Prozesses, der mit der Aufhebung des Ordens durch die päpstliche Bulle *Vox in excelso* am 22. März 1312 und der Verbrennung des letzten Großmeisters Jakob von Molay rund zwei Jahre später endete, soll uns hier nicht weiter beschäftigen. Die Ereignisse haben seither immer wieder die Phantasie angeregt und sich dabei gar als Stoff für Bestseller geeignet. Interessant für unsere Frage nach Formen der Begegnung zwischen Europa und dem Orient sind nicht vermeintliche Schätze und

IV. Ausblick

58 Pierre d'Aubusson (1423–1503), seit 1476 Großmeister des Johanniterordens, erteilt den vor ihm erscheinenden Bauleuten die Anordnung zur Erneuerung der Festungswerke von Rhodos. Zwischen dem 23. Mai und Ende August 1480 wurde die Insel von den Osmanen belagert. Die Buchmalerei entstand kurz nach der Belagerung.

dunkle Geheimnisse,[10] sondern genauere Blicke auf die lange Liste der Anklagen, die gegen die Templer vorgebracht wurden.

Diese enthält neben den Beschuldigungen der Schwarzen Magie und der Homosexualität auch zentrale Motive zeitgenössischer antimuslimischer Polemik.[11] Hierzu zählt unter anderem der verächtliche Umgang mit dem Kreuz. Die Brüder des Ordens wurden bezichtigt, das Kreuz bespuckt, mit ihrem Urin besudelt und mit ihren Füßen getreten zu haben. Der schmähliche Umgang mit dem herausragenden Symbol des Christentums war eine der häufigsten Verfehlungen, die Muslimen von christlichen Zeitgenossen vorgeworfen wurden. Das Bild von Kreuzen, die die Muslime nach siegreichen Eroberungen hinter ihren Pferden durch den Schmutz der Straßen schleiften, war in den Köpfen präsent. Der Franziskaner Fidenzio von Padua, der im späten 13. Jahrhundert das Heilige Land besucht hatte, behauptete, Muslime hätten gefangene Christenknaben gezwungen, das Kreuz und das Bildnis des Herrn zu bespucken.[12] Weitere Anklagepunkte gegen die Templer bezogen sich ausführlich auf den vermeintlich von den Templern verrichteten Götzendienst sowie die göttliche Verehrung von Idolen in ihren Kapitelsversammlungen.[13] Bei

59 Zwei Templer vor den Mauern einer muslimisch beherrschten Stadt. Auf dieser französischen Miniatur aus dem 14. Jahrhundert sind die christlichen Ritter ebenso unbewaffnet wie ihre potentiellen Gegner. Die Szene wirkt wie ein Dialog zwischen beiden Parteien – der Verdacht des Verrats im Bild.

60 Brüder des Templerordens werden auf dem Scheiterhaufen verbrannt. Darstellung aus einer anonymen Chronik aus der zweiten Hälfte des 14. Jahrhunderts.

den Götzen handele es sich vor allem um Köpfe mit einem oder drei Gesichtern oder gar um menschliche Schädel. Von diesen hätten die Angeklagten geglaubt, es könne sie retten, Reichtümer hervorzubringen, die Bäume blühen zu lassen und das Land fruchtbar zu machen. Ferner wurde den Templern vorgeworfen, dass die Götzen ihnen ihren gesamten Reichtum verschafft hätten. Diese Idole hätten sie in ihren Zeremonien in feierlicher Prozession umrundet und mit Bändern berührt, die sie um ihren Körper gewunden trugen. Im Rahmen der Verhöre nach dem mysteriösen Haupt gefragt, schöpften viele der Brüder – die Folter vor Augen – in ihrer Not aus dem reichen Legendenschatz der Levante.[14] So sagte der italienische Notar Antonio Sicci di Vercelli, der nicht selbst dem Orden angehörte, aber vierzig Jahre lang für diesen in der Levante tätig gewesen war, am 1. März 1311 vor der päpstlichen Untersuchungskommission zu dem Idol aus. Während seiner Zeit in Sidon hatte er mehrfach die Geschichte eines Ritters gehört, der sich unsterblich in eine junge Armenierin verliebt hatte. Nachdem diese Liebe zu Lebzeiten der Frau unerwidert blieb, habe sich der Ritter nach ihrem Tod in der Nacht der Beisetzung insgeheim zum Grab begeben und den Geschlechtsverkehr vollzogen. Daraufhin habe der Frevler eine Stimme vernommen, die ihn anwies, zur Zeit der Geburt zurückzukehren. Er werde dann einen Kopf vorfinden, der aus seiner Tat hervorgegangen sei. Als die Monate verstrichen waren, sei der Ritter tatsächlich zurückgekehrt und habe zwischen den Beinen der begrabenen Frau einen menschlichen Kopf gefunden. Als er ihn aufgehoben habe, sei erneut die Stimme erklungen und habe ihn gemahnt, den Kopf stets zu behalten. Durch ihn würde er alle guten Dinge empfangen. Am 12. Mai 1311 wartete Hugo von Faure, ein Ritter des Templerordens aus Limoges, mit einer Variante dieser Geschichte auf. Hugo zufolge habe der Leichenschänder den Kopf der Geschändeten abgeschnitten. Eine Stimme habe ihm daraufhin befohlen, gut auf das Haupt zu achten. Wer immer es zu Gesicht bekomme, falle ins Verderben. Allerdings wusste keiner eine Aussage darüber abzugeben, ob das nämliche Haupt sich im Besitz der Temp-

IV. Ausblick

ler befand. Andere Brüder hatten in den Verhören immer wieder das Idol erwähnt, das angeblich den Namen *Baphomet* trug und das sie bei ihren Zeremonien mit *Yallah* anriefen.[15] Unabhängig von allen komplizierten Interpretationsmodellen, die in dem Namen *Baphomet* keine Beziehung zum Islam erkennen und ihn mit einem Götzen in Verbindung bringen, dem Menschenopfer dargebracht werden, spricht doch alles für eine Verballhornung des Prophetennamens Mohammed. Diese Annahme stützt etwa eine mehr als ein Jahrhundert vor den Ereignissen in Tarragona aufgesetzte Urkunde des Königs Alfons II. von Aragón und seiner Gemahlin Sancha für den Bischofssitz Tortosa.[16] Am 28. November 1178 bestätigten diese alle zuvor getätigten Schenkungen und Rechte. Das Dokument nimmt dreißig Jahre nach der Rückeroberung der katalanischen Stadt ausschweifend rhetorisch Bezug auf die Unterjochung der lateinischen Kirche durch die Muslime, indem diese *die Hostie des Blutes der Christen* – das Schlachtopfer also – *Baffumet* darboten.[17] Die Gleichsetzung des absichtlich verformten Namens Mohammed mit einem Götzen, der Menschenopfer fordert, erscheint mithin als Teil einer unheilvollen Entwicklung.

Die Anrufung des Götzen *Baphomet* mit dem arabischen *yállā* hat freilich nichts zu tun mit *Allah*. Sie bedeutet nicht anderes als „Los, los!" und gehört im Alltag des Orients wohl zu den am häufigsten genutzten Aufforderungen. Im Treiben des Marktes und andernorts werden jene Templer, die in *Outremer* ihren Dienst geleistet haben, dieses *yállā, yállā* oft gehört haben. An dieser Stelle werden erneut zeitgenössische Vorstellungen über die Nähe der Templer zu den Muslimen deutlich, mit denen sie angeblich paktierten. Der verhörte Antonio Sicci di Vercelli behauptete unverwunden, der Präzeptor der Templer in Sidon habe sich zum Blutsbruder des ägyptischen Sultans Baibars gemacht.[18] Auch in den Anklagen ist von templerischen Machenschaften mit den Muslimen die Rede. Der Gürtel, den die Templer angeblich an ihrem Körper trugen, sei Ausdruck dieses geheimen Paktes. Die Parallelen zum *zunnār*-Gürtel, der als ein öffentlich sichtbares Zeichen der Unterwerfung unter muslimische Herrschaft zur Kleidung der *ḏimmīs* gehörte, sind unverkennbar. Im Laufe des krisenhaften 14. Jahrhunderts, durch das sich die Verfolgung von Minderheiten wie ein roter Faden zieht, blieb die Vernichtung des Templerordens nicht der einzige Fall, in dem eine vermeintliche Konspiration mit den Muslimen eine fatale Rolle spielte.[19]

Die Zeitgenossen waren für Gerüchte sehr empfänglich. Die Feindbilder waren dabei stereotyp. Als sich der französische König Philipp V. mit dem Beinamen „der Lange" (1316 – 1322), ein Sohn Philipps IV., im

Juni 1321 in Poitiers aufhielt, verbreitete sich wie ein Lauffeuer das Gerücht, Leprakranke hätten in ganz Aquitanien die Brunnen und Quellen vergiftet.[20] Es sei ihre Absicht, alle Christen mit ihrer abscheulichen Krankheit anzustecken. Die Beschuldigten seien verhaftet worden, hätten ihre Untaten zugegeben und seien daraufhin verbrannt worden. Der König schenkte dem Rumor der Straßen Glauben. Ohne zu zögern, befahl er am 21. Juni 1321, alle Leprakranken seines Reiches zu verhaften. Geständige Gefangene, die das 14. Lebensjahr vollendet hatten, sollten bei lebendigem Leib verbrannt werden. Wer sich weigerte zu gestehen, sollte gefoltert werden. Schwangere Leprakranke sollten erst ihr Kind zur Welt bringen und entwöhnen dürfen, bevor auch sie mit dem Tod auf dem Scheiterhaufen bestraft wurden. Diejenigen, die trotz Folter kein Geständnis ablegten, sowie leprakranke Kinder sollten an ihren Herkunftsorten eingekerkert bleiben.

Noch bevor die Verhaftungswelle ihren Höhepunkt erreichte, wurden in der allgemeinen „Komplottpsychose" neue Anschuldigungen laut.[21] Der Kreis der Beschuldigten weitete sich aus. Die Juden wurden zu den eigentlichen Anstiftern der Untaten erklärt. Sie hätten die Leprakranken mit Geld bestochen und das Gift beigebracht. Diese Nachricht verbreitete sich in Windeseile über die Grenzen. Schon Anfang 1321 berichtete König Sancho von Mallorca dem König von Aragón über das Komplott von Juden und Leprakranken im benachbarten Frankreich.

Wie schon während der Templerprozesse nahmen die Komplotttheorien im Laufe der Verhöre auch in diesem Fall immer abenteuerlichere Züge an. Am Ende stand die Behauptung, die Muslime Granadas steckten hinter der Verschwörung. Für alle weiteren Beschuldigungen griff man auf das bewährte Muster der Prozesse gegen die Templer zurück. Darin fand die Mär von Geheimtreffen aller Leprosenmeister ebenso ihren Platz wie die Verleugnung des christlichen Glaubens und die Kreuzesschändung. In den folgenden Monaten fiel eine unbekannte Zahl von Juden und Leprakranken diesem Wahn zum Opfer. Die Beschuldigung der Brunnenvergiftung wirkte rund dreißig Jahre später noch einmal verheerend. Im Umfeld des Schwarzen Todes fand 1349/50 ein Massenmord an den jüdischen Einwohnern in den Städten des *Regnum Teutonicum* statt.[22] Man bezichtigte sie, die Seuche durch Brunnenvergiftung verursacht zu haben. Schon manch gebildeter Zeitgenosse entlarvte diese Anklage als allgemeines Gerücht (*fama communis*) und erkannte Habgier als die eigentliche Triebfeder.[23] Jüdisches Leben in Reichen unter lateinischer Herrschaft war bereits vor dem Verlust der levantinischen

Kreuzfahrerstaaten immer wieder von blutigen Pogromen beeinträchtigt worden.[24] Doch die Verfolgungen des 14. Jahrhunderts überstiegen jedes vorherige Maß. Hinzu kamen die Ausweisungen. Schon 1290 waren die Juden aus England ausgewiesen worden. Im Jahre 1306 hatte Philipp IV. sie vorrübergehend aus Frankreich verbannt, nicht ohne sich zuvor kräftig am jüdischen Habe zu bereichern. Die endgültige Ausweisung folgte 1394. Nur in der Provence, der Dauphiné und in Avignon blieben jüdische Ansiedlungen bestehen. Auch auf der Iberischen Halbinsel hatte sich mit dem Voranschreiten der Reconquista und der damit einhergehenden Schrumpfung des islamischen Herrschaftsgebiets der Wind für die Juden gedreht. Die Rekatholisierung des Landes wurde mit harter Hand vorangetrieben. Kontakte zwischen den Angehörigen unterschiedlicher Religionen wurden nach Möglichkeit beschränkt. Gerade Neukonvertierte wollte man von ihrem alten gesellschaftlichen Lebensfeld fernhalten. Peter IV. von Aragón verbot den *conversos* 1383 bei Strafe der Auspeitschung und anschließender Verbannung, das jüdische Viertel zu betreten.[25] Doch die Situation sollte sich noch weiter zuspitzen. Seit Jahren hetzte Fernán Martínez, der Erzdiakon von Sevilla, von seiner Kanzel gegen die Juden. Seine Hasstiraden stießen nicht auf taube Ohren. Im Juni 1391 stürmten aufgestachelte Christen die Judenviertel andalusischer und kastilischer Städte, so Ainsa, Barbastro, Tamrite, Jaca, Huesca und Toledo. Die jüdische Gemeinde von Sevilla blieb durch den glücklichen Umstand verschont, dass sich der König gerade in der Stadt aufhielt, und auch die im kastilischen Murcia wurde nicht angegriffen.[26] Ziel dieses Vorgehens war, die Juden zur Konversion zu bewegen. Es kam im großen Umfang zu Zwangstaufen. Auch in den folgenden Jahren hielt die Politik an, möglichst alle Juden zur Konversion zu bewegen. In der berühmten Disputa-

61 Das um 1500 entstandene Holzrelief aus Granada zeigt die Zwangstaufe muslimischer Frauen.

62 In diesem Relief vom Chorgestühl der Kathedrale von Toledo hat Rodrigo Alemán am Ende des 15. Jahrhunderts die Eroberung Granadas verewigt. Vor dem Sieger König Ferdinand II. kniend, übergibt Boabdil die Schlüssel der gefallenen Stadt.

tion von Tortosa 1413 bis 1414, der ersten christlich-jüdischen Polemik in Aragón, sollten die Juden von ihrem „Irrglauben" befreit werden.[27] Papst Benedikt XIII. und der Dominikaner Vinzenz Ferrer hatten das Streitgespräch vorbereitet, dessen Ausgang von Beginn an klar war. Obwohl die rabbinischen Gelehrten alle Kunst aufboten, ihren Glauben zu verteidigen, war ihr Unterfangen chancenlos. Einige Monate nach der Disputation konvertierten Tausende zum Christentum. Viele der Konvertiten hielten indes im Geheimen an ihrer alten Religion fest. Verächtlich wurden sie von den alten Christen *Marranos* genannt. Seit 1478 wirkte zunächst in Spanien und dann auch in Portugal die Inquisition.[28] Wer verdächtigt wurde, weiterhin dem Judentum anzuhängen, wurde zunächst gefoltert. Dabei sollte der Gefolterte auch die Namen weiterer Personen angeben, die sich des gleichen „Vergehens" schuldig gemacht hatten. Nach erfolgtem Geständnis folgte zur Urteilsvollstreckung die Auslieferung an den weltlichen Arm. Lebenslange Kerkerhaft oder Galeerendienst zählten noch zu den geringen Strafen. Häufig endete der Verurteilte auf dem Scheiterhaufen. Wer das Geständnis verweigerte, riskierte gar eine Verbrennung bei lebendigem Leib.

Im Jahre 1469 hatten König Ferdinand II. und Königin Isabella die Krone von Aragón geerbt. Diese Vereinigung Spaniens legte die Grund-

IV. Ausblick

lage für den Abschluss der christlichen Reconquista. In einem zehn Jahre andauernden Krieg wurde das Königreich Granada Stück um Stück zurückgewonnen.29 Am 2. Januar 1492 fiel die Hauptstadt Granada. Nach achthundert Jahren hatte die muslimische Herrschaft auf der Iberischen Halbinsel ihr Ende gefunden. Der Eroberung Granadas folgte die Ausweisung der Juden. Im Jahre 1483 war der Dominikaner Tomás de Torquemada zum Inquisitor ernannt worden.30 Er spielte wohl die entscheidende Rolle bei der Entstehung des königlichen Dekrets vom 31. März 1492, das den Juden eine Frist von drei Monaten zur Konversion oder zum Verlassen Spaniens gab. Der kleinere Teil der Exilanten blieb in Europa. In den folgenden Jahren siedelten Juden von der Iberischen Halbinsel, die sogenannten *Sepharden* – nach dem hebräischen Wort für Spanien – in London, Hamburg und Amsterdam. Die am 2. August 1657 eingeweihte Amsterdamer „Portugiesische Synagoge" ist heute die älteste in Westeuropa, die den nationalsozialistischen Terror unbeschadet überstand. Die meisten Auswanderer von der Iberischen Halbinsel suchten indes eine neue Heimat unter islamischer Herrschaft. Sie wandten sich nach Nordafrika und dem östlichen Mittelmeer in das aufstrebende Reich der Osmanen.

63 Porträt des Sultans Bajezid I. Yilderim (1389 – 1402) von einem unbekannten Maler.

Die Geburt des Osmanischen Reiches

Innerhalb eines guten Jahrhunderts hatte sich ein kleines türkisches Emirat an den Grenzen des seldschukischen und byzantinischen Herrschaftsgebiets zu einem riesigen Reich entwickelt, das die stärkste Macht in der islamischen Welt repräsentierte.31 Schon seinem Begründer, dem namengebenden Emir Osman (1299 – 1326), war es gelungen, einen effizienten Verwaltungsapparat aufzubauen und sein kleines Emirat von 1500 km² auf 18 000 km² auszudehnen.32 In atemberaubender Geschwindigkeit vergrößerten seine Nachfolger ihren Herrschaftsraum. Im Jahre 1331 eroberten die Osmanen Nikäa (Iznik), 1337 Nikomedeia (Izmit). Zur Mitte des 14. Jahrhunderts drangen sie auf den Balkan vor und errichteten einen Brückenkopf. Auch die Küsten des Marmarameeres wurden bis Rodostro (Tekirdag) von den Osmanen eingenommen. Die osmanische Expansion blieb in Europa keineswegs unbemerkt. Ihr Ausgreifen auf den Balkan bot seit der zweiten Hälfte des 14. Jahrhunderts Anlass, zu einer Reihe von Kreuzzügen gegen die Invasoren aus Kleinasien aufzurufen. So im Jahre 1366 unter Führung des Grafen Amadeus

64 Die in Brügge um 1470 entstandene Buchmalerei zeigt die Übergabe des Lösegeldes für Johann von Nevers an den Sultan Bajezid.

65 (rechts) Die zeitgenössische Miniatur aus der französischen Schule stellt die Belagerung Konstantinopels durch das osmanische Heer unter Führung Sultan Mehmeds II., des Eroberers (1451 – 1481), dar.

von Savoyen, dem die Eroberung Gallipolis gelang.[33] Verstärkt wurden die Kreuzzugsbemühungen nach der Niederlage der Serben gegen das osmanische Heer in der ersten Schlacht auf dem Amselfeld 1389. Angesichts der Bedrohung durch die Osmanen waren trotz ihres Schismas sowohl die lateinische wie auch die griechische Kirche zur Unterstützung eines Kreuzzuges bereit.[34] Zu Beginn der 1390er Jahre wurde das Unternehmen in intensivem diplomatischem Austausch vorbereitet.[35] Man plante, den Feldzug in zwei Stufen zu führen. Im Jahre 1395 sollte sich der erste Teil des Kreuzfahrerheeres unter Führung Johanns von Gaunt, Ludwigs von Orléans und des burgundischen Herzogs Philipp des Kühnen von Burgund aus in Marsch setzen. Der allgemeine Kreuzzug sollte angeführt vom französischen König Karl VI. und dem englischen König Richard II. nachfolgen. Doch 1395 war von diesen großangelegten Planungen nicht mehr viel übrig geblieben. Die beiden Könige wie auch der Herzog von Burgund zogen sich aus dem gemeinsamen Unternehmen zurück. Stattdessen brach im Frühjahr 1396 ein Heer unter Führung von Johann von Nevers, dem ältesten Sohn des Burgunderherzogs, gen Balkan auf. Unterwegs stießen ungarische Truppen unter Führung König Sigismunds zu der Streitmacht. Nachdem die Kreuzfahrer einige kleinere Erfolge im Donautal erzielt hatten, trafen sie am 25. September südlich von Nikopolis auf das Heer des osmanischen Sultans Bajezid I. Yilderim (1389 – 1402). Die Schlacht auf offenem Feld wurde für das Kreuzfahrerheer zu einem Fiasko. Unzählige Ritter wurden getötet. Johann von Nevers und viele andere Kreuzfahrer gerieten in osmanische Gefangenschaft. Für die astronomische Summe von einer hal-

135

Die Geburt des
Osmanischen Reiches

66 Die Seeschlacht bei Lepanto in der Darstellung eines unbekannten Künstlers aus dem 17. Jahrhundert.

ben Million Franc sollte er die Freiheit wiedererlangen. Der Schock über den Untergang des Kreuzfahrerheers war nachhaltig. In der Folge brach nie wieder ein vereinigtes Heer aus dem Westen zum Angriff gegen die Osmanen auf.

Die osmanische Expansion ging unterdessen weiter. Daran änderten auch phasenweise auftretende innenpolitische Krisen wie der Bruderkrieg zwischen Bajezids Söhnen um die Nachfolge (1403 – 1413) wenig. 1453 gelang den Osmanen die Einnahme Konstantinopels. Die christliche Herrschaft über die Stadt war für immer vorüber. Auch die Mamluken waren dem osmanischen Expansionsdrang nicht gewachsen. Zwischen 1516 und 1517 eroberten die Osmanen Syrien wie Ägypten und lösten die mamlukische Herrschaft nach mehr als zwei Jahrhunderten ab. Seit 1518 wurde damit der osmanische Sultan als Kalif zugleich das geistliche Oberhaupt aller Muslime. In den folgenden Jahren und Jahrzehnten sicherten sich die Osmanen im östlichen Mittelmeer auch die Hoheit auf See. Für die italienischen Seestädte bedeutete dies eine existentielle Bedrohung, zumal sich die osmanische Seemacht immer weiter nach Westen ausdehnte. Als der Sultan Suleiman II., der Prächtige, 1566 starb, umfasste sein Reich etwa 2 500 000 km².[36] Es erstreckte sich über den ganzen Balkan, eine Hälfte Ungarns, die Schwarzmeerküsten, Syrien, den Irak, die Arabische Halbinsel und den Norden Afrikas bis nach Tunis. Am 25. Mai 1571 verbündeten sich der Papst, der Doge von Venedig und der spanische König zu einer „Heiligen Liga" gegen die Osmanen.[37] Dies ist nicht der Ort, um ausführlich die Hintergründe darzustellen, die zu diesem Zusammenschluss führten. Allein die Wahl des Namens macht deutlich, dass sich die Beteiligten in der Tradition der Kreuzfahrer sahen und dem Aspekt eines „Glaubenskrieges" – ungeachtet anderer Interessen – eine nicht zu unterschätzende Rolle zukam. Nur einige Wochen nach Gründung der Heiligen Liga nahmen die Osmanen Zypern in Besitz.[38] Am 9. August sammelte sich die Flotte der Liga vor der Küste von Neapel. In der Seeschlacht bei Lepanto gelang ihr der entscheidende Sieg über die Osmanen.[39] Das christliche Abendland hatte der osmanischen Seemacht zwar nicht das Rückgrat gebrochen, aber doch seine Moral gestärkt und seine Einflusssphären am Mittelmeer behauptet. Europa und der Orient hatten ihre Gesichter ein weiteres Mal verändert.

Zeittafel

622	Mit der Übersiedlung Mohammeds von Mekka nach Medina (Hedschra) beginnt die islamische Zeitrechnung.
632	Tod Mohammeds
638	Die Muslime erobern Jerusalem.
661	Ali, der Schwiegersohn Mohammeds, wird in Kufa ermordet.
661–750	Dynastie der Omaijaden in Damaskus
711	Beginn der muslimischen Eroberung der Iberischen Halbinsel
732	Karl Martell besiegt die Muslime in der Schlacht von Tours und Poitiers. Ein weiteres Vordringen der Araber wird verhindert.
750	Die Abbasiden stürzen die Omaijadenherrscher in Damaskus.
756	Gründung des Emirats von Córdoba durch den Omaijaden Abd ar-Rahman, der dem Blutbad entkommt.
762	Das neu gegründete Bagdad wird neue Residenz der Abbasiden.
772–806	Sachsenkriege Karls des Großen
786–809	Herrschaft des Abbasidenkalifen Harun ar-Raschid
795	Errichtung der Spanischen Mark
800	Kaiserkrönung Karls des Großen
909/910	Gründung des Klosters Cluny
955	Sieg Ottos des Großen über die Ungarn auf dem Lechfeld
969–1171	Herrschaft der Fatimiden in Ägypten
982	Italienzug Ottos II. Das Heer wird bei Cotrone in Kalabrien durch die fatimidischen Araber geschlagen.
999	Gerbert von Aurillac wird Papst Sylvester II.
um 1000	Beginn des Vordringens türkischer Seldschuken nach Westen
1009	Zerstörung der Grabeskirche in Jerusalem unter dem Kalifen al-Hakim
1053	Papst Leo IX. erklärt Christen zu Märtyrern, die auf päpstlicher Seite gegen die Normannen kämpfen.
1054	Zerwürfnis zwischen der lateinischen und der griechisch-orthodoxen Kirche (Schisma)
1055	Der Seldschuke Toğrul Beg übernimmt die Herrschaft in Bagdad.
1059	Anerkennung päpstlicher Lehenshoheit durch die Normannen auf der Synode von Melfi. Robert Guiskard wird Dux von Apulien und Kalabrien.
1061	Eroberung Messinas durch die Normannen
1061–1163	Herrschaft der berberischen Almoraviden in Nordafrika und auf der Iberischen Halbinsel
1064	„Großer Pilgerzug" nach Jerusalem des Bischofs Günther von Bamberg und anderer hoher Würdenträger des Reiches. Papst Alexander II. gewährt Sündenablass für den Kampf gegen die Muslime in Barbastro.
1066	Schlacht bei Hastings. Die Normannen erobern England.
1071	Niederlage der Byzantiner gegen die Seldschuken in der Schlacht bei Manzikert
1077	Bußgang Heinrichs IV. zu Papst Gregor VII. nach Canossa
vor 1080	Gründung des Johannesspitals in Jerusalem durch Kaufleute aus Amalfi
1085	Alfons VI. von Kastilien erobert Toledo von den Arabern zurück.
1086	Die Almoraviden besiegen ein christliches Heer bei Sagrajas.
1095	Konzil von Piacenza (März). Das Byzantinische Reich bittet um militärische Hilfe im Kampf gegen die Muslime.
1095	Kreuzzugsaufruf Papst Urbans II. auf dem Konzil von Clermont am 27. November
1096 Frühjahr	Beginn des sogenannten „Volkskreuzzugs"; Massaker in den bedeutenden jüdischen Gemeinden entlang des Rheins; Spätsommer/Herbst: Der „Volkskreuzzug" wird in Kleinasien von den Seldschuken vollständig aufgerieben.

1096 Sommer	Aufbruch der einzelnen Ritterheere
bis Mai 1097	Eintreffen der Ritterheere in Konstantinopel
1097	Schlacht bei Doryläum (1. Juli)
1097	Beginn der Belagerung von Antiochia (23. Oktober)
1098	Anfänge des Zisterzienserordens unter Abt Robert von Molesme
1098	Errichtung der Grafschaft Edessa, des ersten Kreuzfahrerstaates, durch Balduin von Boulogne
1098	Antiochia fällt durch Verrat in die Hände der Kreuzfahrer (3. Juni). Errichtung des Fürstentums Antiochia unter Herrschaft Bohemunds von Tarent
1099	Die Kreuzfahrer erobern Jerusalem (15. Juli).
1100	Nach dem Tod Gottfrieds von Bouillon wird Balduin von Boulogne zum ersten König von Jerusalem gekrönt (25. Dezember).
1101	Die dritte Kreuzzugswelle erreicht Kleinasien.
1109	Errichtung der Grafschaft Tripolis
um 1120	Anfänge des Templerordens
1141	Petrus Venerabilis, Abt von Cluny, gibt in Toledo eine Übersetzung des Koran in Auftrag
1144	Der Atabeg Imad ad-Din Zengi erobert Edessa zurück.
1145–1149	Zweiter Kreuzzug
1147–1269	Herrschaft der Almohaden, Herrschaft Nur ad-Dins. Der Emir von Damaskus sammelt die Muslime im Kampf gegen die Kreuzfahrer.
1171	Der Kurde Saladin stürzt das Kalifat der Fatimiden und wird Herrscher über Ägypten.
1174	Saladin übernimmt die Herrschaft in Damaskus.
1175	Übersetzung des *Almagest* in Toledo durch Gerhard von Cremona
1187	Schlacht bei den Hörnern von Hattin (4. Juli)
1187–1192	Dritter Kreuzzug
1190	Vor den Toren von Akkon wirkt eine deutsche Spitalbruderschaft, der spätere Deutsche Orden.
1195	Niederlage des christlichen Heeres gegen die Almohaden bei Alarcos
1201–1204	Vierter Kreuzzug. Die Lateiner erobern Konstantinopel (12. April).
1212	Kinderkreuzzug
1212	Christlicher Sieg gegen die Almohaden bei Las Navas de Tolosa
1217–1221	Fünfter Kreuzzug
1227–1229	Kreuzzug Kaiser Friedrichs II.
1248–1254	Erster Kreuzzug König Ludwigs IX., des Heiligen, von Frankreich
1258	Die Mongolen erobern Bagdad.
1260	Der Mamluke Baybars besiegt die Mongolen bei den Goliathsquellen, wird Sultan von Ägypten und einigt Syrien.
1270	Zweiter Kreuzzug Ludwigs des Heiligen
1291	Die Mamluken unter Sultan al-Malik as Ashraf Khalil erobern Akkon, den letzten Stützpunkt der Lateiner im Heiligen Land (18. Mai).
1314	Jacques de Molay, der letzte Großmeister des Templerordens, wird in Paris verbrannt.
1339	Beginn des Hundertjährigen Krieges zwischen England und Frankreich
1347–1351	Der Schwarze Tod wütet in Europa.
1359–1389	Sultan Murad I. dehnt das Osmanische Reich auf dem Balkan und Anatolien aus.
1389	Sieg der Osmanen auf dem Amselfeld
1396	Ein ungarisch-französisches Kreuzritterheer wird bei Nikopolis von den Osmanen geschlagen.
1453	Die Osmanen erobern Konstantinopel.
1492	Ende der Reconquista auf der Iberischen Halbinsel mit der Eroberung Granadas. Vertreibung der Juden aus Spanien. Kolumbus „entdeckt" Amerika.
1571	Seeschlacht bei Lepanto

Anmerkungen

Vorwort

1. Zahlreiche Beiträge hierzu bietet der Band von Gereon Sievenich / Hendrik Budde (Hrsg.), Europa und der Orient. 800 – 1900, Gütersloh / München 1989.
2. Peter Thorau, „ „Die Truppen der Türken aber erfaßte das Stammesbewußtsein". Integrations- und Selbstwahrnehmungsprozesse der islamischen Welt in der Auseinandersetzung mit den Kreuzfahrern, in: Heinz Gaube, Bernd Schneidmüller und Stefan Weinfurter (Hrsg.), Konfrontation der Kulturen? Saladin und die Kreuzfahrer. Wissenschaftliches Kolloquium in den Reiss-Engelhorn-Museen Mannheim zur Vorbereitung der Ausstellung „Saladin und die Kreuzfahrer", 3. bis 4. November 2004, Mainz 2005, S. 121 f.

I. Einführung: Abendländer im Morgenland und Orientalen im Okzident

1. Hagenmeyer, Heinrich (Hrsg.), Fulcher von Chartres, Historia Hierosolymitana (1095 – 1127), Heidelberg 1913.
2. Margaret R. Morgan, The Meanings of old French polain, Latin *pullanus*, in: Medium Aevum 48 (1979), S. 40 – 54. Hans Eberhard Mayer, Die Kreuzzüge, Stuttgart [10]2005, S. 191.
3. Joshua Prawer, The world of the crusaders, Jerusalem 1972, S. 83.
4. Paul D. A. Harvey (Hrsg.), The Hereford World Map. Medieval World Maps and their Context, London 2006.
5. Nikolas Jaspert, Die Kreuzzüge, Darmstadt [3]2006, S. 1.
6. Michael Borgolte, Christen, Juden, Muselmanen. Die Erben der Antike und der Aufstieg des Abendlandes 300 bis 1400 n. Chr. (= Siedler Geschichte Europas), München 2006, S. 259 f.
7. Der arabische Text bei Philip Khoury Hitti (Hrsg.), Memoirs of an Arab-Syrian Gentleman or an Arab Knight in the Crusades. Memoirs of Usâma Ibn-Munqidh (Kitāb al-I`tibār), Beirut 1964. Eine deutsche Übersetzung bietet Gernot Rotter, Usâma ibn Munqidh. Ein Leben im Kampf gegen Kreuzritterheere (= Bibliothek arabischer Klassiker 4), Tübingen 1978.
8. Zu Michael I. jetzt Dorothea Weltecke, Die „Betrachtung der Zeiten" von Mōr Michael dem Großen (1126 – 1199). Eine Studie zu ihrem historischen und historiographischen Kontext (= Corpus Scriptorum Christianorum Orientalium 594, Subsidia 110), Louvain 2003.

II. Zeitenwende: Europa und der Orient im frühen Mittelalter (7. – 10. Jahrhundert)

1. Michael Cook, Muhammad, Oxford 1983.
2. Wanda Sellar / Martin Watt, Weihrauch und Myrrhe. Anwendung in Geschichte und Gegenwart, München 1997, S. 8.
3. Michael Grant, Die Welt des frühen Mittelalters, Ostfildern 2003, S. 74.
4. Mark R. Cohen, Unter Kreuz und Halbmond. Die Juden im Mittelalter, München 2005, S. 44 f.
5. Grant (2003), S. 154.
6. Genesis, Kapitel 16.
7. Suraiya Faroqhi, Herrscher über Mekka. Die Geschichte der Pilgerfahrt, Düsseldorf / Zürich 1990.
8. Borgolte (2006), S. 256.
9. Ebenda, S. 258 f. mit einer genauen Erläuterung der Zusammenhänge.
10. Fredegarii et aliorum Chronica. Vitae sanctorum (=MGH. Scriptores rerum Merovingicarum. Tomus II.) Hrsg. Bruno Krusch. Hannover 1888, Kapitel 65 u. 66.
11. Peter Engels, Das Bild des Propheten Mohammed in abendländischen Schriften des Mittelalters, in: Kein Krieg ist heilig. Die Kreuzfahrer, Hrsg. Hans-Jürgen Kotzur. Bearbeitet von Brigitte Klein und Winfried Wilhelmy, Mainz 2004, S. 252.
12. Beda der Ehrwürdige. Kirchengeschichte des englischen Volkes, Hrsg. Günter Spitzbart, Darmstadt [2]1997, S. 532: *Quo tempore grauissima Sarracenorum lues Gallias misere caede uastabat, et ipsi non multo post in eadem prouincia dignas suae perfidiae poenas luebant.*
13. Engels (2004), S. 252.
14. Uri Rubin / David J. Wasserstein, Dhimmis and Others. Jews and Christians and the World of Classical Islam (= Israel Oriental Studies XVII), Tel Aviv 1997.
15. Cohen (2005), S. 71.
16. Cohen (2005), S. 70.
17. Albrecht Noth, Abgrenzungsprobleme zwischen Muslimen und Nicht-Muslimen. Die Bedingungen ʿUmars (aš-šurūṭ al-ʿumariyya) unter einem anderen Aspekt gelesen, in: Jerusalem Studies in Arabic and Islam 9 (1987), S. 290 – 315.
18. Capitularia regum francorum, Bd. 1, Nr. 132.
19. Andre Clot, Harun al Raschid. Kalif von Bagdad, München / Zürich [2]2001.
20. Zitiert nach Clot (2001), S. 16.
21. Dieter Hägermann, Karl der Große. Herrscher des Abendlandes, München [2]2003, S. 155 f.
22. Michael Borgolte, Der Gesandtenaustausch der Karolinger mit den Abbasiden und mit dem Patriarchen von Jerusalem (= Münchener Beiträge zur Mediävistik und Renaissance-Forschung 25), München 1976.
23. Tilman Nagel, Harūn ar-Rašid (Reg. 786 – 809), in: Wolfgang Dreßen / Georg Minkenberg / Adam C. Oellers (Hrsg.), Ex Oriente. Isaak und der weiße Elefant. Bagdad – Jerusalem – Aachen. Eine Reise durch drei Kulturen um 800 und heute, 3 Bde., Mainz 2003, S. 140 – 147.
24. Hans Altmann, Die Reise des Isaak und die politische Situation um 800, in: Wolfgang Dreßen / Georg Minkenberg / Adam C. Oellers (Hrsg.) 2003, S. 28 – 35. Detlev Ellmers, Juden und Friesen als Hoflieferanten Karls des Großen, in: Wolfgang Dreßen / Georg Minkenberg / Adam C. Oellers (Hrsg.) 2003, S. 56 – 65.

25 Klaus Grewe/Frank Pohle, Der Weg des Abul Abaz von Bagdad nach Aachen, in: Wolfgang Dreßen/Georg Minkenberg/Adam C. Oellers (Hrsg.) 2003, S. 66–69.
26 Borgolte (2006), S. 262.
27 Grant (2003), S. 96 f.
28 Kenneth Baxter Wolf, Muhammad as antichrist in ninth-century Córdoba, in: Mark D. Meyerson/Edward D. English (Hrsg.), Christians, Muslims and Jews in Medieval and Early Modern Spain. Interaction and Cultural Change (= Notre Dame Conferences in Medieval Studies 8), Notre Dame, Indiana 2000, S. 3–19.
29 Mikel de Epalza, Mozarabs: An emblematic Christian Minority in Islamic al-Andalus, in: Salma Khadra Jayyusi (Hrsg.), The legacy of Muslim Spain, Leiden 1992, S. 159 f.
30 Für eine ausführliche Darstellung Kenneth Baxter Wolf, Christian martyrs in Muslim Spain, Cambridge 1988.
31 Grant (2003), S. 96 f.

III. Begegnungen im Zeitalter der Kreuzzüge (11.–13. Jahrhundert)

1 Stellvertretend für die beachtliche Zahl neuerer Werke seien genannt Nikolas Jaspert, Die Kreuzzüge, Darmstadt ²2006. Sylvia Schein, Gateway to the Heavenly City. Crusader Jerusalem and the Catholic West (1099–1187), Aldershot 2005. Jonathan Riley-Smith, The crusades. A history, London/New York 2005. John France, The Crusades and the Expansion of Western Christendom, London 2005. Hans Eberhard Mayer, Geschichte der Kreuzzüge, Stuttgart ¹⁰2005. Christopher Tyerman, Fighting for Christendom. Holy War and the Crusades, Oxford 2004. Claude Lebédel, Les croisades, Origines et conséquences, Rennes 2004. Andrew Jotischky, Crusading and the Crusader States, Harlow 2004. Thomas Asbridge, The First Crusade. A New History, London 2004. Peter Thorau, Die Kreuzzüge, München 2004. Norman Housley, Die Kreuzritter, Stuttgart 2004.
2 Ausführlich Klaus Herbers, Geschichte Spaniens im Mittelalter. Vom Westgotenreich bis zum Ende des 15. Jahrhunderts, Stuttgart 2006. Ludwig Vones, Geschichte der Iberischen Halbinsel im Mittelalter (711–1480). Reiche – Kronen – Regionen, Sigmaringen 1993.
3 Jaspert (2006), S. 113.
4 Trevor Rowley, Die Normannen, Essen 2003, S. 126 ff.
5 Jonathan Riley-Smith, Die Kreuzzugsbewegung und ihre Historiker, in: Jonathan Riley-Smith (Hrsg.), Illustrierte Geschichte der Kreuzzüge, Frankfurt am Main/New York 1999, S. 17.
6 Ebenda, S. 20.
7 Noch immer grundlegend Carl Erdmann, Die Entstehung des Kreuzzugsgedankens (= Forschungen zur Kirchen- und Geistesgeschichte 6), Stuttgart 1935 [Neudruck: 1955]. Jean Flori, Guerre sainte, jihad, croisade: violence et religion dans le christianisme et l'Islam (= Collection Points. Série Histoire 309), Paris 2002.
8 Mayer (2005), S. 20.
9 Jaspert (2006), S. 9.
10 Engels (2004), S. 254.
11 Claude Cahen, La première pénétration turque en Asie Mineure, in: Byzantion 18 (1948), S. 5–67.
12 Thorau (2004), S. 22.
13 Mayer (2005), S. 15.
14 Marshall Hodgson, The Order of the Assassins. The struggle of the early Nizārī Ismaʾīlīs against the Islamic world, Den Haag 1955 [Neudruck: New York 1980].
15 Mayer (2005), S. 16.
16 Asbridge (2004), S. 32.
17 Robert B. C. Huygens (Hrsg.), Guibert von Nogent, Dei gesta per Francos, et autres textes (= Corpus Christianorum Continuatio Medievalis 127A), Turnhout 1996, S. 111–117.
18 Ernest O. Blake/Collin Morris, A hermit goes to war. Peter and the origins of the first crusade, in: Studies in Church History 22 (1985), S. 79–107.
19 Eva Haverkamp (Hrsg.), Hebräische Texte über die Judenverfolgungen während des ersten Kreuzzuges (= MGH. Hebräische Texte aus dem mittelalterlichen Deutschland 1), München 2005. Robert Chazan, European Jewry and the first Crusade, Berkeley 1987. Ernst Dietrich Ludwig, Das Judentum im Zeitalter der Kreuzzüge, in: Saeculum 3 (1952), S. 94–131.
20 Nikolas Jaspert, Capta est Dertosa, clavis christianorum. Tortosa and the crusades, in: Hrsg. Martin Hoch/Jonathan Philipps, The second crusade. Scope and consequences, Manchester/New York 2001, S. 90–110.
21 James M. Powell (Hrsg.), Muslims under Latin Rule, Princeton 1990.
22 Abulafia, S. 4.
23 John H. Hill/Laurita L. Hill (Hrsg.), Le „Liber" de Raymond d'Aguilers (= Documents relatifs à l'histoire des croisades 9), Paris 1969, S. 150. Weitere Ausführungen zum Massaker von Jerusalem aus Sicht der Kreuzfahrer u. a. Roger Mynors (Hrsg.)/Rosalind M. T. Hill (Übers.), Gesta Francorum et aliorum Hierosolimitanorum, London, Paris, New York 1962, S. 62. Für die Sicht der jakobitischen Christen vgl. Paul Bedjan (Hrsg.), Gregorii Barhebraei Chronicon Syriacum. E Codd. MSS. emendatum ac punctis vocalibus adnotationibusque locupletatum, Paris 1890, S. 265 Z. 26 – S. 266 Z. 7. Eine arabische Schilderung des Blutbades bei Carl Johannes Tornberg (Hrsg.), ʿIzz ad-Din Ibn al-Atīr: Al-kāmil fī-t-taʾrīḫ. Chronicon quod perfectissimum inscribitur, Leiden/Uppsala 1851–1876 [Neudruck: Beirut 1965–1967], Bd. 10, S. 282 Z. 15 – S. 284 Z. 6 nach dem Neudruck.
24 Margret R. Morgan (Hrsg.), La continuation des Guillaume de Tyr. 1184–1197 (= Documents relatifs à l'histoire de croisades 14), Paris 1982, S. 69. Beha ed-Din, The life of Saladin or what befell Sultan Yusuf. Translated by

C. W. Wilson with the assistance of C. R. Conder, London 1897, S. 120
25 Hill/Hill (1969), S. 150.
26 Carlo de Landsberg (Hrsg.), 'Imād ad-Dīn al-Iṣfahānī, Al-fatḥ al-qussī fī-l-fatḥ al-qudsī, Leiden 1888, S. 61.
27 Peter Thorau, „Die fremden Franken – al-farang̀ al-g̀urabā'. Kreuzfahrer und Kreuzzüge aus arabischer Sicht, in: Hrsg. Alfried Wieczorek, Mamoun Fansa, Harald Meller, Saladin und die Kreuzfahrer, Mainz 2005, S. 120.
28 Joshua Prawer, Social classes in the crusader states: the Franks, in: Kenneth Meïr Setton (Hrsg.), A history of the crusades, London 1985, Bd. 5, S. 117–192. Ders, Social classes in the crusader states: the „minorities", in: Kenneth Meïr Setton (Hrsg.) 1985, S. 59–117. Josiah C. Russel, The population of the crusader states, in: Kenneth Meïr Setton (Hrsg.) 1985, S. 295–315.
29 Joshua Prawer, Crusader Institutions, Oxford 1980, S. 92 ff. Hans Eberhard Mayer, Bistümer, Klöster und Stifte im Königreich Jerusalem (= Monumenta Germaniae Historica. Schriften 26), Stuttgart 1977, S. 77.
30 Prawer (1980), S. 85.
31 Prawer (1980), S. 202.
32 Kay Peter Jankrift, Bericht eines Juden nach der Einnahme Jerusalems durch die Kreuzfahrer, in: Alfried Wieczorek, Mamoun Fansa, Harald Meller (Hrsg.), Saladin und die Kreuzfahrer, Mainz 2005, S. 307.
33 Joshua Prawer, The History of the Jews in the Latin Kingdom of Jerusalem, Oxford 1988.
34 Menachem N. Adler, Die Reisebeschreibungen des R. Benjamin von Tudela, Hebräisch-Deutsch, 2 Bde., Frankfurt am Main/Jerusalem 1903/1904, S. 34 f.
35 Ebenda, S. 35.
36 Marie-Luise Favreau-Lilie, Handel in den Kreuzfahrerstaaten, in: Alfried Wieczorek, Mamoun Fansa, Harald Meller (Hrsg.), Saladin und die Kreuzfahrer. Begleitband zur Sonderausstellung „Saladin und die Kreuzfahrer" im Landesmuseum für Vorgeschichte Halle (Saale), im Landesmuseum für Natur und Mensch Oldenburg und in den Reiss-Engelhorn-Museen Mannheim, Mainz 2006, S. 450.
37 Abulafia (1994), S. 8.
38 Zu den Grundzügen des Orienthandels Rolf Walter, Geschichte der Weltwirtschaft. Eine Einführung, Köln/Wien/Weimar 2006. David Jacoby, Commercial Exchange across the Mediterranean: Byzantium, the Crusader Levant, Egypt, Italy and Venice, Aldershot 2005. David Abulafia, Mediterranean Encounters, Economic, Religious, Political 1100–1510, Aldershot 2000. Allgemein auch Peter Spufford, Handel, Macht und Reichtum. Kaufleute im Mittelalter, Darmstadt 2004.
39 Karl-Heinz Ludwig, Technik im hohen Mittelalter zwischen 1000 und 1350/1400, in: Wolfgang König (Hrsg.), Propyläen Technikgeschichte, Bd. 2: Metalle und Macht (1000–1600), Berlin 1997, S. 56.
40 Susan Beatrice Edgington (Hrsg.), The Historia Iherosolimitana of Albert of Aachen. A critical edition, Ph. D. thesis, University of London 1991 [unveröffentlicht], Bd. I, S. 21.
41 Yvonne Friedman, Encounter between Enemies. Captivity and Ransom in the Latin Kingdom of Jerusalem (= Cultures, Beliefs and Traditions. Medieval and Early Modern Peoples 10), Leiden/Boston/Köln 2002, S. 168. Zu den unterschiedlichen Rollen von Frauen auf Kreuzzügen Sabine Geldsetzer, Frauen auf Kreuzzügen, 1096–1291, Darmstadt 2003.
42 Albert von Aachen, Bd. 2 (1991), S. 39.
43 Asbridge (2004), S. 168.
44 Fulcher von Chartres (1913), S. 221. Gesta Francorum (1962), S. 29.
45 Friedman (2002), S. 169. Kathryn Gravdal, Ravishing Maidens. Writing rape in medieval French literature and law, Philadelphia 1991.
46 Zitiert nach der Anführung bei Bodo Hechelhammer, Frauen auf dem Kreuzzug, in: Hans-Jürgen Kotzur (Hrsg.), bearbeitet von Brigitte Klein und Winfried Wilhelmy, Kein Krieg ist heilig. Die Kreuzfahrer, Mainz 2004, S. 211.
47 Shlomo Dov Goitein, Geniza sources for the crusader period. A survey, in: Hrsg. Benjamin Zeev. Kedar/Hans Eberhard Mayer/Raymond Charles Smail, Outremer. Studies in the History of the Crusading Kingdom of Jerusalem, Presented to Joshua Prawer, Jerusalem 1982, S. 312. Eine Edition des Briefes bei Shlomo Dov Goitein, Palestinian Jewry in early Islamic and crusader times in the light of Geniza documents, Jerusalem 1980, S. 241–248 [in Hebräisch]. Siehe auch Jankrift (2005), S. 306 f.
48 Friedman (2002), S. 172 Anm. 40.
49 Fulcher von Chartres (1913), S. 23,5.
50 Friedman (2002), S. 171.
51 Rotter (1978), S. 168.
52 Natalis de Wailly (Hrsg.), Jean de Joinville. Histoire de Saint Louis, Paris 1874, II, S. 78.
53 Friedman (2002), S. 158–161 mit einer tabellarischen Übersicht der Gefangenen und Lösegeldsummen.
54 Rotter (1978), S. 101.
55 Virgili (1997), Nr. 246, S. 310.
56 Virgili (1997), z. B. Nr. 312, S. 390 f.
57 Ebenda.
58 Comte de Beugnot (Hrsg.), Assises de Jérusalem. Assises de la Cour des bourgeois (= Recueil des Historiens des Croisades. Lois II), Paris 1843 [Neudruck: 1969], S. 170.
59 Friedman (2002), S. 243.
60 Ebenda, S. 178.
61 Robert B. C. Huygens (Hrsg.), Guillaume de Tyr, Chronicon, 2 Bde. (= Corpus Christianorum Continuatio Medievalis 63/63), Turnhout 1986, Kap. 16 S. 19.
62 The travels of Ibn Jubayr. Translated by R. J. C. Broadhurst, London 1952, S. 281.
63 Rotter (1978), S. 81.
64 Ernest Alfred Wallis Budge, The Chronography of Gregory Abû'l Faraj, the Son of Aaron, the Hebrew Physician, Commonly Known as Bar Hebraeus, Being the First Part of his Po-

litical History of the World, London 1932, Bd. I, S. XV. Anton Baumstark, Geschichte der syrischen Literatur mit Ausschluß der christlich-palästinensischen Texte, Bonn 1922, S. 313. Georg Graf, Geschichte der christlichen arabischen Literatur, Bd. 2: Die Schriftsteller bis zur Mitte des 15. Jahrhunderts (= Studi e Testi 13), Città del Vaticano 1947, S. 272.

65 Zitiert nach Rotter (1978), S. 149 f.

66 Rotter (1978), S. 25, 26 f., 31, 71.

67 Michael McCormick, New light on the „Dark Ages". How the slave trade fuelled the Carolingian economy, in: Past and Present 17 (2002), S. 42 f.

68 Peter Sawyer (Hrsg.), Die Wikinger. Geschichte und Kultur eines Seefahrervolkes, Stuttgart ²2001.

69 Sāmī ad-Dahhān (Hrsg.), Risālat Ibn Faḍlān fī-waṣ f ar-riḥla ilā bilād at-Turk wa-'l-Hazar wa-'r-Rūs wa-ṣ-Ṣa qāliba, Damaskus 1978. Richard N. Frye, Ibn Fadlan's journey to Russia. A tenth-century travel from Baghdad to the Volga River, Princeton 2005. Jørgen B. Simmonsen, Vikingerne ved Volga. Ibn Fadlāns rejsebeskrivelse, Hojby ²2004.

70 Friedman (2002), S. 119 f.

71 Heinrich Hagenmeyer (Hrsg.), Walter der Kanzler, Bella Antiochena, Innsbruck 1896, II, S. 14.

72 Gesta Francorum (1962), S. 42.

73 Asbridge (2004), S. 108.

74 Engels (2004), S. 254 ff.

75 Wanda Sellar/Martin Watt, Weihrauch und Myrrhe. Anwendung in Geschichte und Gegenwart, München 1997, S. 43.

76 Claude Gilliot, La reine de Saba', légende ou réalité in: Yemen. Au pays de la reine de Saba'. Exposition présentée à L'Institut du monde arabe du 25 octobre 1997 au 28 février 1998, Paris 1997, S. 64 ff.

77 Heinrich L. Kaster, Die Weihrauchstraße. Handelswege im alten Orient, Frankfurt am Main 1986.

78 Fulcher von Chartres (1913), S. 37. James A. Brundage, Marriage law in the Latin Kingdom of Jerusalem, in: Hrsg. Benjamin Zeev. Kedar/Hans Eberhard Mayer/Raymond Charles Smail, Outremer. Studies in the History of the Crusading Kingdom of Jerusalem, Presented to Joshua Prawer, Jerusalem 1982, S. 258–271.

79 Hans Eberhard Mayer, The concordat of Nablus, in: Journal of Ecclesiastical History 22 (1982), S. 531–543.

80 Ramón Goguet/José Foguet Marsal (Hrsg.), Código de las costumbres escritas de Tortosa, Tortosa 1912, IX.2.7. Hierzu auch David Nirenberg, Religious and sexual boundaries in the medieval Crown of Aragon, in: Mark D. Meyerson/Edward D. (Hrsg.), English, Christians, Muslims and Jews in Medieval and Early Modern Spain. Interaction and Cultural Change (= Notre Dame Conferences in Medieval Studies 8), Notre Dame, Indiana 2000, S. 141–160.

81 Nirenberg (2000), S. 154.

82 Prawer (1980), S. 201.

83 Jean-Baptiste Chabot (Hrsg.), Chronique de Michel le Syrien, patriarche jacobite d'Antioche (1166–1199), Paris 1910, Bd. IV, S. 607 linke Spalte Z. 39–41.

84 Jonathan Riley-Smith, Some Lesser Officials in Latin Syria, in: English Historical Review 87 (1972), S. 1–26.

85 Friedman (2002), S. 118.

86 P. S. van Koningsveld, The bilingual gravestone of the Taller del Moro in Toledo, in: Bibliotheca Orientalis. Uitgegeven vomwege het Nederlands Instituut voor het Nabije Oosten 37 (1980), S. 301–302. Juan Martínez Ruiz/Joaquina Albarnacín Navarro, Libros árabes, aljamiado-mudéjares y bilingües descubiertos en Ocaña (Toledo), in: Revista de filología española 55 (1973), S. 63 f. Jordi Casanovas, La trilingüe de Tortosa, in: Faventia 2 (1980), S. 65–72.

87 Zitiert nach Wilhelm von Rubruk, Beim Großkhan der Mongolen, 1253–1255, Hrsg. Hans Dieter Leicht, Lenningen 2003, S. 70.

88 Rubruk (2003), S. 118.

89 Rubruk (2003), S. 191.

90 Anne Müller, Bettelmönche in islamischer Fremde. Institutionelle Rahmenbedingungen franziskanischer und dominikanischer Mission in muslimischen Räumen des 13. Jahrhunderts (= Vita regularis. Ordnungen und Deutungen religiosen Lebens im Mittelalter 15), Münster 2002.

91 Berthold Altaner, Sprachkenntnisse und Dolmetscherwesen im missionarischen und diplomatischen Verkehr zwischen Abendland (Päpstliche Kurie) und Orient im 13. und 14. Jahrhundert, in: Zeitschrift für Kirchengeschichte 55 (1936), S. 86.

92 Annemarie Lüders, Die Kreuzzüge im Urteil syrischer und armenischer Quellen (= Berliner Byzantinistische Arbeiten 29), Berlin 1964, S.13. Die Griechischkenntnisse des Bar Hebraeus sind umstritten. Hierzu Theodor Nöldeke, Orientalische Skizzen, Berlin 1892, S. 254.

93 Budge, Ernest Alfred Wallis, The Chronography of Gregory Abū'l Faraj, the Son of Aaron, the Hebrew Physician, Commonly Known as Bar Hebraeus, Being the First Part of his Political History of the World, 2 Bde., London 1932, S. 8.

94 Carl Brockelmann, Syrische Grammatik und Paradigmen, Literatur, Chrestomatie und Glossar, Neudruck: Leipzig 1976, S. 36.

95 Kay Peter Jankrift, In Erwartung eines göttlichen Wunders. Sprache als Barriere zwischen Kreuzfahrern und orientalischen Christen, in: Michel Ballard (Hrsg.), Autour de la première croisade. Actes du Colloque de la Society for the Study of the Crusades and the Latin East. Clermont-Ferrand 22–25 juin 1995, Paris 1997, S. 417–422.

96 Der arabische Text bei Philip Khoury Hitti (Hrsg.), Memoirs of an Arab-Syrian Gentleman or an Arab Knight in the Crusades. Memoirs of Usāmah Ibn-Munqidh (Kitāb al-I'tibār), Beirut 1964. Eine deutsche Übersetzung bietet Gernot Rotter, Usâma ibn Munqidh. Ein Leben im Kampf gegen Kreuzritterheere (= Bibliothek arabischer Klassiker 4), Tübingen 1978.

⁹⁷ Zitiert nach Rotter (1978), S. 159. Hitti (1964), S. 140: *wa mina l-ifranǧi qawmun qad taballadū wa-'āšarū l-muslimīna. Fa-hum aṣlaḥu mina l-qarībī l-'ahdi bi-bilādihim.*
⁹⁸ Hitti (1964), S. 12 f.
⁹⁹ Zitiert nach Rotter (1978), S. 159 f.
¹⁰⁰ Rotter (1978), S. 84 f.
¹⁰¹ Hussein M. Attiya, Knowledge of Arabic in the Crusader States in the Twelfth and Thirteenth Centuries, in: Journal of Medieval History 25 (1999), S. 206.
¹⁰² Hitti (1964), S. 134f.: …w-hum aṣdiqā'ī.
¹⁰³ Zitiert nach Rotter (1978), S. 153.
¹⁰⁴ Zitiert nach Rotter (1978), S. 154.
¹⁰⁵ Ulrich von Etzenbach, Willehalm von Wenden, herausgegeben von Hans-Friedrich Rosenfeld (= Deutsche Texte des Mittelalters 49), Berlin 1957. Daniel Rocher, Das Problem der sprachlichen Verständigung bei Auslandsreisen in der deutschen Literatur des Mittelalters, in: Dietrich Huschenbett u. John Margetts (Hrsg.), Reisen und Welterfahrung in der deutschen Literatur des Mittelalters. Vorträge des XI. Anglo-deutschen Colloquiums. 11.–15. September 1989. Universität Liverpool (= Würzburger Beiträge zur deutschen Philologie 7), Würzburg 1991, S. 24–34.
¹⁰⁶ Rosenfeld (1957), Vers 3001–3004.
¹⁰⁷ Rosenfeld (1957), Vers 3682.
¹⁰⁸ Jonathan Riley-Smith, Some Lesser Officials in Latin Syria, in: English Historical Review 87 (1972), S. 1–26 mit detaillierten Nachweisen.
¹⁰⁹ Rotter (1978), S. 83 f.
¹¹⁰ Mayer (2005), S. 213. Prawer (1985), S. 106
¹¹¹ Chabot, Jean-Baptiste (Hrsg.), Chronique de Michel le Syrien, patriarche jacobite d'Antioche (1166–1199), 4 Bde., Paris 1899–1910, Bd. 4, S. 589.
¹¹² Altaner (1936), S. 101.
¹¹³ Altaner (1936), S. 99.
¹¹⁴ Attiya (1999), S. 203–213.
¹¹⁵ Felicitas Schmieder, Johannes von Plano Carpini. Kunde von den Mongolen. 1245–1247, Sigmaringen 1997, S. 14 f.
¹¹⁶ Altaner (1936), S. 112 ff.
¹¹⁷ Rubruk (2003), S. 79.
¹¹⁸ Berthold Altaner, Die Durchführung des Vienner Konzilsbeschlusses über die Errichtung von Lehrstühlen für orientalische Sprachen, in: Zeitschrift für Kirchengeschichte 52 (1933).
¹¹⁹ Marco Polo. Von Venedig nach China. Die größte Reise des 13. Jahrhunderts. Neu herausgegeben und kommentiert von Theodor A. Knust, Stuttgart 1983, S. 27.
¹²⁰ Jean-Pierre Molénat, Les Mozarabes: un exemple d'intégration, in: Hrsg. Louis Cardaillac, Tolède XIIe–XIIIe. Musulmans, chrétiens et juifs: le savoir et la tolérance, Paris 1991, S. 95–101.
¹²¹ Ignacio Ferrando, 23 contratos comerciales escritos por los judíos de Toledo en los siglos XIII y XIV. Edición completa y estudio lingüístico de los datos Judeo-árabes y andalusíes (= Área de Estudios Árabes e Islámicos 2), Zaragoza 1996.
¹²² Horacio Santiago Otero, Transmisión de saberes entre las minorías étnicas de Toledo en la época de la Reconquista, in: Estudios sobre Alfonso VI y la Reconquista de Toledo. Actas del II Congreso Internacional de Estudios Mozárabes. Toledo, 20–26 mayo 1985 (= Instituto de Estudios Visigótico-Mozárabes. Serie histórica 5), Toledo 1989, S. 219–236.
¹²³ Eloy Benito Ruano, „A Toledo los diablos", in: Medioevo hispano. Estudios in memoriam del Prof. Derek W. Lomax, Madrid 1995, S. 65–81. Jaime Ferreiro Alemparte, La escuela de nigromancia de Toledo, in: Anuario de estudios medievales 13 (1983), S. 205–268.
¹²⁴ Pierre Riché, Gerbert d'Aurillac. Le pape de l'an mil, Paris ²1990.
¹²⁵ Ramón González Ruiz, Las escuelas de Toledo durante el reinado de Alfonso VIII, in: Ricardo Izquierdo Benito/Francisco Ruiz Gómez (Hrsg.), Alarcos, 1195. Actas del Congreso Internacional conmemorativo del VIII centenario de la Batalla de Alarcos (= Estudios 37), Cuenca 1996, S. 169–209. Klaus Herbers, Wissenschaftskontakte und Wissensvermittlung in Spanien im 12. und 13. Jahrhundert. Sprache, Verbreitung und Reaktion, in: Ursula Schäfer (Hrsg.), Artes im Mittelalter, Berlin 1993, S. 230–243.
¹²⁶ Danielle Jacquart, L'école des traducteurs, in: Louis Cardaillac (Hrsg.), Tolède XIIe–XIIIe. Musulmans, chrétiens et juifs: le savoir et la tolérance, Paris 1991, S. 177–191.
¹²⁷ Clara Foz, Pratique de la traduction en Espagne au Moyen Age. Les travaux tolédans, in: Roger Ellis (Hrsg.), The medieval translator, vol. 2 (= Westfield Publications in Medieval Studies 5), London 1991, S. 29–43.
¹²⁸ Charles F. Burnett, Michael Scot and the transmission of scientific culture from Toledo to Bologna via the court of Frederick II Hohenstaufen, in: Micrologus. Natura, scienze e società medievali 2 (1994), S. 101–126.
¹²⁹ Paul Kunitzsch, Gerhard von Cremona und seine Übersetzung des Almagest, in: Odilo Engels/Peter Schreiner (Hrsg.), Die Begegnung des Westens mit dem Osten. Kongreßakten des 4. Symposiums des Mediävistenverbandes in Köln 1991 aus Anlaß des 1000. Todestages der Kaiserin Theophanu, Sigmaringen 1993, S. 333–340.
¹³⁰ M. C. Weber, Gerard of Cremona. The Danger of being half-acculturated, in: Medieval Encounters 8 (2002), S. 124.
¹³¹ Thomas E. Burman, Tafsīr and translation. Traditional Arabic Qur'ān Exegesis and the Latin Qur'āns of Robert of Ketton and Mark of Toledo, in: Speculum 73 (1998), S. 703–732.
¹³² Jacquart, S. 187 f.
¹³³ Menachem N. Adler, Die Reisebeschreibungen des R. Benjamin von Tudela, Hebräisch-Deutsch, 2 Bde., Frankfurt am Main/Jerusalem 1903/1904, S. 86.
¹³⁴ Hamilton Alexander Roskeen Gibb, The Travels of Ibn Battuta. A.D. 1325–1354, 3 vols., Cambridge 1958–1971.
¹³⁵ Friedrun R. Hau, Gondeschapur. Eine Medizinschule aus dem 6. Jahrhun-

dert n. Chr., in: Gesnerus 36 (1979), S. 98–115. Heinz H. Schöffler, Die Akademie von Gondischapur. Aristoteles auf dem Weg in den Orient, Stuttgart ²1980.

[136] Raymond LeCoz, Les médecins nestoriens au Moyen Age: les maîtres des Arabes (= Comprendre le Moyen Orient), Paris 2004. Reiner Degen, Galen im Syrischen: Eine Übersicht über die syrische Überlieferung der Werke Galens, in: Vivian Nutton (Hrsg.), Galen. Problems and Prospects, London 1981, S. 131–166. Jean-Charles Sournia, Die arabische Medizin, in: Richard Toellner (Hrsg.), Illustrierte Geschichte der Medizin, Bd. 2, Augsburg 2000, S. 585–625. Gerhard Strohmaier, Die Rezeption und die Vermittlung. Die Medizin in der byzantinischen und in der arabischen Welt, in: Mirko Drazen Grmek (Hrsg.), Die Geschichte des medizinischen Denkens. Antike und Mittelalter, München 1996, S. 151–181.

[137] Aus der Fülle der Literatur zu Wirken und Werk des Maimonides seien stellvertretend genannt George Tamer (Hrsg.), The Trias of Maimonides. Die Trias des Maimonides. Jewish, Arabic, and Ancient Culture of Knowledge. Jüdische, arabische und antike Wissenskultur, George Tamer, Berlin 2005. Heinrich Schipperges, Krankheit und Gesundheit bei Maimonides (1138–1204), Berlin/Heidelberg/New York 1996.

[138] Moses Ben Maimon, Führer der Unschlüssigen. Übersetzung und Kommentar von Adolf Weiß. Mit einer Einleitung von Johann Maier (= Philosophische Bibliothek 184), Hamburg ²1985.

[139] Sarah Stroumsa, Maimonides und die Kultur des Mittelmeerraumes, in: Christoph Cluse (Hrsg.), Europas Juden im Mittelalter, Beiträge des internationalen Symposiums in Speyer vom 20. bis 25. Oktober 2002, Trier 2004, S. 117.

[140] Geoffrey Khan, The early eastern traditions of Hebrew grammar, in: Nicholas de Lange (Hrsg.), Hebrew scholarship and the medieval world, Cambridge 2001, S. 77–91.

[141] Alistair C. Crombie, Griechisch-arabische Naturwissenschaften und abendländisches Denken, in: Gereon Sievenich/Hendrik Budde (Hrsg.), Europa und der Orient. 800–1900, Gütersloh/München 1989, S. 104.

[142] Martin Kintzinger, Wissen wird Macht. Bildung im Mittelalter, Ostfildern 2003.

[143] Abulafia (1994), S. 2. James W. Allan, The Influence of the metalwork of Arab Mediterranean on that of medieval Europe, in: Dionisius A. Agius/Richard Hitchcock (Hrsg.), The Arab influence in medieval Europe (= Middle East Culture Series 18), Reading 1994, S. 25–43. Dietrich Lohrmann, Östliche Mechanik auf dem Weg nach Europa zur Zeit der Kreuzzüge, in: Hans-Jürgen Kotzur (Hrsg.), bearbeitet von Brigitte Klein und Winfried Wilhelmy, Kein Krieg ist heilig. Die Kreuzfahrer, Mainz 2004, S. 286–295. Gotthard Stromaier, Denker im Reich des Kalifen, Leipzig 1979.

[144] David Wulstan, Boys, women and drunkards: hispano-mauresque influences on European song?, in: Dionisius A. Agius/Richard Hitchcock (Hrsg.), The Arab influence in medieval Europe (= Middle East Culture Series 18), Reading 1994, S. 136–167.

[145] Crombie (1989), S. 109 f.

[146] Kerstin Springsfeld, Rechnen, in: Wolfgang Dreßen/Georg Minkenberg/Adam C. Oellers (Hrsg.), Ex Oriente. Isaak und der weiße Elefant. Bagdad – Jerusalem – Aachen. Eine Reise durch drei Kulturen um 800 und heute, Bd. 1, Mainz 2003, S. 232. Alain Allard, Mathématique et physique (= Histoire des sciences arabes 2), Paris 1997.

[147] Zitiert nach Crombie (1989), S. 110. The algebra of Mohammed Ben Musa. Edited and translated by Frederic Rosen, London 1830/31 [ND: Frankfurt am Main 1997].

[148] Roshdi Rashed, Les mathématiques infinitésimales du IXe au XIe siècle, London 2000.

[149] Chiara Frugoni, Das Mittelalter auf der Nase. Brillen, Bücher, Bankgeschäfte und andere Erfindungen des Mittelalters, München 2003, S. 57.

[150] Frugoni (2003), S. 57 und für eine Abbildung der Handschrift, die heute in der Bibliothek des Escorial in Madrid aufbewahrt wird, S. 64 Abb. 38.

[151] Springsfeld (2003), S. 231.

[152] Richard Fletcher, Ein Elefant für Karl den Großen. Christen und Muslime im Mittelalter, Darmstadt 2005, S. 126.

[153] Shlomo Sela, Abraham Ibn Ezra and the Rise of Medieval Hebrew Science (= Brill's Series in Jewish Studies 32), Leiden/Boston 2003.

[154] Frugoni (2003), S. 57 f. Crombie (1989), S. 111 ff.

[155] Werner Bergmann, Innovationen im Quadrivium des 10. und 11. Jahrhunderts. Studien zur Einführung von Astrolab und Abakus im lateinischen Mitelalter (= Sudhoffs Archiv. Beihefte 26), Stuttgart 1985.

[156] Burkhard Stautz, Die Astrolabiensammlungen des Deutschen Museums und des Bayerischen Nationalmuseums, München 1999.

[157] Martin Brunhold, Der Messinghimmel. Eine Anleitung zum Astrolabium, La-Chaux-de-Fonds 2001.

[158] Régine Pernoud, Heloise und Abaelard. Ein Frauenschicksal im Mittelalter, München ²1995, S. 73.

[159] Gianluca Ranzini, Astronomie. Ein Führer durch die unendlichen Weiten des Weltalls. Sonnensystem – Sterne – Galaxien, Klagenfurt ²2004, S. 13.

[160] Crombie (1989), S. 109.

[161] Roger French, Astrology in medical practice, in: Luis García-Ballester, Roger French u. a. (Hrsg.), Practical medicine from Salerno to the Black Death, Cambridge 1994, S. 30–59. Hilary M. Carey, Astrology at the English Court in the Later Middle Ages, in: Patrick Curry (Hrsg.), Astrology, Science and Society, Woodbridge 1987, S. 41–56.

[162] Kay Peter Jankrift, Mit Gott und Schwarzer Magie. Medizin im Mittelalter, Darmstadt 2005, S. 24.

163 Kay Peter Jankrift, Krieger, Kranke und weise Ärzte. Medizin im Zeitalter der Kreuzzüge, in: Hans-Jürgen Kotzur (Hrsg.), bearbeitet von Brigitte Klein und Winfried Wilhelmy, Kein Krieg ist heilig. Die Kreuzfahrer, Mainz 2004, S. 297–305.
164 Heinrich Schipperges, Constantinus Africanus, in: Wolfgang U. Eckart/Christoph Gradmann (Hrsg.), Ärztelexikon. Von der Antike bis zur Gegenwart, Berlin ²2001, S. 81 f. Annette Hettinger, Zur Lebensgeschichte und zum Todesdatum des Constantinus Africanus, in: Deutsches Archiv für Erforschung des Mittelalters 46 (1990), S. 517. Raphaela Veit, Quellenkundliches zu Leben und Werk des Constantinus Africanus, in: Deutsches Archiv für Erforschung des Mittelalters 59 (2003), S. 130.
165 Abulafia (1994), S. 4.
166 Gerhard Baader, Die Schule von Salerno, in: Medizinhistorisches Journal 3 (1978), S. 124–145.
167 Raphaela Veit, Das Buch der Fieber des Isaac Israeli und seine Bedeutung im lateinischen Westen, Stuttgart 2003.
168 Gotthard Strohmaier, Avicenna, München ²2006.
169 Hermann Dilcher, Die sizilische Gesetzgebung Kaiser Friedrichs II. Quellen der Konstitutionen von Melfi und ihrer Novellen, Köln/Wien 1975, III, 44–47.
170 Joseph Shatzmiller, Jews, medicine and medieval society, Berkeley/Los Angeles 1994, S. 19.
171 Zitiert nach Shatzmiller (1994), S. 15.
172 Shatzmiller (1994), S. 17.
173 Ernest Wickersheimer, Organisation et législation sanitaires au royaume franc de Jérusalem (1099–1291), in: Archives internationales d'histoire des sciences, N. F. 30 (1951), S. 689–705.
174 Kay Peter Jankrift, Leprose als Streiter Gottes. Institutionalisierung und Organisation des Ordens vom Heiligen Lazarus zu Jerusalem von seinen Anfängen bis zum Jahre 1350 (= Vita regularis. Ordnungen und Deutungen religiosen Lebens im Mittelalter 4), Münster 1996, S. 15 ff.
175 Comte de Beugnot (Hrsg), Assises de Jérusalem. Assises de la Haute Cour (= Recueil des Historiens des Croisades. Lois I), Paris 1841 [Neudruck: 1969], S. 636. Joshua Prawer, Crusader Institutions, Oxford 1980, S. 432–434 und S. 455–463. Marcel Grandclaude, Etude critique sur les livres des Assises de Jérusalem, Paris 1923.
176 Jankrift (1996).
177 Malcolm Barber, The Order of Saint Lazarus and the crusades, in: The Catholic Historical Review 80 (1994), S. 450.
178 Henri de Curzon (Hrsg.), La règle du Temple, Paris 1886, S. 443.
179 Barber (1994), S. 451.
180 Comte de Beugnot (Hrsg.), Assises de Jérusalem. Assises de la Cour des bourgeois (= Recueil des Historiens des Croisades. Lois II), Paris 1843 [Neudruck: 1969], Cap. CLXXV, S. 118. Die rechtliche Grundlage für dieses bildete die provenzalische, vom römischen Recht geprägte Sammlung Lo Codi. Prawer (1980), S. 263 ff.
181 Comte de Beugnot (1843), S. 38.
182 Robert B. C. Huygens (Hrsg.), Wilhelmi Tyrensis Archiepiscopi Chronicon (= Corpus Christianorum Continuatio Medievalis, Bd. 43 u. Bd. 43A), Tournhout 1986. Hierzu: Piers D. Mitchell: An Evaluation of the Leprosy of King Baldwin IV of Jerusalem in the Context of the Medieval World, in: Bernard Hamilton (Hrsg.), The Leper King and his Heirs. Baldwin IV and the Crusader Kingdom of Jerusalem, Cambridge 2000, S. 245–258. Ders., Leprosy and the Case of King Baldwin IV. of Jerusalem. Mycobacterial Disease in the Crusader States of the 12th and 13th Centuries, in: Journal of Leprosy 61 (1993), S. 283–291.
183 Johannes Pahlitzsch, Ärzte ohne Grenzen. Melkitische, jüdische und samaritanische Ärzte in Ägypten und Syrien zur Zeit der Kreuzzüge, in: Kay Peter Jankrift/Florian Steger (Hrsg.), Gesundheit – Krankheit. Kulturtransfer medizinischen Wissens von der Spätantike bis in die Frühe Neuzeit (= Archiv für Kulturgeschichte. Beihefte 55), Köln, Weimar, Wien 2004, S. 109 f. Eitan Kohlberg/Benjamin Zeev Kedar, A Melkite physician in Frankish Jerusalem and Ayyubid Damascus. Muwaffaq al-Din Ya'qub b. Siqlab, in: Asian and African Studies (= The medieval Levant. Studies in Memory of Eliyahu Ashtor 1914–1984) 22 (1988), S. 113–126.
184 Stroumsa (2004), S. 110 f.
185 Piers D. Mitchell, Medicine in the Crusades. Warfare, Wounds and the Medieval Surgeon, Cambridge 2004.
186 Ausführlich Rudolf Hiestand, König Balduin und sein Tanzbär, in: Archiv für Kulturgeschichte 70 (1988), S. 343–360.
187 Eva Sibylle und Gerhard Rösch, Kaiser Friedrich II. und sein Königreich Sizilien, Sigmaringen ²1996, S. 139 ff.
188 Wilhelm von Tyrus (1988), S. 957.
189 Hiestand (1988), S. 353.
190 Allan Woodings, The medical resources and practice of the Crusader States in Syria and Palestine 1096–1193, in: Medical History 15 (1971), S. 268–277. Helen Nicholson, Wounds, military surgery and the reality of crusading warfare. The evidence of Usamah's memoires, in: Journal of Oriental and African Studies 5 (1993), S. 3–46. Susan Edington, Medical knowledge in the crusading armies, in: Malcolm Barber (Hrsg.), The military orders. Fighting for faith and caring for the sick, Aldershot 1994, S. 320–326.
191 Rotter (1978), S. 151–153.
192 Kay Peter Jankrift, Krankheit und Heilkunde im Mittelalter, Darmstadt 2003, S. 43 f.
193 Rotter (1978), S. 97.
194 R. Liverse/J. Van Everdingen/H. van Maanen, Uit de voorgeschiednis van het hechtmateriaal, in: Geschiednis der Geneeskunde 8 (2002), S. 124–127.
195 Titus Tobler/August Molinier (Hrsg.), Itinera Hierosolymitana et descriptiones Terrae Sanctae, bellis sacris anteriora et Latina Lingua exerata, Bd. 1, Genf 1880, S. 157.

196 Benjamin Zeev Kedar, A twefth-century description of the Jerusalem hospital, in: Helen Nicholson (Hrsg.), The military Orders, Bd. 2: Warfare and welfare, Aldershot 1999, S. 9.
197 Jonathan Riley-Smith, The Knights of St. John in Jerusalem and Cyprus c. 1050 – 1310, London 1967, S. 332.
198 Jankrift (2003), S. 25.
199 Beate Sophie Gros, Das Hohe Hospital in Soest (ca. 1178 – 1600). Eine prosopographische und sozialgeschichtliche Untersuchung (= Veröffentlichungen der Historischen Kommission Westfalens XXV), Münster 1999, S. 79.
200 Ulrich Knefelkamp, Das Heilig-Geist-Spital in Nürnberg vom 14. – 17. Jahrhundert. Geschichte, Struktur, Alltag (= Nürnberger Forschungen 26), Nürnberg 1989, S. 192.
201 Kay Peter Jnakrift, Herren, Kranke, arme Sieche. Medizin im mittelalterlichen Hospitalwesen, in: Neithard Bulst u. Karl-Heinz Spieß (Hrsg.), Sozialgeschichte mittelalterlicher Hospitäler (= Vorträge und Forschungen 65), Ostfildern 2007, S. 149 – 167.
202 Joseph Delaville le Roulx (Hrsg.), Cartulaire général de l'ordre des Hospitaliers de St.-Jean de Jérusalem 1100 – 1300, Bd. 1, Paris 1894, Nr. 627, S. 428.
203 Jankrift (2005).
204 Vgl. u. a. Klaus Militzer, Die Geschichte des Deutschen Ordens, Stuttgart 2005.
205 Anthony Luttrell, The Hospitallers' medical tradition 1291 – 1530 in: Malcolm Barber (Hrsg.), The military Orders. Fighting for faith and caring for the sick, Aldershot 1994, S. 77.
206 Jankrift (2004), S. 300.
207 Timothy Miller, The birth of the hospital in the Byzantine Empire, Baltimore 1985.
208 Antoni Virgili, Diplomatari de la catedral de Tortosa (1062 – 1193), Barcelona 1997, Nr. 281, S. 348.
209 Rotter (1978), S. 209 ff.
210 Rösch (1996).
211 Abulafia (1994), S. 2. Frugoni (2003), S. 69 f.
212 Karl-Heinz Ludwig, Technik im hohen Mittelalter zwischen 1000 und 1350 / 1400, in: Wolfgang König (Hrsg.), Propyläen Technikgeschichte, Bd. 2: Metalle und Macht (1000 – 1600), Berlin 1997, S. 93.
213 Frugoni (2003), S. 72 f.

IV. Ausblick: Neue Ordnungen am Mittelmeer (14. – 16. Jahrhundert)

1 Peter Thorau, Sultan Baibars I. von Ägypten. Ein Beitrag zur Geschichte des Vorderen Orients im 13. Jahrhundert (= Beihefte zum Tübinger Atlas des Vorderen Orients. Reihe B – Geisteswissenschaften 63), Wiesbaden 1987.
2 Jaspert (2006), S. 54.
3 Martin Kaufhold, Interregnum, Darmstadt 2002.
4 Eine kompakte Schilderung dieser späteren Kreuzzugsunternehmen bei Norman Houseley, Die Kreuzzugsbewegung 1274 bis 1700, in: Jonathan Riley-Smith (Hrsg.), Illustrierte Geschichte der Kreuzzüge (= Oxford Illustrated History), Frankfurt am Main 1999, S. 299 – 387. Ders., The later crusades: from Lyons to Alcazar 1274 – 1580, Oxford 1992.
5 Jan Paul Niederkorn, *Traditio, a quibus minime cavimus*. Ermittlungen gegen König Balduin von Jerusalem, den Patriarchen Fulcher und den Templerorden wegen Verrats bei der Belagerung von Damaskus (1148), in: Mitteilungen des Instituts für österreichische Geschichtsforschung 95 (1987), S. 53 – 68.
6 Charles Victor Langlois (Hrsg.), Pierre Dubois. De recuperatione Terrae Sanctae (= Collection des textes pour servir à l'étude et l'enseignement), Paris 1891.
7 Jankrift (1996), S. 111.
8 Malcolm Barber, The world picture of Philipp the Fair, in: Journal of Medieval History 8 (1982), S. 13 – 27.
9 Malcolm Barber, The trial of the Templars, Cambridge 1978 [Neudruck: 1996].
10 Dieser konnte sich am Ende des 19. Jahrhunderts selbst die historische Forschung nicht völlig entziehen. Vgl. Hans Prutz, Geheimlehre und Geheimstatuten des Tempelherrenordens. Eine kritische Untersuchung, Berlin 1879.
11 David R. Blank / Michael Frassetto (Hrsg.), Western Views of Islam in Medieval and Early Modern Europe: Perception of other, New York 1999. John Victor Tolan, Medieval Christian Perceptions of Islam, New York 2000. Ders., Saracens. Islam in the Medieval European Imagination, New York 2002.
12 Barber (1978), S. 185.
13 Peter Partner, The murdered magicians, London 1982.
14 Salomon Reinach, La tête magique des Templiers, in: Revue de l'Histoire des Religions 63 (1911), S. 25 – 39.
15 Barber (1996), S. 62.
16 Antoni Virgili (Hrsg.), Diplomatari de la catedral de Tortosa (1062 – 1193), Barcelona 1997, Nr. 301, S. 373 – 378.
17 Hostiam sanguinis christianorum offerens Baffumeto.
18 Jean Michelet (Hrsg.), Le procès des Templiers (= Collection de Documents inédits sur l'histoire de France), Paris 1841, Bd. 1, S. 645.
19 David Nirenberg, Communities of violence. Persecution of minorities in the Middle Ages, Princeton ²1998.
20 Malcolm Barber, Lepers, Jews and Moslems: The Plot to overthrow Christendom in 1321, in: History 66 (1981), S. 1 – 17. Bénédicte Bauchau, Science et racisme. Les Juifs, la lèpre et la peste, in: Stanford French Review 13 (1989), S. 21 – 35.
21 Françoise Bériac, La persécution des lépreux dans la France méridionale en 1321, in: Moyen Age 93 (1987), S. 203.
22 František Graus: Pest, Geißler, Judenmorde. Das 14. Jahrhundert als Krisenzeit (= Veröffentlichungen des Max-Planck-Instituts für Geschichte 86), Göttingen ³1994. Ferner Alfred Haverkamp: Die Judenverfolgungen zur Zeit des Schwarzen Todes im Gesellschaftsgefüge deutscher Städte. In:

Alfred Haverkamp (Hrsg.): Zur Geschichte der Juden im Deutschland des späten Mittelalters und der frühen Neuzeit (= Monographien zur Geschichte des Mittelalters 24), Stuttgart 1981, S. 27–93. Iris Ritzmann: Judenmord als Folge des Schwarzen Todes: Ein medizinhistorischer Mythos? In: Medizin, Gesellschaft und Geschichte. Jahrbuch des Instituts für Geschichte der Medizin der Robert Bosch Stiftung 17 (1998), S.101–130.

23 August Potthast (Hrsg.), Liber de rebus memorabilioribus sive Chronicon Henrici de Hervordia (bis 1355), Göttingen 1859, S. 274.

24 Einen guten Überblick zu diesem Themenfeld bieten die Studien in Christoph Cluse (Hrsg.), Europas Juden im Mittelalter, Beiträge des internationalen Symposiums in Speyer vom 20. bis 25. Oktober 2002, Trier 2004.

25 Asunción Blasco Martínez, Aragón: Christen, Juden und Muslime zwischen Koexistenz und Konflikt, in: Christoph Cluse (Hrsg.), Europas Juden im Mittelalter, Beiträge des internationalen Symposiums in Speyer vom 20. bis 25. Oktober 2002, Trier 2004, S. 163 f.

26 Miguel Ángel Ladero Quesada, Kastilien: Ein Überblick (13. bis 15. Jahrhundert), in: Christoph Cluse (Hrsg.), Europas Juden im Mittelalter, Beiträge des internationalen Symposiums in Speyer vom 20. bis 25. Oktober 2002, Trier 2004, S.172.

27 Josefina Cabells i Llorens (Hrsg.), The Jews of Tortosa. 1373–1492. Regesta of Documents from the Archivo Histórico de Protocolos de Tarragona, Barcelona 1991. Gemma Escribá/Raquel Ibáñez-Sperber (Hrsg.), The Tortosa disputation. Regesta of documents from the Archivo de la Corona de Aragón, Fernando I (1412–1416) (= Sources for the history of the Jews in Spain/Ginsei am Olam. The Central Archives for the History of the Jewish People 6), Jerusalem 1998.

28 Rolf Eberenz, Conversaciones estrechamente vigiladas. Interacción coloquial y español oral en las actas inquisitoriales de los siglos 15 a 17, Zaragoza 2003.

29 Miguel Ángel Ladero Quesada, Castilia y el conquista del Reino de Granada (= Biblioteca de ensayo 14), Granada 1988. Juan Antonio Cebrián, La cruzada del sur: La Reconquista, de Covadonga a la toma de Granada, Madrid 2005. José Antonio González Alacantud, Las Tomas: antropología histórica de la ocupación territorial del Reino de Granada, Granada 2000. Leopoldo de Eguilaz y Yangas, Reseña histórica de la conquista del Reino de Granada por los Reyes Católicos según las cronistas árabes, Granada 1991.

30 John Edwards, Torquemada and the Inquisitors, Stroud 2005. Eloy Benito Ruano/Carlos del Valle Rodríguez, Tratado contra los madianitos y ismaelitos de Juan de Torquemada. Con la discriminación conversa (= España judía. Serie conversos), Madrid 2002.

31 Josef Matuz, Das Osmanische Reich. Grundlinien seiner Geschichte, Darmstadt ⁴2006.

32 Ferenc Majores/Bernd Rill, Das Osmanische Reich. 1300–1922. Die Geschichte einer Großmacht, Augsburg 2000, S. 375.

33 Anthony Lutterell, Epilog: Die späteren Kreuzzüge, in: Hans-Jürgen Kotzur (Hrsg.). Bearbeitet von Brigitte Klein und Winfried Wilhelmy, Kein Krieg ist heilig. Die Kreuzfahrer, Mainz 2004, S. 132.

34 David Nicolle, Nicopolis 1396. The last Crusade, Westport/Conn. 2005.

35 Houseley (1999), S. 318.

36 Majores/Rill (2000), S. 377.

37 Romano Canosa, Lepanto. Storia della „Lega Santa" contro i Turchi, Rom 2000.

38 Anton Francesco Doni, La guerra di Cipro, Turin 2001.

39 Henri Pigallem, La bataille de Lepanto, Paris 2003. Roberto Garigiulo, La battaglia di Lepanto. 7 ottobre 1571, Pordenone 2004. Zum Niederschlag in der Kunst Iris Mireille Contant, Kruisbeeld tegen kromzward. De neerslag van de zeeslag van Lepanto in de Taliaanse kunst van tijde van de Contrareformatie, Rotterdam 2005.

Auswahlbibliographie

Die folgende Zusammenstellung erhebt keinerlei Anspruch auf Vollständigkeit. Sie bietet eine Auswahl an Standardwerken und neuen Publikationen, die eine vertiefende Beschäftigung mit unterschiedlichen Aspekten des weiten Themenfeldes ermöglicht. Ferner nennt sie wichtige Quellen zur Geschichte der Kreuzzüge in den Vorderen Orient und der levantinischen Kreuzfahrerstaaten, die auf viele der im Rahmen dieses Bandes behandelten Themen Bezug nehmen. Die weiterführende Literatur weist auf einschlägige Quellen zu Spezialfragen und einzelnen geographischen Räumen hin, so dass hier aus Platzgründen auf eine detaillierte Auflistung verzichtet werden kann. Alle für die Darstellung herangezogenen Quellen werden darüber hinaus in den Anmerkungen ausführlich zitiert.

Quellen und Quellenübersetzungen

Abouna, Albert / Fiey, Maurice (Hrsg. u. Übers.), Anonymi Auctoris Chronicon ad Annum Christi 1234 pertinens (= Corpus Scriptorum Christianorum Orientalium 354, Scriptores Syri 154), Louvain 1974.

Albon, Marquis d' (Hrsg.), Cartulaire général de l'Ordre du Temple (1119? – 1150), Paris 1913.

Andrea, Alfred J. (Hrsg.), Contemporary Sources for the Fourth Crusade. With contributions by Brett E. Whalen (= The Medieval Mediterranean 29), Leiden, Boston, Köln 2000.

Bedjan, Paul (Hrsg.), Gregorii Barhebraei Chronicon Syriacum. E Codd MSS. emendatum ac punctis vocalibus adnotonibusque locupletatum, Paris 1890.

Budge, Ernest Alfred Wallis, The Chronography of Gregory Abû'l Faraj, the Son of Aaron, the Hebrew Physician, Commonly Known as Bar Hebraeus, Being the First Part of his Political History of the World, 2 Bde., London 1932.

Chabot, Jean-Baptiste (Hrsg.), Chronique de Michel le Syrien, patriarche jacobite d'Antioche (1166 – 1199), 4 Bde., Paris 1899 – 1910).

Chabot, Jean-Baptiste (Hrsg.), Anonymi Auctoris Chronicon ad Annum Christi 1234 pertinens, 3 Bde. (Corpus Scriptorum Orientalium Christianorum 81, 82 u. 109, Scriptores Syri 36, 37 u. 56), Louvain 1916 – 1953.

Delaville le Roulx, Jean (Hrsg.), Cartulaire général de l'Ordre des Hospitaliers de St-Jean de Jérusalem (1100 – 1310), 4 Bde., Paris 1894 – 1906.

Documents relatifs à l'histoire des croisades, bisher 18 Bde., Paris 1946 – 2003.

Dosturian, Ara Edmond, Armenia and the Crusades. Tenth to Twelfth Centuries. The Chronicle of Matthew of Edessa, Lanham, New York, London 1993.

Edbury, Peter W., The Conquest of Jerusalem and the Third Crusade. Sources in Translation, Aldershot 1995.

Edbury, Peter W., John of Ibelin. Le livre des assises (= The Medieval Mediterranean 50), Leiden 2003.

Gabrieli, Francesco, Die Kreuzzüge aus arabischer Sicht, Zürich, München 1973.

Hagenmeyer, Heinrich (Hrsg.), Anonymi Gesta Francorum et aliorum Hierosolymitanorum, Heidelberg 1890.

Hagenmeyer, Heinrich (Hrsg.), Fulcher von Chartres, Historia Hierosolymitana (1095 – 1127), Heidelberg 1913.

Hagenmeyer, Heinrich (Hrsg.), Epistulae et chartae ad historiam primi belli sacri spectantes. Die Kreuzzugsbriefe aus den Jahren 1088 – 1100, Innsbruck 1901 [ND Hildesheim, New York 1973].

Hallam, Elizabeth (Hrsg.), The Arab Chronicles of the Crusades. Eye-witness Accounts of the Wars between Islam and Christianity, London 1989.

Haverkamp, Eva (Hrsg.), Hebräische Texte über die Judenverfolgungen während des ersten Kreuzzuges (= MGH. Hebräische Texte aus dem mittelalterlichen Deutschland 1), München 2005.

Hiestand, Rudolf (Hrsg.), Vorarbeiten zum Oriens pontificius, 3 Bde. (Abhandlungen der Akademie der Wissenschaften in Göttingen, Phil.-hist. Kl. III/77, 135, 136), Göttingen 1972 – 1985.

Hill, John H. / Hill, Laurita L. (Hrsg.), Le „Liber" de Raymond d'Aguilers (= Documents relatifs à l'histoire des croisades 9), Paris 1969.

Hill, John H./Hill, Laurita L., Peter Tudebode, Historia de Hierosolymitano itinere, Paris 1977 [engl. Übersetzung, Philadelphia 1974].

Hitti, Philip Khoury (Hrsg.), Memoirs of an Arab-Syrian Gentleman or an Arab Knight in the Crusades. Memoirs of Usāmah Ibn-Munqidh (Kitāb al-I'tibār), Beirut 1964.

Houseley, Norman, Documents on the Later Crusades 1274 – 1580, London 1996.

Huygens, Robert B. C. (Hrsg.), Guibert de Nogent, Dei gesta per Francos, et cinq autres textes (= Corpus Christianorum Continuatio Medievalis 127A), Turnhout 1996.

Huygens, Robert B. C. (Hrsg.), Guillaume de Tyr, Chronicon, 2 Bde. (= Corpus Christianorum Continuatio Medievalis 63/63), Turnhout 1986.

Monfrin, Jacques (Hrsg.), Jean de Joinville, Vie de Saint Louis, Paris 1995.

Mynors, Roger (Hrsg.)/Hill, Rosalind M. T. (Übers.), Gesta Francorum et aliorum Hierosolimitanorum, London, Paris, New York 1962.

Peters, Edward, The First Crusade. The Chronicle of Fulcher of Chartres and Other Source Material, Philadelphia ²1998.

Recueil des historiens des croisades, 16 Bde., Paris 1841 – 1906.

Reinsch, Diether / Kambylis, Athanasios (Hrsg.), Anna Comnena, Alexias, 2 Bde., Berlin 2001.

Röhricht, Reinhold, Regesta regni Hierosolymitani (MXCVII – MCCXCI), Innsbruck 1893; Additamentum, Innsbruck 1904 [ND New York 1960].

Rotter, Gernot, Ein Leben im Kampf gegen Kreuzritterheere (= Bibliothek arabischer Klassiker 4), Tübingen 1978.

Rüger, Hans P., Syrien und Palästina nach dem Reisebericht des Benjamin von Tudela (= Abhandlungen des Deutschen Palästina-Vereins 12), Wiesbaden 1990.

Ṣālḥānī, Anṭūn (Hrsg.), Bar Hebraeus, Muhtaṣar ta'rih ad-duwal, Beirut 1890.

Sandoli, Sabino de (Hrsg.), Itinera Hierosolymitana Crucesignatorum (saec. XII – XIII), 4 Bde. (= Pubblicazioni dello Studium Biblicum Franciscanum, Collectio Maior 24), Jerusalem 1978 – 1984.

Sandoli, Sabino de (Hrsg.), Corpus insriptionum crucesignatorum Terrae Sanctae (1099 – 1291), Jerusalem 1974.

Sollbach, Gerhard E., Die Augenzeugenberichte von Geoffroy de Villehardouin und Robert de Clari (= Bibliothek der historischen Forschung 9), Pfaffenweiler 1998.

Strehlke, Ernst (Hrsg.), Tabulae ordinis Theutonici, Berlin 1869.

Talmon-Heller, Daniela, The Cited Tales of the Wondrous Doings of the Shaykhs of the Holy Land by Diya' al-Din Abu 'Abd Allah Muhammad b. 'Abd al-Wahis al Maqdisi (569/1173 – 643/1245). Text, Translation and Commentary, in: Crusades 1 (2002), S. 111 – 154.

The First and Second Crusades from an Anonymous Syriac Chronicle. Translated by Arthur Stanley Tritton, with Notes by Hamilton Alexander Roskeen, in: Journal of the Royal Asiatic Society of Great Britain and Ireland for 1933, S. 69 – 101 u. 273 – 305.

Weiterführende Literatur

Übergreifende Werke

Abulafia, David (Hrsg), Mittelmeer. Kultur und Geschichte, Stuttgart 2003.

Agius, Dionisius A./Hitchcock, Richard (Hrsg.), The Arab influence in medieval Europe (= Middle East Culture Series 18), Reading 1994.

Akkari, Hatem (Hrsg.), La Mediterranée médiévale: perceptions et répresentations, Paris 2002.

Balard, Michel (Hrsg.), Migrations et diasporas méditerranéennes (Xe – XVIe siècles). Actes du colloque de Conques (octobre 1999) (= Série Byzantina Sorbonensia 19), Paris 2002.

Blank, David R./Frassetto, Michael (Hrsg.), Western Views of Islam in Medieval and Early Modern Europe: Perception of other, New York 1999.

Borgolte, Michael, Christen, Juden, Muselmanen. Die Erben der Antike und der Aufstieg des Abendlandes 300 bis 1400 n. Chr. (= Siedler Geschichte Europas), München 2006.

Braudel, Fernand/Duby, Georges/Aymard, Maurice, Die Welt des Mittelmeeres. Zur Geschichte und Geographie kultureller Lebensformen, Frankfurt am Main 2006 [Neudruck].

Bulliet, Richard W., Conversion to Islam in the Medieval Period, Cambridge/Mass. 1979.

Cardini, Franco, Europa und der Islam, München 2000.

Cohen, Mark R., Unter Kreuz und Halbmond. Die Juden im Mittelalter, München 2005.

Engels, Peter, Das Bild des Propheten Mohammed in abendländischen Schriften des Mittelalters, in: Hans-Jürgen Kotzur (Hrsg.), Kein Krieg ist heilig. Die Kreuzfahrer. Bearbeitet von Brigitte Klein und Winfried Wilhelmy, Mainz, 2004, S. 249 – 263.

Feldbauer, Peter (Hrsg.), Mediterraner Kolonialismus. Expansion und Kulturaustausch im Mittelalter (= Expansion, Interaktion, Akkulturation 8), Essen 2005.

Fletcher, Richard, Ein Elefant für Karl den Großen: Christen und Muslime im Mittelalter, Darmstadt 2005.

Goitein, Shlomo Dov, A Mediterranean Society. The Jewish Communities of the Arab World as portrayed in the documents of the Cairo Geniza, 6 Bde., Berkeley 1967 – 1993.

Harris, William V. (Hrsg.), Rethinking the Mediterranean, Oxford 2005.

Herbers, Klaus, „Europäisierung" und „Afrikanisierung" – Zum Problem zweier wissenschaftlicher Konzepte und zu Fragen kulturellen Transfers, in: Hrsg. Klaus Herbers, Julio Valdeón und Karl Rudolf, España y el „Sacro imperio". Proceso de cambios, influencias y acciones recíprocas en la época de la «Europeización» (Siglos XI – XIII), Valladolid 2002, S. 11 – 31.

Majoros, Ferenc/Rill, Bernd, Das Osmanische Reich 1300 – 1922. Die Geschichte einer Großmacht, Augsburg 2000.

Muldoon, James (Hrsg.), Varities of religious conversion in the Middle Ages, Gainesville 1997.

Nagel, Tilman, Die islamische Welt bis 1500, München 1998.

Nirenberg, David, Communities of Violence. Persecution of Minorities in the Middle Ages, Princeton ²1998.

Prouteau, Nicolas/Sénac, Philippe (Hrsg.), Chrétiens et musulmans en Méditerranée médiévale (VIIIe – XIIIe siècles) (= Civilisation médiévale 15), Poitiers 2003.

Rubin, Uri/Wasserstein, David J., Dhimmis and Others. Jews and Christians and the World of Classical Islam (= Israel Oriental Studies XVII), Tel Aviv 1997.

Tolan, John Victor, Medieval Christian Perceptions of Islam, New York 2000.

Tolan, John Victor, Saracens. Islam in the Medieval European Imagination, New York 2002.

Zeitenwende: Europa und der Orient im frühen Mittelalter

Bobzin, Hartmut, Mohammed, München ³2006.

Collins, Roger, The Arab Conquest of Spain in 710–797, Oxford 1989.

Dreßen, Wolfgang/Minkenberg, Georg/Oellers, Adam C., Ex Oriente. Isaak und der weiße Elefant. Bagdad – Jerusalem – Aachen. Eine Reise durch drei Kulturen um 800 und heute, 3 Bde., Mainz 2003.

McCormick, Michael, Origins of the European Economy. Communications and Commerce, A.D. 300–900, Cambridge 2001.

Paret, Rudi, Mohammed und der Koran, Stuttgart ⁹2005.

Pirenne, Henir, Mohammed und Karl der Große, Stuttgart 1987.

Roth, Norman, Jews, Visigoths and Muslims in Medieval Spain, Leiden 1994.

Kreuzzüge in den Vorderen Orient und Kreuzfahrerstaaten

Alphandéry, Paul/Dupront, Alphonse, La Chrétienté et l'idée de Croisade, 2 Bde., Paris 1954–1959 [ND 1995].

Arbel, Benjamin/Hamilton, Bernhard/Jacoby, David (Hrsg.), Latins and Greeks in the Eastern Mediterranean after 1204, London 1989.

Asbridge, Thomas, The First Crusade. A New History, London 2004.

Asbridge, Thomas, The Creation of the Principality of Antioch, 1098–1130, Woodbridge 2000.

Atrache, Laila, Die Politik der Ayyubiden. Die fränkisch islamischen Beziehungen in der ersten Hälfte des 7./13. Jahrhunderts unter besonderer Berücksichtigung des Feindbildes (= Arabica Rhema 1), Münster 1996.

Balard, Michel, Croisades et Orient latin, XIe–XIVe siècles, Paris 2001.

Bauer, Dieter/Herbers, Klaus/Jaspert, Nikolas, Jerusalem im Hoch- und Spätmittelalter. Konflikte und Konfliktbewältigung – Vorstellungen und Vergegenwärtigungen (= Campus Historische Studien 29), Frankfurt am Main 2001.

Becker, Alfons, Papst Urban II. (1088–1099), 2 Bde. (= Schriften der Monumenta Germaniae Historica 19/I–II), Stuttgart 1964–1988.

Boas, Adrian J., Crusader archaeology. The Material Culture of the Latin East, London 1999.

Brundage, James, Medieval Law and the Crusader, Madison 1969.

Bruns, Peter (Hrsg.), Vom Schisma zu den Kreuzzügen (1054–1204), Paderborn 2005.

Bull, Marcus, Knightly Piety and the Lay Response to the First Crusade: The Limousin and Gascony 970–1130, Oxford 1993.

Burgtorf, Jochen/Nicholson, Helen (Hrsg.), International Mobility in the Military Orders, Cardiff 2006.

Cardini, Franco/Del Nero, Domenico, La crociata dei faniculli, Florenz 1999.

Cassanelli, Roberto (Hrsg.), Die Zeit der Kreuzzüge, Geschichte und Kunst, Stuttgart 2000.

Ciggaar, Krijnie u. a. (Hrsg.), East and West in the Crusader States. Context – Contacts – Confrontation, Bd. 1 (= Orientalia Lovaniensia Analecta 75), Louvain 1999.

Cowdrey, John, Popes, Monks and Crusaders, London 1984.

Edbury, Peter W./Philipps, Jonathan (Hrsg.), The Experience of Crusading: Defining the Crusader Kingdom, Cambridge 2003.

Ellenblum, Ronnie, Frankish Rural Settlement in the Latin Kingdom of Jerusalem, Cambridge 1998.

Elm, Kaspar, Umbillicus Mundi. Beiträge zur Geschichte Jerusalems, der Kreuzzüge, des Ordens der regulierten Chorherren vom Heiligen Grab und der Ritterorden, Brügge 1998.

Ellenblum, Ronnie, Crusader Castles and Modern Histories, Cambridge 2006.

Erdmann, Carl, Die Entstehung des Kreuzzugsgedankens (= Forschungen zur Kirchen- und Geistesgeschichte 6), Stuttgart 1935 [ND Darmstadt 1980].

Fischer, Robert-Tarek, Richard Löwenherz (1157–1199). Mythos und Realität, Wien 2006.

Folda, Jaroslav, The Art of the Crusaders in the Holy Land, 2 Bde., Cambridge 1995/2005.

France, John, Victory in the East. A Military History of the First Crusade, Cambridge 1995.

France, John, The Crusades and the Expansion of Western Christendom, London 2005.

Gaube, Heinz/Schneidmüller, Bernd/Weinfurter, Stefan (Hrsg.), Konfrontation der Kulturen? Saladin und die Kreuzfahrer. Wissenschaftliches Kolloquium in den Reiss-Engelhorn-Museen Mannheim zur Vorbereitung der Ausstellung „Saladin und die Kreuzfahrer", 3. bis 4. November 2004, Mainz 2005.

Geldsetzer, Sabine, Frauen auf Kreuzzügen, 1096–1291, Darmstadt 2003.

Gillingham, John, Richard I (= The Yale English Monarchs Series), New Haven 1999.

Hamilton, Bernard, The Latin Church in the Crusader States. The Secular Church, London 1980.

Hamilton, Bernard, The Leper King and his Heirs. Baldwin IV and the Crusader Kingdom of Jerusalem, Cambridge 2000.

Hechelhammer, Bodo, Kreuzzug und Herrschaft unter Friedrich II.: Handlungsspielräume von Kreuzzugspolitik, 1215–1230 (= Mittelalter-Forschungen 13), Ostfildern 2004.

Hehl, Ernst-Dieter, Kirche und Krieg im 12. Jahrhundert. Studien zum kanonischen Recht und politischer Wirklichkeit (= Monographien zur Geschichte des Mittelalters 19), Stuttgart 1980.

Hehl, Ernst-Dieter, Was ist eigentlich ein Kreuzzug?, in: Historische Zeitschrift 259 (1994), S. 297–335.

Henneghien, Charles, Sur les traces des croisades, Tournai 2004.

Hiestand, Rudolf, „Gott will es!" – Will Gott es wirklich? Die Kreuzzugsidee in der Kritik ihrer Zeit (= Beiträge zur Friedensethik 29), Stuttgart 1998.

Hillenbrand, Carole, The Crusades. Islamic Perspectives (= Islamic Surveys), Edinburgh 1999.

Hodgson, Marshall G. S., The Order of the Assassins, Den Haag 1955.

Housley, Norman, Die Kreuzritter, Stuttgart 2004.

Jaspert, Nicolas, Die Kreuzzüge, Darmstadt ³2006.

Jotischky, Andrew, Crusading and the Crusader States, Harlow 2004.

Kedar, Benjamin Zeev., Crusade and Mission. European Approaches toward the Muslims, Princeton 1984.

Kedar, Benjamin Zeev./Mayer, Hans Eberhard/Smail, Raymond Charles (Hrsg.), Outremer. Studies in the History of the Crusading Kingdom of Jerusalem, Presented to Joshua Prawer, Jerusalem 1982.

Kedar, Benjamin Zeev. (Hrsg.), The Horns of Hattin. Proceedings of the Second Conference of the Society for the Study of the Crusades and the Latin East, Jerusalem and Haifa, 2–6 July 1987, Jerusalem 1992.

Kedar, Benjamin Zeev. On the Origins of the Earliest Laws of Frankish Jerusalem. The Canons of the Council of Nablus, 1120, in: Speculum 74 (1999), S. 310–335.

Kirstein, Klaus-Peter, Die lateinischen Patriarchen von Jerusalem von der Eroberung der Heiligen Stadt durch die Kreuzfahrer 1099 bis zum Ende der Kreuzfahrerstaaten 1291 (= Berliner historische Studien 35. Ordensstudien 16), Berlin 2002.

Köhler, Michael, Allianzen und Verträge zwischen fränkischen und islamischen Herrschern im Vorderen Orient. Eine Studie über das zwischenstaatliche Zusammenleben vom 12. bis ins 13. Jahrhundert (= Studien zur Sprache, Geschichte und Kultur des islamischen Orients, N. F. 12), Berlin 1991.

Kortüm, Hans-Henning, Der Pilgerzug von 1064/65 ins Heilige Land. Eine Studie über Orientalismuskonstruktionen im 11. Jahrhundert, in: Historische Zeitschrift 277 (2003), S. 561–592.

Kotzur, Hans-Jürgen (Hrsg.), Kein Krieg ist heilig. Die Kreuzfahrer. Bearbeitet von Brigitte Klein und Winfried Wilhelmy. Mainz 2004.

Krüger, Jürgen, Die Grabeskirche zu Jerusalem. Geschichte, Gestalt, Bedeutung, Regensburg 2000.

Laiou, Angeliki E./Mottahadeh, Roy P. (Hrsg.), The Crusades from the Perspective of Byzantium and the Muslim World, Washington D.C. 2001.

Lebédel, Claude, Les croisades, Origines et conséquences, Rennes 2004.

Le Goff, Jacques, Ludwig der Heilige, Stuttgart 2000.

Lev, Yaacov, Saladin in Egypt, Leiden 2000.

Lewis, Bernard, Die Assassinen. Zur Tradition des religiösen Mordes im radikalen Islam, München 2001.

Lilie, Ralph Johannes, Byzanz und die Kreuzzüge, Stuttgart 2004.

Lobrichon, Guy, 1099. Die Eroberung Jerusalems, Sigmaringen 1999.

Lyons, Malcolm/Jackson, David P. (Hrsg.), Saladin and the Politics of the Holy War, Cambridge 1997.

Madden, Thomas F., Crusades. The Illustrated History, Ann Arbor 2004.

Maier, Christoph T., Preaching the Crusades. Mendicant Friars and the Cross in the Thirteenth Century (Cambridge Studies in Medieval Life and Thought IV/28), Cambridge 1994.

Malloy, Alex G./Preston, Ierene F./Seltman, A. J., Coins of the Crusader States, 1098–1291, New York 1994.

Mayer, Hans Eberhard, Bistümer und Stifte im Königreich Jerusalem (= MGH Schriften 26), Stuttgart 1977.

Mayer, Hans Eberhard, Das Siegelwesen in den Kreuzfahrerstaaten (= Bayerische Akademie der Wissenschaften. Phil.-hist. Klasse, Abhandlungen N. F. 83), München 1978.

Mayer, Hans Eberhard (Hrsg.), Probleme des lateinischen Königreichs Jerusalem (= Variorum Collected Studies Series), London 1983.

Mayer, Hans Eberhard, Varia Antiochena. Studien zum Kreuzfahrerfürstentum Antiochia im 12. und frühen 13. Jahrhundert (= MGH Studien und Texte 6), Hannover 1993.

Mayer, Hans Eberhard, Geschichte der Kreuzzüge, Stuttgart ¹⁰2005.

McEvitt, Christopher Hatch, Creating Christian Identities. Crusaders and Local Communities in the Levant, 1097–1187, Princeton 2002.

Möhring, Hannes, Saladin. Der Sultan und seine Zeit (1138–1193), München 2005.

Mouton, Jean-Michel, Saladin. Le sultan chevalier, Paris 2001.

Murray, Alan, The Crusader Kingdom of Jerusalem. A Dynastic History 1099–1125 (= Occasional Publications of the Linacre Unit for Prosopographical Research 4), Oxford 2000.

Nicholson, Helen, The Crusades, Westport/Conn. 2004.

Nicolle, David, Arms and Armour of the Crusading Era 1050–1350, 2 Bde., London 1999.

Nicolle, David, Warriors and their Weapons around the Time of the Crusades (= Variorum Collected Studies Series), Aldershot 2002.

Philipps, Jonathan, The Fourth Crusade and the Sack of Constantinople, London 2004.

Philipps, Jonathan (Hrsg.), The First Crusade. Origins and Impact, Manchester 1997.

Philipps, Jonathan, Defenders of the Holy Land. Relations between the Latin

East and the West, 1119 – 1187, Oxford 1996.
Philipps, Jonathan / Hoch, Martin (Hrsg.), The Second Crusade. Scope and Consequences, Manchester 2001.
Prawer, Joshua, Crusader Institutions, Oxford 1980.
Pringle, Denys, The Churches of the Crusader Kingdom of Jerusalem. A Corpus, 2 Bde., Cambridge 1993/1998.
Pringle, Denys, Fortification and Settlement in Crusader Palestine (= Variorum Collected Studies Series 675), Aldershot 2000.

Queller, Donald E. / Madden, Thomas F., The Fourth Crusade. The Conquest of Constantinople. With an Essay on the Primary Sources by Alfred J. Andrea, Philadelphia ²1997.

Reitz, Dirk, Die Kreuzzüge Ludwigs IX. von Frankreich 1248/1270 (= Neue Aspekte der europäischen Mittelalterforschung 3), Münster 2005.
Richard, Jean, Histoire des croisades, Paris 1996.
Riley-Smith, Jonathan, What were the Crusades?, London / Basingstoke ²2002.
Riley-Smith, Jonathan (Hrsg.), Großer Bildatlas der Kreuzzüge, Freiburg im Breisgau 1992.
Riley-Smith, Jonathan (Hrsg.), Illustrierte Geschichte der Kreuzzüge, Frankfurt am Main 1999.
Rozenberg, Silvia (Hrsg.), Knights of the Holy Land. The Crusader Kingdom of Jerusalem, Jerusalem 1999.
Runciman, Steven, A History of the Crusades, 3 Bde., Cambridge 1951 – 1954.

Schein, Sylvia, Gateway to the Heavenly City. Crusader Jerusalem and the Catholic West (1099 – 1187), Aldershot 2005.
Schwinges, Rainer Christoph, Kreuzzugsideologie und Toleranz. Studien zu Wilhelm von Tyrus (= Monographien zur Geschichte des Mittelalters 15), Stuttgart 1977.

Setton, Kenneth Meïr (Hrsg.), A General History of the Crusades, 6 Bde., Philadelphia/Madison 1955 – 1989.
Setton, Kenneth Meïr, The Papacy and the Levant, 1204 – 1571 (= Memoirs of the American Philosophical Society 114, 127, 161 u. 162), Philadelphia 1976 – 1984.
Siberry, Elizabeth, Criticism of Crusading 1095 – 1274, Oxford 1985.

Thorau, Peter, Sultan Baibars I. von Ägypten. Ein Beitrag zur Geschichte des Vorderen Orients im 13. Jahrhundert (= Beihefte zum Tübinger Atlas des Vorderen Orients. Reihe B – Geisteswissenschaften 63), Wiesbaden 1987.
Thorau, Peter, Die Kreuzzüge, München 2004.
Tibi, Bassam, Kreuzzug und Djihad, München 1999.
Tyerman, Christopher, The Invention of the Crusades, London 1998.
Tyerman, Christopher, Fighting for Christendom. Holy War and the Crusades, Oxford 2004.

Weiss, Daniel H., Art and Crusade in the Age of Saint Louis, Cambridge 1998.
Westphal, Wilfried, Richard Löwenherz und Saladin. Der dritte Kreuzzug, Ostfildern 2006.
Wieczorek, Alfred / Fansa, Mamoun / Meller, Harald (Hrsg.), Saladin und die Kreuzfahrer, Mainz 2005.

Die geistlichen Ritterorden

Ayala Martínez, Carlos de, Las Órdenes Militares hispánicas en la Edad Media: siglos XII – XV, Madrid 2003.

Barber, Malcolm (Hrsg.), Fighting for the Faith and Caring for the Sick (= The Military Orders 1), Aldershot 1994.
Barber, Malcolm, Die Templer. Geschichte und Mythos eines Ritterordens, Düsseldorf/Zürich 2005.

Demurger, Alain, Die Ritter des Herrn. Geschichte der geistlichen Ritterorden, München 2003.

Favreau, Marie-Luise, Studien zur Geschichte des Deutschen Ordens (= Kieler Historische Studien 2), Stuttgart 1974.
Fleckenstein, Josef / Hellmann, Manfred (Hrsg.), Die geistlichen Ritterorden Europas (= Vorträge und Forschungen 26), Sigmaringen 1980.
Forey, Alan, The Military Orders. From the Twelfth to the Early Fourteenth Centuries, Toronto / Buffalo 1992.

Hyacinthe, Rafaël, L'ordre de Saint-Lazare de Jérusalem au Moyen Age (= Milites Christi 1), Millau 2003.

Jankrift, Kay Peter, Institutionalisierung und Organisation des Ordens vom Heiligen Lazarus zu Jerusalem von seinen Anfängen bis zum Jahre 1350 (= Vita regularis. Ordnungen und Deutungen religiösen Lebens im Mittelalter 4), Münster 1996.

Militzer, Klaus, Von Akkon zur Marienburg. Verfassung, Verwaltung und Sozialstruktur des Deutschen Ordens, 1190 – 1309 (= Quellen und Studien zur Geschichte des Deutschen Ordens 56), Marburg 1999.
Militzer, Klaus, Die Geschichte des Deutschen Ordens, Stuttgart 2005.

Nicholson, Helen (Hrsg.), Welfare and Warfare (= The Military Orders 2), Aldershot 1998.
Nova Portela, Feliciano / Ayala Martínez, Carlos de (Hrsg.), Ritterorden im Mittelalter, Darmstadt 2006.

Riley-Smith, Jonathan, The Knights of St. John in Jerusalem and Cyprus 1050 – 1310, London 1967 [ND 2002].
Riley-Smith, Jonathan, Hospitallers, the History of the Order of St. John, London 1999.

Schwenk, Bernd, Calatrava. Entstehung und Frühgeschichte eines spanischen Ritterordens zisterziensischer Observanz im 12. Jahrhundert (= Spanische Forschungen der Görresgesellschaft, Reihe II, 28), Münster 1992.

Christen, Juden und Muslime in der Levante

Hiestand, Rudolf, „Nam qui fuimus Occidentales, nunc facti sumus Orientales". Siedlung und Siedleridentität in den Kreuzfahrerstaaten, in: Christof Dipper, Rudolf Hiestand (Hrsg.), Siedler-Identität: neun Fallstudien von der Antike bis zur Gegenwart, Frankfurt am Main 1995, S. 61 – 80.

Mayer, Hans Eberhard (Hrsg.), Die Kreuzfahrerstaaten als multikulturelle Gesellschaft (= Schriften des Historischen Kollegs, Kolloquium 37), München 1997.

Pahlitzsch, Johannes, Graeci und Suriani im Palästina der Kreuzfahrerzeit. Beiträge und Quellen zur Geschichte des griechisch orthodoxen Patriarchats von Jerusalem (= Berliner Historische Studien 33, Berliner Ordensstudien), Berlin 2001.
Powell, James M. (Hrsg.), Muslims under Latin Rule, Princeton 1990.
Prawer, Joshua, The History of the Jews in the Latin Kingdom of Jerusalem, Oxford 1988.

Von den Brincken, Anna-Dorothee, Die „Nationes Christianorum Orientalium" im Verständnis der lateinischen Historiographie. Von der Mitte des 12. bis in die zweite Hälfte des 14. Jahrhunderts, Köln 1973.

Weltecke, Dorothea, Die „Betrachtung der Zeiten" von Mōr Michael dem Großen (1126 – 1199). Eine Studie zu ihrem historischen und historiographischen Kontext (= Corpus Scriptorum Christianorum Orientalium 594, Subsidia 110), Louvain 2003.

Reconquista / Juden, Christen und Muslime auf der Iberischen Halbinsel

Anes Álvarez, Gonzalo (Hrsg.), Las tres culturas = Les trois cultures = The Three Cultures, Madrid 2004.
Ashtor, Eliyahu, The Jews of Moslem Spain, 2 Bde., Philadelphia, Jerusalem ²1992.

Blasco Martínez, Asunción, Aragón: Christen, Juden und Muslime zwischen Koexistenz und Konflikt, in: Christoph Cluse (Hrsg.), Europas Juden im Mittelalter, Beiträge des internationalen Symposiums in Speyer vom 20. bis 25. Oktober 2002, Trier 2004, S. 154 – 166.
Burman, Thoams E., Religious polemic and the intellectual history of the Mozarabs, c. 1050 – 1200, Leiden / New York / Köln 1994.

Catlos, Brian A., The Victors and the Vanquished, Christians and Muslims in Catalonia and Aragon, Cambridge 2004.

Engels, Odilo, Die Reconquista und Landesherrschaft. Studien zur Rechts- und Verfassungsgeschichte Spaniens im Mittelalter (= Rechts- und staatswissenschaftliche Veröffentlichungen der Görres-Gesellschaft, N.F. 53), Paderborn 1989.

Herbers, Klaus, Reconquista. Spaniens Christen gegen Spaniens Muslime?, in: Rainer Allebrand (Hrsg.), Terror oder Toleranz? Spanien und der Islam, Bad Honnef 2004, S. 273 – 286.
Herbers, Klaus, Geschichte Spaniens im Mittelalter. Vom Westgotenreich bis zum Ende des 15. Jahrhunderts, Stuttgart 2006.

Lomax, Derek, The Reconquest of Spain, Birmingham 1978

Maser, Matthias, Die Historia Arabum des Rodrigo Jiménez de Rada. Arabische Traditionen und die Identität der Hispania im 13. Jahrhundert (= Geschichte und Kultur der Iberischen Welt 3), Münster 2006.
Meyerson, Mark D. / English, Edwar D. (Hrsg.), Christians, Muslims and Jews in Medieval and Early Modern Spain. Interaction and Cultural Change (= Notre Dame Conferences in Medieval Studies 8), Notre Dame, Indiana 2000.
Münzel, Bettina, Feinde, Nachbarn, Bündnispartner. „Themen und Formen" der Darstellung in ausgewählten historiographischen Quellen des islamischen Spanien (= Spanische Forschungen der Görres-Gesellschaft, Reihe 2, 32), Münster 1994.

O'Callaghan, Joseph F., Reconquest and Crusade in Medieval Spain, Philadelphia 2002.

Valdeón Baruque, Julio (Hrsg.), Cristianos, musulmanes y judíos en La España Medieval. De la aceptación al rechazo, Valladolid 2004.
Vones, Ludwig, Geschichte der Iberischen Halbinsel im Mittelalter (711 – 1480). Reiche – Kronen – Regionen, Sigmaringen 1993.

Christen, Juden und Muslime in Süditalien

Amari, Michele, Storia dei Musulmani di Sicilia, Catania 1935.
Aziz, Ahmad, A History of Islamic Sicily (= Islamic Surveys 10), Edinburgh 1990.

Bresc, Henri, Arabes de langue, juifs de religion: l'evolution du judaïsme sicilien dans l'environnement latin, XIIe – XVe siècles, Paris 2001.
Bresc, Henri., Politique et société en Sicile, Aldershot 1990.

Houben, Hubert, Mezzogiorno normanno-suevo: monasteri e castelli, ebrei e muselmanni (= Nuovo medioevo 52), Napoli 1996.
Houben, Hubert, Roger II. von Sizilien. Herrscher zwischen Orient und Okzident, Darmstadt 1997.
Houben, Hubert, Normanni tra Nord e Sud. Immigrazione e acculturazione nel Medioevo, Rom 2003.
Houben, Hubert. (Hrsg.), Pellegrinaggio e Kulturtransfer nell Medioevo europeo. Atti del 1. Seminario di studi dei

Dottorati di Ricerca di Ambito Medievista delle Università di Lecce e di Erlangen, Lecce, 2 – 3 maggio 2003, Berlin 2006.

Loud, Graham, Conquerers and Churchmen in Norman Italy, Aldershot 1999.

Metcalfe, Alex, Muslims and Christians in Norman Sicily. Arabic Speakers and the End of Islam (= Culture and Civilisation in the Middle East), London 2003.

Schack, Dietlinde, Die Araber im Reich Rogers II., Berlin 1969.
Simonsohn, Shlomo, The Jews in Sicily, 6 Bände, Leiden, Boston, Köln 1997 – 2004.

Die Wissenschaften

De Lange, Nicholas (Hrsg.), Hebrew Scholarship and the Medieval World, Cambridge 2001.

Herbers, Klaus, Wissenschaftskontakt und Wissensvermittlung in Spanien im 12. und 13. Jahrhundert. Sprache, Verbreitung und Reaktionen, in: Ursula Schäfer (Hrsg.), Artes im Mittelalter, Berlin 1999, S. 230 – 248.

Jankrift, Kay Peter, *... ein so großer Schatz an medizinischem Wissen*. Juden in der mittelalterlichen Medizin Europas, in: Christoph Cluse (Hrsg.), Europas Juden im Mittelalter. Beiträge des internationalen Symposiums in Speyer vom 20. – 25. Oktober 2002, Trier 2004, S. 355 – 364.
Jankrift, Kay Peter, Krieger, Kranke und weise Ärzte. Medizin im Zeitalter der Kreuzzüge, in: Hans-Jürgen Kotzur (Hrsg.), Kein Krieg ist heilig. Die Kreuzfahrer. Bearbeitet von Brigitte Klein und Winfried Wilhelmy, Mainz 2004, S. 297 – 305.
Jankrift, Kay Peter, Mit Gott und Schwarzer Magie. Medizin im Mittelalter, Darmstadt 2005.

Jankrift, Kay Peter / Steger, Florian (Hrsg.), Gesundheit – Krankheit. Kulturtransfer medizinischen Wissens von der Spätantike bis in die Frühe Neuzeit (= Beihefte zum Archiv für Kulturgeschichte 55), Köln, Wien, Weimar 2004.

Koren, Nathan, Jewish Physicians. A Biographical Index, Jerusalem 1973.
Kottek, Samuel S./García-Ballester, Luís, (Hrsg.), Medicine and medical ethics in medieval and early modern Spain. An intercultural approach, Jerusalem 1996.

Langerman, Yitzhak Zvi, The Jews and the Sciences in the Middle Ages, Aldershot 1999.
LeCoz, Raymond, Les médecins nestoriens au Moyen Age: les maîtres des Arabes (= Comprendre le Moyen Orient), Paris 2004.
Lohrmann, Dietrich, Östliche Mechanik auf dem Weg nach Europa zur Zeit der Kreuzzüge, in: Hans-Jürgen Kotzur (Hrsg.), Kein Krieg ist heilig. Die Kreuzfahrer. Bearbeitet von Brigitte Klein und Winfried Wilhelmy, Mainz 2004, S. 286 – 295.

Mitchell, Piers D., Medicine in the Crusades. Warfare, Wounds and the Medieval Surgeon, Cambridge 2004.

Schipperges, H.: Die Assimilation der arabischen Medizin durch das lateinische Mittelalter, Wiesbaden 1964 (Sudhoffs Archiv, Beihefte 3).
Sela, Shlomo, Abraham Ibn Ezra and the Rise of Medieval Hebrew Science (= Brill's Series in Jewish Studies 32), Leiden / Boston 2003.
Shatzmiller, Joseph, Jews, Medicine and Medieval Society, Berkeley 1994.
Strohmaier, Gerhard, Avicenna, München 1999.
Strohmaier, Gerhard, Die Rezeption und die Vermittlung. Die Medizin in der byzantinischen und in der arabischen Welt, in: Mirko Drazen Grmek (Hrsg.), Die Geschichte des medizinischen Denkens. Antike und Mittelalter, München 1996, S. 151 – 181.

Tamer, Georges (Hrsg.), The Trias of Maimonides. Die Trias des Maimonides. Jewish, Arabic, and Ancient Culture of Knowledge. Jüdische, arabische und antike Wissenskultur, Berlin 2005.

Sprachliche Verständigung, Dolmetscher und Übersetzer

Aslanov, Cyril, Languages in Contact in the Latin East: Acre and Cyrus, in: Crusades 1 (2002), S. 155 – 181.
Attiya, Hussein M., Knowledge of Arabic in the Crusader States in the Twelfth and Thirteenth Centuries, in: Journal of Medieval History 25 (1999), S. 203 – 213.

Burnett, Charles F., The institutional context of Arabic Latin translations of the Middle Ages. A reassessment of the „School of Toledo", in: Olga Weijers (Hrsg.), Vocabulary of Teaching and Research between Middle Ages and Renaissance. Proceedings of the Colloquium, London, Warburg Institute, 11 – 12 March 1994 (= Etudes sur le vocabulaire intellectuel du Moyen Age 8), Turnhout 1995, S. 214 – 238.

Cigaar, Krijnie, Sprachliche Verständigung, in: Alfried Wieczorek, Mamoun Fansa, Harald Meller (Hrsg.), Saladin und die Kreuzfahrer. Begleitband zur Sonderausstellung „Saladin und die Kreuzfahrer" im Landesmuseum für Vorgeschichte Halle (Saale), im Landesmuseum für Natur und Mensch Oldenburg und in den Reiss-Engelhorn-Museen Mannheim, Mainz 2006, S. 425 – 427.

Gonzálvez Ruíz, Ramón, Las escuelas de Toledo durante el reinado de Alfonso VIII, in: Ricardo Izquierdo Benito / Francisco Ruíz Gómez (Hrsg.), Alarcos, 1195, Actas del Congreso Internacional Commemorativo del VIII Centenario de la Batalla de Alarcos (= Estudios 37), Cuenca 1996, S. 169 – 209.

Haskins, Charles Homer, The Sicilian Translators of the 12th century and the first latin version of Ptolemy's „Almagest", in: Harvard Studies in Classical Philology 21 (1910), S. 75–102.

Jankrift, Kay Peter, In Erwartung eines göttlichen Wunders. Sprache als Barriere zwischen Kreuzfahrern und orientalischen Christen, in: Michel Ballard (Hrsg.), Autour de la première croisade. Actes du Colloque de la Society for the Study of the Crusades and the Latin East. Clermont-Ferrand 22–25 juin 1995, Paris 1997, S. 417–422.

Molènat, Jean-Pierre, L'arabe à Tolede du XIIe au XVIe siècles, in: Al-Qantara 15 (1994), S. 473–496.

Prawer, Joshua, Social Classes in the Crusader States: The „Minorities", in: Kenneth Meïr Setton (Hrsg.), A History of the Crusades, Vol. 5, London 1985, S. 59–117.

Riley-Smith, Jonathan, Some Lesser Officials in Latin Syria, in: English Historical Review 87 (1972), S. 1–26.

Steinschneider, Moritz, Die hebräischen Übersetzungen des Mittelalters und die Juden als Dolmetscher, Berlin 1893 [Neudruck: Graz 1962].

Strohmaier, Gerhard, Arabisch als Sprache der Wissenschaft in den frühen medizinischen Übersetzungen, in: Mitteilungen des Instituts für Orientforschung 15 (1969), S. 77–85.

Wansbrough, John E., Lingua Franca in the Mediterranean, Richmond 1996.

Handel, Transport und Wirtschaft

Abulafia, David, Mediterranean Encounters, Economic, Religious, Political 1100–1510, Aldershot 2000.

Abulafia, David, Mediterranean Encounters. Economic, Religious, Political, 1100–1550 (= Variorum Collected Studies Series 694), Aldershot 2000.

Abulafia, David, Commerce and Conquest in the Mediterranean, 1100–1500 (= Variorum Collected Studies Series), Aldershot 1993.

Abulafia, David, The role of trade in Muslim-Christian contact during the Middle Ages, in: Dionisius Agius/Richard Hitchcock (Hrsg.), The arab influence in medieval Europe, Reading 1994, S. 1–24.

Arbel, Benjamin (Hrsg.), Intercultural Contacts in the Medieval Mediterranean. Studies in Honour of David Jacoby, London 1996.

Arumí Blancafort, Eduard, La ruta del incienso, in: Historia y vida 373 (1999), S. 76–85.

Constable, Olivia Remie, Housing the Stranger in the Mediterranean World. Lodging, Trade and Travel in Late Antiquity and the Middle Ages, New York 2003.

Favreau-Lilie, Marie Luise, Handel in den Kreuzfahrerstaaten, in: Hans-Jürgen Kotzur (Hrsg.), Kein Krieg ist heilig. Die Kreuzfahrer. Bearbeitet von Brigitte Klein und Winfried Wilhelmy. Mainz 2004, S. 450–454.

Favreau-Lilie, Marie-Luise, Die Italiener im Heiligen Land vom ersten Kreuzzug bis zum Tode Heinrichs von Champagne (1098–1197), Amsterdam 1989.

Heers, Jacques, Esclaves et domestiques au Moyen Age dans le monde méditerranéen, Paris 1981.

Horden, Peregrine/Purcell, Nicholas, The corrupting sea: a study of Mediterranean history, Oxford 2000.

Jacoby, David, Commercial Exchange across the Mediterranean: Byzantium, the Crusader Levant, Egypt, Italy and Venice, Aldershot 2005.

Jacoby, David, Trade, Commodities and Shipping in the Medieval Mediterranean (= Variorum Collected Studies Series 572), Aldershot 1997.

Jankrift, Kay Peter, Aufbruch ins Ungewisse. Die Kreuzzüge als logistische, transporttechnische und kommunikative Herausforderung, in: Hans-Jürgen Kotzur (Hrsg.), Kein Krieg ist heilig. Die Kreuzfahrer. Bearbeitet von Brigitte Klein und Winfried Wilhelmy. Mainz 2004, S. 187–192.

Pryor, John H., Geography, technology and war. Studies in the maritime history of the Mediterranean 649–1571, Cambridge 1988.

Stella, Alessandro, Histoire d'esclaves dans la Pénsinsule Ibérique (= Recherches d'histoire et de sciences sociales 92), Paris 2000.

Personen- und Ortsregister

Personen

Aaron, Vater des Bar Hebraeus 64
Adalbert, hl. 13
Abd ar-Rahman I. (ad-Dachil), Omaijadenherrscher 31 f., 34, 36, 138
Abd ar-Rahman II., Omaijadenherrscher 34
Abd ar-Rahman III., Omaijadenherrscher 35
Abraham (Ibrahim), bibl. Stammvater 18, 21
Abraham ben Hiya, jüd. Reisender 56
Abraham ibn Ezra, jüd. Gelehrter 101
Abu al-Abbas (as-Saffah), Kalif 31, 33
Abu Bakr, Kalif 21
Abu Hanifa 23
Abulkasis, s. az-Zahrawi
Abu Sulayman Dawud, Arzt i. Jerusalem 111 f.
Adelard v. Bath, Gelehrter u. Übersetzer 101
Adelaisa, Gattin Kg. Rogers I. v. Sizilien 122
Afrem, hl. 75
Aischa, Frau v. Mohammed 21, 23
Al-Afdal, fatim. Wesir 43
Al-Aschraf Halil, Sultan 124, 139
Al-Battani, Gelehrter 103
Al-Bitruǧi, Gelehrter 91, 103
Al-Farġani, Gelehrter 103
Al-Hakam, Kalif 35
Al-Hakim, Kalif 45, 138
Al-Kamil, Sultan 52, 90
Al-Khwarizmi, Mathematiker u. Astronom 100 f., 103
Al-Mansur (Almanzor), Wesir 36
Al-Mustansir, Kalif 43
Al-Qa'im, Kalif 42
Albert v. Aachen, Chronist 57
Alexander II., Papst 138
Alexios I. Komnenos, byz. Ks. 42 f., 45, 48 ff.
Alfons II., Kg. v. Aragón 129
Alfons VI., Kg. v. Kastilien 39, 87, 138
Alfons VII., Kg. v. Kastilien und León 52 f.
Alfons VIII., Kg. v. Kastilien 53
Alfons X., der Weise, Kg. v. Kastilien 92 f., 99, 105
Ali, Cousin u. Schwiegersohn Mohammeds 21, 23, 25, 138
Alp Arslan, Sultan 42
Amadeus, Gf. v. Savoyen 133 f.
Amalrich I., Kg. v. Jerusalem 111 ff.
Amr ibn al-As, Heerführer 23
Anastasius Bibliothecarius 26
Andreas v. Longjumeau, Dominikaner 83 f.
Antonio Sicci di Vercelli, it. Notar 128
Ar-Razi, arab. Gelehrter u. Arzt 91, 107
Argum, Tatarenkhan 82
Aristoteles, Philosoph 91 f., 99, 103
Ascelinus, Dominikaner 83 f.
At-Tabari, Chronist 31
Athanasios, Patriarch 81
Augustinus, hl. 13
Avendeuth (Avi David), jüd. Übersetzer 89
Averroes, s. Ibn Rušd
Avicenna, s. Ibn Sina
Az-Zahrawi, Leibarzt d. Kalifen i. Córdoba 92, 106
Az-Zaqali, span.-arab. Gelehrter 105

Badr al-Ǧamali, Wesir 43
Baibars, Sultan 124, 129, 139
Bajezid I. Yilderim, Sultan 133 f.
Balderich v. Dol (v. Bourgueil), Ebf. u. Chronist 47
Balduin I. (v. Boulogne), Kg. v. Jerusalem 49, 51, 55, 112 f., 139
Balduin II., Kg. v. Jerusalem 61, 70
Balduin III., Kg. v. Jerusalem 80
Balduin IV., Kg. v. Jerusalem 111
Bar Hebraeus, Maphrian u. Chronist 63, 75
Bar Sabouni, Patriarch v. Edessa 81
Basilios, hl. 75
Batschu, Tatarengeneral 84
Batu, Mongolenkhan u. Enkel Dschingis Khans 84
Beda Venerabilis, Gelehrter u. Mönch 26
Benedikt XIII., Papst 132
Benedikt v. Polen, Franziskaner u. Dolmetscher 84
Benjamin bar Yona (Benjamin v. Tudela), span.-jüd. Reisender 15, 56, 93
Bernard v. Zara, Testator 61 f.
Boabdil, Herrscher v. Granada 132
Bohemund I., Fürst v. Antiochia 49, 51, 61, 139
Botticelli, Sandro, it. Künstler 9

Cassiodor, Gelehrter u. Kanzler Theoderichs d. Großen 97
Chadidscha, Frau Mohammeds 18
Christoph Kolumbus, „Entdecker" Amerikas 139
Clemens III., Gegenpapst 49
Constantinus Africanus, Übersetzer 91 f., 106

Dagobert I., frk. Kg. 25 f.
Daniel v. Morley, Gelehrter 91
Dante Alighieri, it. Dichter 67
David, Bruder d. Maimonides 112
Domingo Gonzálvez, Archidiakon 89
Dschaʿfar (al-Mansur), Kalif 31 f.
Dschingis Khan 83
Dschuma, Konvertit 63

Elogius, Bf. v. Córdoba 34 f.
Eratosthenes, grch. Gelehrter 101
Erdogan, Tayyip, türk. Ministerpräsident 13

Ferdinand II., der Katholische, Kg. v. Aragón 132
Fidenzio v. Padua, Franziskaner 127
Folkmar, Anführer d. Volkskreuzzuges 48
Fredegar, (sog.) Chronist 25
Friedrich II., Ks. 52, 90, 108, 120, 139
Fulcher von Chartres, Chronist 12, 47, 70
Fulk, Kg. v. Jerusalem 62, 80

Gabriel, Erzengel 18
Galen, grch. Arzt 91, 118
Galib, Übersetzer 91
Galland, Antoine, frz. Orientalist 9
Gerbert v. Aurillac (Sylvester II.), Papst 88, 100
Gerhard v. Cremona, Gelehrter u. Übersetzer 91 f., 101, 107, 139
Gonzalo Díaz, Mitglied d. med. Prüfungskommission 108
Gottfried V. v. Bouillon, Hzg. v. Niederlothringen 49, 51, 139
Gottschalk, Anführer d. Volkskreuzzuges 48
Gregor VII., Papst 49, 138
Gregorius Abu'l-Faraǧ, s. Bar Hebraeus
Guibert v. Nogent, Chronist 47, 67, 112
Guiscard v. Cremona, Dominikaner u. Dolmetscher 84
Guillaume Boucher, Goldschmied 73, 85

Günther v. Bamberg, Bf.   138
Güyük, Großkhan   84

Hadschi Halef Omar   9
Hagar, Mutter Ismaels   21
Halid ibn al-Walid,
   Heerführer   23
Haly Abbas, Arzt   91, 106
Harun ar-Raschid, Kalif   15,
   32 ff., 138
Hasanun   77 f.
Heinrich I., engl. Kg.   90
Heinrich II., Kg.
   v. Zypern   124
Heinrich IV., Ks.   49, 138
Herakleios, byz. Kaiser   25
Hermann d. Deutsche,
   Übersetzer   92
Hermann v. Karinthien,
   Übersetzer   88 f.
Herrad v. Landsberg,
   Äbtissin   96
Hipparchos v. Nikäa,
   grch. Astronom, Geograph
   u. Mathematiker   101
Hischam III., Kalif   36
Homo Dei (Abdallah),
   Dolmetscher   85
Hugo, Gf. v. Vermandois   49
Hugo v. Faure, Templer   128
Hugo v. Santella,
   Übersetzer   88
Hurso, frk. Ritter   77
Hussein   25
Hypatia v. Alexandria,
   Gelehrte   101

Ibn Battuta,
   arab. Reisender   93
Ibn Fadlan,
   arab. Reisender   65
Ibn Jubayr, span.-arab. Ge-
   lehrter u. Reisender   63
Ibn Rušd, span.-arab.
   Gelehrter   91 f., 99
Ibn Sina, pers. Gelehrter
   u. Arzt   91 f., 107, 115
Ibn Wafid, Gelehrter
   u. Wesir   92
Imad ad-Din al-Isfahani   55
Imad ad-Din Zengi   51, 139
Innozenz IV., Papst   83
Isaak, jüd. Gesandter   33

Isaak Judaeus, jüd. Arzt   106
Isabella I., die Katholische,
   Kgin. v. Kastilien   132
Isidor v. Sevilla, Bf. u.
   Gelehrter   53, 97 f.
Ismael   21

Jaballah III., Katholikos   82
Jakob v. Molay, Großmeister
   der Templer   125, 139
Jakob v. Vitry,
   Bf. u. Chronist   82
Jaroslaus, russ. Großfürst   85
Jazdagard III.,
   sassanid. Kg.   23
Jazid I., Kalif   25
Johann v. Gaunt   134
Johann v. Nevers, Sohn Hzg.
   Philipps d. Kühnen   134
Johannes, Dolmetscher   80
Johannes, hl.   16
Johannes v. Haifa,
   Dolmetscher   80
Johannes v. Plano Carpini,
   Franziskaner   83 ff.
Johannes v. Sevilla,
   Übersetzer   88
Johannes v. Würzburg,
   Pilger   116
Jucine Lama, Prüfling i. d.
   Heilkunde   108

Karl V., Ks.   125
Karl VI., frz. Kg.   134
Karl der Große, Ks.   15,
   32 ff., 46, 138
Karl Martell   12, 25, 138
Königin von Saba   70
Konstantin
   der Große, Ks.   46

Lantfrid, Gesandter
   Karls d. Großen   33
Leo IX., Papst   138
Leonardo Fibonacci
   (Leonardo v. Pisa),
   Kaufmann   101
Linné, Carl von, schwed. Bo-
   taniker u. Mediziner   95
Liutprand v. Cremona   26
Ludmilla, hl.   13
Ludwig I., d. Fromme, Ks.   30
Ludig IX., der Heilige, frz.
   Kg.   61, 73 f., 103, 139
Ludwig v. Orléans   132

Maimonides (Moses ben
   Maimon), jüd. Gelehrter
   u. Arzt   95 f., 112
Mališkah, Sultan   42 f.
Mangu, Großkhan   73, 85
Margaret, frz. Kgin.   61
Maffeo Polo,
   Onkel Marco Polos   87
Manfred, Sohn
   Ks. Friedrichs II.   120
Marco Polo,
   Reisender   72, 86 f.
Martin, Dolmetscher   80
Matthäus Paris   45
May, Karl,
   dt. Schriftsteller   9
Mehmed II., der Eroberer,
   Sultan   134
Merwan II., Kalif   31
Michael I., der Große,
   Patriarch
   v. Antiochia   15, 71, 81
Michael, Bf. v. Tarragona   88
Michael Scotus,
   Gelehrter   91
Mohammed, Prophet   14,
   18, 21, 23, 25 ff., 31, 34, 67,
   129, 138
Mohammed, Übersetzer   89
Morphia, Gattin Kg. Balduins
   II. v. Jerusalem   70
Moses   18
Mu'awija, Kalif   23
Mu'in ad-Din, Emir   78
Murad I., Sultan   139
Musa ibn Nusair   25

Napoleon I. Bonaparte   41
Nasr ibn Abbas   61
Niccolò Polo, Vater Marco
   Polos   86
Nikolaus V., Papst   82
Nur ad-Din, Atabeg   139

Omar, Kalif   21, 23, 28
Omar Ben Sadek   9
Osman, Emir   133
Othman, Kalif   21, 23
Otto I., Ks.   26, 138
Otto II., Ks.   138

Pedanios Dioskurides,
   grch. Arzt   95
Peter IV., Kg. v. Aragón   131
Peter der Einsiedler
   (Peter v. Amiens)   47 ff.
Petrus Abaelard, Philo-
   soph   103
Petrus Alfonso, Konvertit,
   Leibarzt d. engl. Kgs.   90
Petrus Olegarius,
   Testator   651
Petrus Venerabilis, Abt v.
   Cluny   88 f., 116, 139
Petrus v. Poitiers,
   Cluniazenser   89
Petrus v. Toledo, Mozaraber,
   Übersetzer   89
Philipp I., frz. Kg.   49
Philipp IV., der Schöne,
   frz. Kg.   125, 129, 131
Philipp V., der Lange, frz.
   Kg.   129f.
Philipp der Kühne, Hzg. v.
   Burgund   134
Pierre d'Aubuisson, Groß-
   meister des Johanniter-
   ordens   127
Pierre Dubois, Legist   125
Pippin III., frk. Kg.   33
Plato v. Tivoli, it. Überset-
   zer   88
Profatius, jüd. Gelehrter   106
Prokop, hl.   13
Ptolemäus, grch.
   Gelehrter   91, 103

Qiliğ Arslan, Sultan   42
Qusta ibn Luqa   88

Raimund IV., Gf. v. Toulouse
   u. Saint-Gilles   49
Raimund v. Aguilers   55
Rainald Porchet,
   frk. Ritter   66
Ramón Llull, Theologe   125
Raschid Taliban   27
Ra'ul, Konvertit   65
Raymund, Ebf. v. Toledo   89
Renier Brus, frk. Ritter   62
Rhazes, s. ar-Razi
Richard I. „Löwenherz",
   engl. Kg.   14
Richard II., engl. Kg.   134

Personen- und Ortsregister

Richard v. Wallingford, Abt v. St. Albans 100
Robert II., Gf. v. Flandern 49
Robert II., Hzg. d. Normandie 49
Robert Guiskard, Hzg. v. Apulien 40, 49, 138
Robert v. Chester, engl. Übersetzer 89
Robert v. Molesme, Begründer des Zisterzienserordens 139
Robert v. Reims (Robert der Mönch) 47
Rodrigo Díaz de Vivar (El Cid) 40
Rodrigo Jiménez, Ebf. v. Toledo 92
Roger I., Kg. v. Sizilien 122
Roger II., Kg. v. Sizilien 107
Roger Bacon, Philosoph u. Theologe 74
Roger Guiskard 40
Roger v. Moulins, Meister d. Hospitaliter 116 f.
Roger v. Salerno, Arzt 115
Romanos IV. Diogenes, byz. Ks. 42

Saladin, Sultan 14, 52, 55, 112, 139
Salomon Abenbila, jüd. Arzt 108
Samuel ibn Tibbon, jüd. Arzt u. Übersetzer 95
Sancha, Gattin Kg. Alfons' II. v. Aragón 129
Sancho, Kg. v. Mallorca 130
Sartach, Tatarenoberer 85
Scott, Sir Walter 14
Sigismund, Gesandter Karls d. Großen 33
Sigismund, Kg. 134
Simon v. Saint-Quentin, Dominikaner 83
Stahmer, Robert 9
Stephan v. Blois, Gf. 49
Suleiman II., der Prächtige, Sultan 137
Sylvester II., Papst, *s. Gerbert v. Aurillac*

Tankred, Regent v. Antiochia u. Edessa 49, 77
Tarik, Heerführer 25
Temer, russ. Dolmetscher 84
Thabit, christl.-arab. Arzt 114
Theoderich d. Große, ostgot. Kg. 97
Theodoros Sophianos, grch. Patriarch 76
Theophanes Homologetes 26
Thomas Le Myèsier, frz. Arzt u. Kanoniker 108
Toğrul Beg, Sultan 42, 138
Tómas de Torquemada, Inquisitor 133

Ulrich von Etzenbach, Dichter 79
Urban II., Papst 42, 45 ff., 138
Usama ibn Munqid, Emir v. Shaizar u. Autobiograph 15, 61, 64 f., 72, 76 – 81, 113 f., 120

Vergil, röm. Dichter 67
Viktor III., Papst 106
Vinzenz v. Beauvais, Franziskaner 83
Vinzenz Ferrer, Dominikaner 132

Walter der Kanzler, Chronist 65
Walter „Habenichts", Anführer d. Volkskreuzzuges 48
Wenzel, hl. 13
Wilhelm, Dolmetscher 80
Wilhelm II. Rufus, engl. Kg. 49
Wilhelm v. Rubruk, Franziskaner 73 f., 85
Wilhelm v. Tyrus, Ebf. u. Chronist 111, 113
Willehalm 79
Wolfram v. Eschenbach, Dichter 81

Zengi, *s. Imad ad-Din Zengi*

Orte

Aachen 33
Adschnadain 23
Ägypten 23, 31 f., 56, 64, 93, 112, 136, 138f.
Ain Ġalut (Goliathsquellen) 139
Ainsa 131
Akkon 40, 63, 82, 84 f., 118, 124, 138 f.
Al-Andalus 35, 39, 52, 62
Al-Arish 113
Al-Qadisiya 23
Alarcos 139
Alamut 43
Alexandria 59 f., 68
Algerine 101
Almería 52 f.
Amalfi 45, 118, 138
Amerika 139
Amselfeld 134, 139
Amsterdam 133
Anatolien 42 f., 139
Ani 85
Antiochia 15, 50f., 58, 66 f., 76 f., 81, 124, 139
Apamea 65
Apulien 40, 138
Aquitanien 131
Ar-Rafiqa 32
Aragón 38, 53, 108, 124
Armenien 83, 86
Askalon 59 f.
Asturien 25, 32, 38
Auvergne 46
Avignon 131

Bagdad 31 f., 65, 68, 94, 96, 100, 114, 119, 138
Balearen 34
Balkan 48, 133 f., 139
Baltikum 13, 40, 125
Banyas 80f.
Barbastro 131, 138
Barcelona 36, 38
Bari 40
Basel 69
Bejaïa 101
Böhmen 105
Bosporus 45, 48
Brindisi 40
Brügge 134

Buchara 23
Burgos 92
Burgund 46, 89, 117
Burqa 80
Byzanz 26, 32, 93

Canossa 49, 138
Ceylon 72
China 57, 120, 122
Clermont 46 f., 138
Cluny 46, 89, 117, 138
Córdoba 30 ff., 34 ff., 38, 89, 92, 112, 138
Cotrone 138

Damaskus 11, 15, 23, 31, 68, 76, 94, 119, 125, 138 f.
Dauphiné 131
Deutschland 9, 13, 84
Dhofar 68
Donau 48
Doryläum 50, 58, 139
Dover 45

Ebro 32, 89
Edessa (Urfa) 51, 81, 139
England 26, 49, 89 f., 131, 138

Flandern 47
Fez 112
Frankreich 12, 45 ff., 131
Fustat 60

Galiläa 52
Gallien 26
Gallipolis 134
Gaza 68
Genua 119
Georgien 83f.
Georgsmarienhütte 8 f.
Gibraltar 13, 23
Gondeschapur 94
Granada 30, 131 ff., 139
Griechenland 93

Hamadan 42
Hamburg 133
Hastings 138
Hattin, Hörner v. 52, 138
Hiğaz 68
Hindukusch 93
Huesca 131

Ikonium (Konya) 43
Indien 57, 112, 120
Irak 137
Iran, *s. Persien*
Isfahan 42
Italien 14, 15, 40, 46 f., 53, 93
Iznik, *s. Nikäa*

Jaca 131
Jaffa 52, 90, 124
Jathrib, *s. Medina*
Java 93
Jemen 68
Jerusalem 13, 15, 16, 18, 21, 26, 37, 42, 45 ff., 51 f., 55 f., 62, 76 f., 109 f., 112, 116 ff., 138 f.
Jugoslawien, ehemaliges 58

Kairo 28, 59 f., 112
Kalabrien 40, 138
Karakorum 73, 85
Karthago 23, 106
Kaspisches Meer 26, 43
Kastilien 38, 53
Katalonien 88
Kaukasus 26
Kerbela 25
Khorasan 31 f.
Kiev 65, 83
Kiptschak 84
Köln 48
Konstantinopel 48 f., 123, 134 f., 139
Konya, *s. Ikonium*
Korsika 34
Kreta 34
Kufa 23, 28, 31, 138

Las Navas de Tolosa 53, 92, 139
Lechfeld 138
León 36, 88

Lepanto 14, 16, 135 f., 139
Lérida 36
Liegnitz 83
Limoges 128
Lissabon 52
Lombardei 91
London 45, 133
Lothringen 47

Maghreb 23, 39, 61
Mainz 48
Malta 41, 125
Mantzikert 42, 138
Marmarameer 133
Marokko 9, 32, 34, 93
Medina (Jathrib) 18, 21, 138
Mekka 14, 18, 21, 23, 31 f., 70, 93, 138
Melfi 40
Melitene 64
Merv 23, 31
Messina 40, 138
Mi'iliya 80
Mongolei 73
Montpellier 106
Monzón 108
Mossul 51
Murcia 131

Nablus 70
Navarra 53
Neapel 108, 137
Neuss 48
Nikosia 113
Nikäa (Nikaia, Iznik) 9, 49 f., 133
Nikomedeia (Izmit) 133
Nikopolis 134, 139
Nischapur 31, 42
Normandie 47, 125
Nürnberg 117

Oman 68
Orontes 15, 59, 76

Palermo 17, 40
Paris 139
Persien (Iran) 23, 26, 43, 70, 82, 84, 94
Piacenza 42, 45, 138
Pisa 101
Poitiers 25 f., 130, 138
Polen 83 f.
Portugal 52, 122, 132
Prag 48
Provence 131
Pyrenäen 12, 30, 32

Raqqa 32
Ravenna 97
Regensburg 48
Reggio 40
Rhein 48, 138
Rhodos 125, 127
Rodostro (Tekirdag) 133
Rom 46
Roncesvalles 32
Ruanda 58
Russland 84

Safed 80
Sagrajas 38, 138
Sajó 83
Salerno 106
Samarkand 23
San Felipe, *s. Xátiva*
Santiago de Compostela 36
Saragossa 32
Sardinien 34
Sarudsch 64
Schlesien 83
Schwarzes Meer 137
Schweden 65
Segovia 89
Sevilla 131
Sidon 56, 128
Sizilien 40, 108, 113, 120, 122, 124
Skandinavien 13

Soest 117
Speyer 48
Straßburg 96
Syrien 23, 43, 56, 136 f.

Täbris 84
Tamrite 131
Tanger 93
Tarent 40
Tarragona 88, 129
Taschkent 23
Teruel 71
Theiß 83
Tiflis 84
Tigris 31, 94
Toledo 12, 25, 35, 39, 87–92, 101, 105, 131 f., 139
Tortosa 52, 61, 70 f., 120, 129, 132
Tours 25 f., 138
Trier 48
Tripolis 51, 82, 139
Tunis 137
Türkei 13
Tus 34
Tyrus 72

Ungarn 83, 137
Urfa, *s. Edessa*

Val de Funes 62
Valencia 39, 71, 103, 108, 122
Vercelli 33
Vienne 86
Viguera 62

Worms 48

Xanten 48
Xátiva 122

Yarmuk 23

Zypern 23, 124, 137

Abbildungsnachweis

Akg: S. 14, 16, 22, 24, 29, 36, 46, 48, 50, 53, 65, 67, 76, 86, 100, 102, 104, 107, 121, 133, 134 / bpk Berlin: S. 70, 131, 136 / Bridgeman: S. 39, 41, 45, 51, 52, 63, 93, 127, 135 / Gisbert Gramberg, Georgsmarienhütte: S. 8 / Picture-alliance: S. 11, 13, 17, 19, 20, 27, 33, 35, 37, 38, 44, 54, 60 links, 68, 69, 72, 87, 92, 95, 96, 103, 105, 109, 110, 114, 123, 126, 128, 132 / WBG-Archiv: S. 57, 60, 62, 66, 81, 90, 98, 99.